胡成 著

学者的本分

传统士人、
近代变革及学术制度

自序　学者的本分[*]

学术研究的要旨在于知识创新意义上的发现和发明。就其成败得失来看，如果套用托尔斯泰的名言："幸福的家庭都是相似的，不幸的家庭各有各的不幸"，那么似可以说成功的学者都很相似，不成功的学者各有各的烦恼和伤心。一般说来，学术上能够成功之人，是在正确的时间里研究正确的问题，需要天赋、训练、勤奋，当然还要有点运气。这就注定只有极少数人能够脱颖而出，成为学术研究的佼佼者。毕竟，在未知世界里的探索，前面充满了太多不确定性，大多数人终生只是在黑暗中跌跌撞撞，虽废寝忘食、夜以继日，却不见得能有所收获。一句耳熟能详自我解嘲和安慰的话："只问耕耘，不问收获。"当然，有幸做出点成绩者大有人在。不过，倘若不能在学术史意义上"发凡起例"，或者说带来科学革命意义上的"范式转换"（paradigm shift），那点成绩也只是为他人建造巍峨大厦增砖添瓦。这就像吾人进入北京故宫，首先映入眼帘而赞叹不已的是炫丽的房顶、威严的大殿、堂皇的拱门、挺拔的圆柱，不会有多少人注意修造这些建筑所用的一块又一块的青砖黄瓦。

---

[*] 本文发表于《读书》2017年第3期，收入本书时略有改动。

好在终生以学术为业之人，多多少少都有些病态的自恋情结。即使他/她生不逢时、身处逆境，大多数人也不会知难而退。这犹如古希腊神话里的美少年纳喀索斯，对自己在水里的倒影爱慕不已、难以自拔；否则，如何能长年累月、不离不弃地坚持下来？就此吾人可以举出太多经典事例。如司马迁抱怨为"主上所戏弄，倡优所畜，流俗之所轻"，却仍坚信能够"究天人之际，通古今之变，成一家之言"。乾隆年间《文史通义》的作者章学诚，一生处在"坎坷潦倒之中，几无人生之趣"，但充满自信地告诉他人："吾于史学，盖有天授。"再有稍后一些的德意志，叔本华于一八一八年前后撰写《作为意志和表象的世界》，出版后多少年来几无人问津，可他仍然信心满满地说："如果不是我配不上这个时代，那就是这个时代配不上我。"至于在学术研究中忘我投入、几乎不食人间烟火的事例，那就举不胜举。一个颇为生动形象的说法即一九四九年发明避孕药的美国斯坦福大学教授、化学家卡尔·杰拉西（Carl Djerassi, 1923 – 2015）的回忆录所言："扮演学术成员妻子的角色简直糟糕透了，同一个每天工作长达十六个小时，每天晚上都把自己的'情人'带回家去的科学家一起生活，绝对是难以忍受的。"[①]

由此说来，学术生涯确如马克斯·韦伯所说，是"一场疯狂的冒险"，多数人注定一无所获，失意而归。这是韦伯在其人生最后一年即一九一九年为慕尼黑大学学生所做演讲《学术作为一种志业》中之所说。他语重心长地质问那些年轻学生："你能够年复

[①] 卡尔·杰拉西：《避孕药的是是非非》，姚宁译，上海科技教育出版社，2005，第95页。

一年看着平庸之辈一个接一个爬到你的前面，而既不怨怼也无创痛吗？"① 那个时代的德国大学制度，规定投身于学术研究的年轻人要从除听课费之外别无薪水的编外讲师做起。韦伯的家境相当优渥，不在意讲课费。他最初在柏林大学开设商法和罗马法课程，选修的学生数量太少，其中有一位还是走错了教室。由于第一次上课，至少得有两三位学生选修，韦伯请这位学生将名字留在选修名单上，并承诺退还十个芬尼的听课费。逮至一九一九年，当韦伯发表这个著名讲演时，他在德国学术界还没有得到普遍承认，也没有多少学术影响力。所以，在他所谓学术生涯是"一场疯狂的冒险"的讲述里，很难说没有自己心理不平衡和受挫感的投射。

就中国当下的语境来看，韦伯的这一质问恐怕还有实实在在物质生活上的羞涩和失落。毕竟，吾人大学目前的薪酬制度是"竞赛制"，教授分"基底工资"加不同档次的"岗位津贴"。虽没有统计数字论证这个基底工资为全球最低，但可以肯定的是，如果仅此而已，那么学者几乎无法过上体面的生活。作为补偿，当政者设计了在基底工资之上几倍于此的"岗位津贴"，评定标准是所谓数字化的"绩效考核"。再有所谓"长江学者""特聘""资深""学术带头人"等五花八门的评选，都与获得者的实际收入联系在一起。各种评比的结果无非"水落石出"，同一专业教授之间的收入形成不少于几倍的差距。作为参照，欧美、日本、新加坡乃至中国香港、台湾等地，学者薪水是"达标制"，除了少数讲座教授，只要拿到"永久教职"，同人薪酬水平是相

---

① 马克斯·韦伯：《学术作为一种志业》，《学术与政治》，钱永祥等译，广西师范大学出版社，2004，第161页。

差不多的"水涨船高"。即使是诺贝尔奖获得者,学校也不会额外给他/她任何经济补贴。所以,当下中国的不成功学者,最终如果能够坚持下来,不至于魂不守舍,一定比当年的韦伯更能经受住各种"折腾"。

人生的坎坷和困蹇,本来就不只是单一负能量。尤其是上天赐予学者一小点睿智,在于普通人对不幸多默默承受,而他们则能咀嚼、回味、反思,乃至说出、写出自己的伤痛和苦恼。就像尼采将思想者称为"有病的动物",认为人的尊严只在感受巨大痛苦的精神之中,即痛苦使灵魂敏感,当灵魂不愿屈服之时,意志愈加激昂,思想也就愈加活跃。实际上,孟子在两千多年前说的"天将降大任于斯人"就已经表达了同样的意象。古代学人作为自由职业者,运蹇时乖而不降其志,不辱其身,可将自己不为当下接受的创世之作"藏诸名山,传之其人"。然而,现代学者作为职业研究人员,参与的是一种集众的工作。他/她的任何研究都需要经过同行仔细验证,以及学术共同体的认真审查,故不太可能"朝闻道夕死可矣"。重要的是,不成功的学者置身底层和边缘,较多发愤之作,难免带有一点离经叛道,自然比成功的学者更期待一个能够鼓励自由表达意见、公开交换观点的外在宽容环境。否则,他们就像德国著名诗人海涅于一百多年前所说的那样:"作者由于惧怕审查官而变得疯狂,杀死自己思想的婴儿,就像犯溺婴罪那样。"[1]

除此之外,不成功的学者还应比成功的学者更注重学术共同体

---

[1] 托尼·朱特:《战后欧洲史》下册,林骧华、唐敏等译,新星出版社,2010,第 526 页。

的内在环境，这也是因为现代意义上的学术研究注重同人之间的合作与竞争。谁也不会否认，与杰出之人共事，可能将永不停止地追求卓越；如果周围都是些平庸之人，则会让自己变得乏味而无生气。这也可以理解当年的韦伯，尽管长时间离开大学，却时刻关心学术共同体的坚持和恪守。一九〇八年他在《法兰克福报》上刊发文章，尖锐批评普鲁士教育部大学事务部门将曾在地方大学任教之人，擅自任命为柏林大学经济学正教授。韦伯认为这一任命不合法，在于践踏了十九世纪德国业已确立的大学教师聘任的自治传统。因为让当局反感的一位学者占据了教授职位，当局会惩罚性地任命另一位迎合政府之人，在学者之间制造矛盾和争斗。韦伯称其为"惩罚教授"，并认为个体责任感和团体自尊感是学术繁荣和大学正常运作及其发挥社会作用的前提和条件，当局不尊重大学的自治传统，也就是不尊重学者通过同行评议和审核而选择同事的应有权利。韦伯担心会在年轻学者中培养出一种投机取巧、见风使舵的市侩精神，诱使他们走向为权力效劳而谋求"出人头地"的提升捷径，致使大学充斥着一批丧失独立人格，为谋取现实利益而蝇营狗苟的所谓"生意人"或"工匠"。[①]

笔者不揣浅陋地将自己近三十年来陆续刊发于《二十一世纪》《读书》《文史杂志》等文化思想评论期刊，以及这两年来因不太合时宜而未能刊发的一些文字，汇编成书。全书虽分三个主题——"传统士人"、"近代变革"与"学术制度"，核心问题却是试图讨论如何构建一个更好的学术外部、内部环境。这些思考的目的是想

[①] 马克斯·韦伯：《贝恩哈德事件》，《韦伯论大学》，孙传钊译，2006，江苏人民出版社，第1~8页。

让那些不成功学者，或那些将要毅然步入这一"疯狂的冒险"之年轻学人，能有稍微多一点的从容不迫和气定神闲。就像十九世纪上半叶的德意志，虽曾是欧洲最落后的地区之一，威廉·冯·洪堡等人却认为，通过创办一流大学，普鲁士能为自己赢得德意志各邦以及全世界的尊重，从而取得真正的启蒙和精神教育上的世界领先地位。后来的历史发展也确实如此，德意志通过颁布一系列保证大学自主探索真理权益的法规，用学术自由弥补了政治自由的缺失，致使大学得到了长足的发展。逮至十九世纪下半叶，尽管德国还不是世界上最强大、最富有的国家，大学却已经成为世界各大学纷纷效仿的典范和楷模，教授则普遍被人认为是"全身心地投入研究工作，就像修道士那样忘我"。[①] 此时，尽管韦伯仍然说"平庸之辈一个接一个爬到你的前面"，学术生涯甚至被视为"一场疯狂的冒险"，但学者置身的研究环境已是洪堡当年期盼的"大学需要与世隔绝（Einsamkeit）和自由（Freiheit）"。

　　如果吾人真能像韦伯所说倾听天启般的志业呼唤，尽管太阳底下总有阴影，大学校园里还会有不少爬到前面的"平庸之辈"，但学者能够不受太多限制地进行研究和表达，就一定可以像快乐的小鸟在密林深处自由地歌唱和飞翔。至少面对如此无奈的现实世界，学者也可以首先设法拯救自己。既然尽了自己的本分，自然就会拥有一个自由的灵魂；纵使在职业生涯结束之时，吾人仍然无所建树，壮志未酬，那又何妨？那又何妨！

　　何黎锦、李洋同学帮助输入了此书的部分文稿，并做了一些

[①] 安托万·基扬（Antoine Guilland）：《近代德国及其历史学家》，黄艳红译，北京大学出版社，2010，第29页。

前期的编辑；南京大学历史系提供了出版经费；社会科学文献出版社邵璐璐女士为本书出版做了大量工作，在此一并表示深深的感谢！

胡成
2016 年岁杪

目　录

第一部分　传统士人

乱世之际的气节崇尚 / 003
摧残士气，必驱成一邪媚世界 / 013
科举制与传统行政权力的尊师问道 / 024
开掘本土历史中"自由"的文化资源 / 032

第二部分　近代变革

东华故事与华人历史的书写 / 047
可是活着那就更妙了 / 057
殖民暴力与顺民旗下的灰色生存 / 065
"迁延"的代价 / 075
激进主义，抑或暴力主义 / 083
不敢轻慢理想之人 / 099
端士习与正学风 / 110
世间已无陈独秀 / 119

"科学精神"与近代科学引进 / 128
"都市远去",何以"摩登犹存"? / 133

第三部分　学术制度

知识分子的责任、使命和视野 / 145
师道之不传也久矣 / 152
他没有"曲学阿世" / 159
两岸能否撰作共同的中国近代史 / 170
超越"国族叙事"的"全球华人历史记忆" / 180
留学大潮与百年学术振兴之梦 / 191
学术期刊处在危险之中 / 204
"音像学术"是否正在到来? / 217
学术社群的自主与独立性 / 224
"共享权力"与"学术自治" / 238
"罗斯事件"与大学的"言论边界" / 247
"反共歇斯底里"与教授的"职业尊严" / 259
"极端的年代"与学者的政治情怀 / 272

附　录

关于匿名评审的两点浅见 / 285
某历史学专业学术期刊的四份匿名外审意见书 / 287
《中央研究院历史语言研究所集刊》的两份匿名外审意见 / 316

参考文献 / 332

索　引 / 345

第一部分　传统士人

乱世之际的气节崇尚

摧残士气，必驱成一邪媚世界

科举制与传统行政权力的尊师问道

开掘本土历史中"自由"的文化资源

乱世之际的气节崇尚

　　历史上，大凡身居高位的政治人物都十分注意自己的公众形象和身后声誉。古希腊雅典帝国最为鼎盛时期的政治领袖伯里克利就极力避免出现在餐桌上或其他非正式社交场合中。据普鲁塔克说，这是因为聚会友好的气氛使人难以保持庄严的神态和仪表。为了不让人感到平庸或厌烦，伯里克利只是在重大场合中露面，并从不对任何事发议论，更不出席所有的大小会议。[①] 崇尚礼仪、慎终追远的中国传统文化，同样颇为推崇此类谨言慎行的政治人物。一九九五年《读书》杂志刊发的葛剑雄、张中行诸篇文章中谈论的冯道，[②] 怕就是深谙此理的大师。不然，他的人格、人品就不会成为中国历史上一个总被争论的话题。

　　的确，冯道不幸生在中国历史上最为黑暗的五代时期。此时易君如易棋子，篡弑相寻，无法理可依。然而，冯道却能历任四朝，三人中书，在相位二十余年而眷隆不替，身前身后一度享有盛名，

[①] 普鲁塔克：《希腊罗马名人传》上册，商务印书馆，1990，第467～468页。
[②] 葛剑雄：《乱世的两难选择》，《读书》1995年第2期；张中行：《有关史识的闲话》，《读书》1995年第12期。

真可谓历史一大奇迹。毕竟,当时对他推崇备至的不仅有宋初名臣范质,甚至连宋学开山之祖胡瑗也认为冯道拯斯民于水火,虽事雠而犹无伤。① 所以,成书于宋初的《旧五代史》的监修者薛居正将其置于《周书》列传,谈到历仕数姓也仅认为犹如一女之事数夫,乃人之不幸而已。只是欧阳修《冯道传》和司马光的《资治通鉴》问世之后,"冯道可鄙"遂为史家之定评。

晚明时期,李贽大倡"欲颠倒千万年之是非",所辑《冯道传》将对其的认识几乎推展到今天的思想高度。尤其应值得注意的是,李贽认为冯道在乱世中能够尽安养之力而免百姓于锋镝之苦,虽于君臣纲常有逆,但对社稷百姓则为有功;并强调孟子"民为贵,社稷次之,君为轻"学说的精髓,"道知之矣"。② 当然,李贽对冯道的评价主要针对当时官学即儒家意识形态的虚伪和靡萎。他在寄居麻城之时,游庵院,挟妓女,白昼同浴;且勾引士人妇女,入庵讲法,至有携衾枕而同宿,声名颇为狼藉。在当时被视为异端之尤的李贽,终未能洗刷冯道的历史秽名。

时过境迁,今天的认识虽已不必再囿于宋人的樊篱,但李贽所言也并非符合事理。固然,冯道有其过人之处,至少其政治才能和器识不逊于历史上那些明君贤相。史载:明宗之时,朝中有人讥笑他只会读当时北方村塾中的儿童启蒙读物的《兔园册》。冯道闻后召其人说道:很多读书人只看文场秀句,便为举业,窃取公卿。《兔园册》为名儒所集,我能讽之,何浅狭之甚耶! 后来,向以文章自擅的李琪进《贺平中山王都表》,却不辨"真定"与"定州"

---

① 程颢、程颐:《二程遗书》卷4,上海古籍出版社,2000,第124页。
② 李贽:《藏书·吏隐外臣传·冯道》卷68,中华书局,1974,第1142页。

两地名，为冯道所纠正，李琪为之折服。周太祖时，冯道任中书，举子李导被派至他手下做事。初次见面，冯道开玩笑说："老夫名道，其来久矣，加以累居相府，秀才不可谓不知，然亦名道，于礼可乎？"即指中国传统礼教的避讳一礼。不料，李导认了真，抗声曰："相公是无寸底道字，小子有寸底导字，何谓不可也。"冯道听后，非但不怒，还自我解嘲地说："老夫不惟名无寸，诸事亦无寸，吾子可谓知人矣。"① 此外，更为人称颂的是他刻苦俭约和廉洁自律的道德风范——甚至连欧阳修、司马光也未置微词。

可这对一身负大任的政治家来说，恰如农民耕耘、商人贸易、士人诵读一样，原是职业的起码要求和基本规范，值得称颂的倒应是在此之上的那些行为和道德。即农民除了耕耘还能帮助邻里；商人除了贸易还能广施慈善；士人除了诵读还能关心社会；换言之，政治家除了刻苦俭约和廉洁自律之外，还应扶危定倾，正所有不正者。所以"廉"的意义不应被无限夸大。就如顾炎武谈及冯道的"廉耻"时，强调士大夫之无耻是谓国耻。阎若璩却对此多少有些异议。在顾炎武此条之下，他写了这样的评议：今天人们动辄称"廉耻"，其实廉易而耻难。如公孙宏布被脱粟，不可谓不廉；而曲学阿世，却是无耻。冯道刻苦俭约，不可谓不廉；而更事四姓十君，可谓最大之无耻。阎若璩由此说："廉乃立身之大节，而耻乃根心之大德，故廉尚可矫而耻不容伪。"② 纵观史乘，此说也还有更多的历史根据。晚明崇祯时首辅温体仁，廉谨自洁，虽苞苴从不入门，对当时的内忧外患却未尝建一策。清嘉庆朝重臣董浩数十年

---

① 薛居正等：《旧五代史》卷 126《周书十七·冯道传》第 5 册，中华书局，2015，第 1943 页。
② 顾炎武：《日知录集释》卷 13《廉耻》，花山文艺出版社，1990，第 603 页。

如一日从无疾言厉色，父子两代历事三朝，尽管家产未增一亩之田，一椽之屋，但为政专伺主意。在这个意义上，冯道的才能和器识反衬显出其操守的严重缺憾。

《资治通鉴》记载，显德元年（954）冯道力争周世宗不可亲征北汉，胡三省注道：冯道历事八姓，身为宰辅，不闻献替，唯谏世宗亲征一事。① 从具体史实来看，冯道似不是在政治上自甘寂寞之人。长兴元年（930）四月，他率百官上表明宗，请接受"圣明神武文德恭孝皇帝"的徽号。早在两年之前，即天成三年（928）六月，冯道率百僚两次上表明宗，请上尊号，都被明宗拒绝。长兴元年十一月的一天，明宗出宫至洛阳城郊龙门，第二天冯道上奏反对，说陛下涉历山险，万一有所闪失，会使大臣们痛心疾首而寝食难安。② 长兴元年时雪未降，明宗颇为着急，一旁的冯道劝慰道：陛下恭行俭德，忧及百姓，上合天意，苍天一定会降春泽。这倒使人极易联想起南明弘光年间钱谦益投阮大铖，以妾柳氏出为奉酒。阮当即赠价值千金珠冠一顶，钱令柳姬谢之，并移席近阮，丑状令人欲呕。③ 再由于钱氏其时觊觎相位，日逢马士英意游宴，"闻者鄙之"。④ 当然，冯道更为老练的是，劝世宗不必亲临锋镝是其唯一力谏。尽管世宗不悦，最终命他奉梓宫赴山陵。所谓"为人主的安全而谏，谏之越力，宠之越甚"。

关键在于，"语其忠则反君事雠，语其智则社稷为墟"。长兴

---

① 司马光：《资治通鉴》卷291《后周纪二》第2册，岳麓书社，1990，第892页。
② 薛居正等：《旧五代史》卷41《唐书·明宗纪七》第2册，第653页。
③ 南沙三余氏：《安宗皇帝纪》，《南明野史》卷上，台北：大通书局，1960，第13页。
④ 谈迁：《国榷》卷103，第6册，中华书局，1958，第6154页。

四年十二月，明宗去世，第三子宋王从厚立，是为闵帝。不久后（清泰元年，934）明宗养子，时为凤翔节度使的潞王李从珂叛，闵帝派去的讨伐将领又纷纷临阵反戈，举兵而东，闵帝不得已逃奔卫州，李从珂即将进入洛阳，冯道等忙议上笺劝进之事。① 尽管当时的政治风气总体上已是"绝无有以更事数姓为非者"，② 然士大夫之气节作为基本的政治伦理仍然有效。否则，一旁的中书舍人卢导就不会提醒他说：百官可以班迎潞王入朝，废除闵帝，在法理上还须太后的教令。冯道却以事当务实而不予以理睬，以致卢导愤愤地说：怎么能有天子在外，人臣遽以大位劝人者邪！③ 颇耐人寻味的是，居丧期间这位被其抛弃的闵帝，冯道曾率领群臣参拜。冯道进献忠辞曰：陛下长时间地处于苦痛之中，臣下都希望一睹圣颜。居丧期过后，闵帝释缞服，复常膳，群臣拜谒被其抛弃的闵帝，冯道升阶进酒，闵帝回绝道：我不喜此物，除宾友之会，滴酒不沾，"况在沉痛之中，安事饮啖！"④

闵帝败亡的原因，薛居正总结说，非少主有不君之咎，盖辅臣无安国之谋。⑤ 问题是这一时期国君的更替是否仅仅为统治阶级内部的权力之争，与天下黎庶无关？实际情形并非如此。天福七年（942）五月，晋高祖病情日益恶化。一天早上，冯道独对。高祖命幼子重睿出来参拜，接着又令宦者将其置于冯道怀中，希望冯道能在自己身后辅助其幼子。可在高祖去世之后，尸骨未寒，冯道以

---

① 薛居正等：《旧五代史》卷46《唐书·末帝纪上》第2册，第723页。
② 赵翼：《廿二史札记》卷22《张全义、冯道》，凤凰出版社，2008，第324页。
③ 司马光：《资治通鉴》卷279《后唐纪八》第4册，第739页。
④ 薛居正等：《旧五代史》卷45《唐书·闵帝记》第2册，第706页。
⑤ 薛居正等：《旧五代史》卷45《唐书·闵帝记》第2册，第715页。

国家多难，宜立长君，擅自奉高祖之侄石重贵为嗣。① 当时晋国的形势是燕云已丧，河北无险可守，敌兵一出，即抵邺都，可石重贵嗣位之后，不自量力与契丹相争，终酿得开运元年正月强寇分道攻晋，三年后占领开封，生灵惨遭涂炭。

　　冯道的缄默自有所在。他早年事为人极其残暴的刘守光。此人因父杀兄，踞弹丸小地妄自称雄，他不谏；唐庄宗李存勖灭梁之后日益骄奢，他也不谏；唐末帝李从珂与晋高祖石敬瑭争雄，他还不谏；汉隐帝狎群小，杀大臣，他又不谏。毋庸赘述，每一次政局的跌宕都伴随着乱军旬日剽掠，生民糜烂于兵。王夫之因而说：冯道之谏都是舍大以规小，留余地以自全，"而聊以避缄默之咎者也"。② 当然，王夫之可能责人过严，生逢乱世，冯道自有难处。他在唐潞王时已拜三公，晋高祖入洛时又为宰相；凡遇决策总依违两可，无所操决。有人曾对晋少帝说：冯道只能作为一承平时期之良相；今艰难之际，譬如使参禅僧人去飞鹰搏兔。③ 意指他虽机辩无穷，而不能应物。正如天福三年七月，他奉命出使上尊号于契丹，当契丹王劝其留下时，颇为机智的应对和脱身之策显其"滑稽多智，浮沉取容"。再看晋高祖石敬瑭最初派遣兵部尚书王权，王权以自己累世将相，耻之，以年老和有病推辞，并对人说："吾老矣，安能向穹庐屈膝。"晋高祖怒，将权撤职，方派冯道，说此行非卿不可。"冯道面无难色"。④ 即可见此人挟小智慧而无大精神，不知耻也。

---

① 司马光：《资治通鉴》卷281《后晋纪四》第4册，第785页。
② 王夫之：《读通鉴论·五代》卷28册下，中华书局，2013，第897页。
③ 司马光：《资治通鉴》卷284《后晋纪五》第4册，第799页。
④ 司马光：《资治通鉴》卷281《后晋纪二》第4册，第765页。

欧阳修曾说冯道"易面变辞,曾无愧怍",似乎也有例外。乾祐三年(950),郭威兵至洛阳,汉隐帝这时已被乱兵所杀。郭威准备称帝,但为了稳定局势,仍假称要辅立宗子。时,太师冯道率百官谒见,郭威见之犹拜,冯道受拜像往常一样,许久才说:"你此行可真不容易!"胡三省说,这正是冯道为了表示自己的器宇凝重。后来,郭威请冯道诣徐州请汉高祖侄,时任武宁节度使的刘赟继位,道说:这可是你心里想的吗?郭威发誓,冯道仍不相信地说:莫让老夫去说谎。临行时还对人说:"平生不谬语,今为谬语人。"① 果然,刘赟一行至宋州时,郭威权力已固,决定自己做皇帝,召冯道先归。这时,赟知死期已到,对前来辞行的冯道说,寡人此来所恃者,以公三十年旧相故无疑耳。刘赟悲痛地问道:今事已危急,"公何以为计?"对于冯道此时的默然,胡三省注道:无以答赟,故默。冯道自谓痴顽老子,良不佞也。②

或可为冯道做点辩解的是,五代藩镇都为武人,恃权任气,凌蔑文人。彰义节度使张彦泽,为政苛暴,书记张式谏。张彦泽怒,引弓射之,式急走未中,慌忙逃走。张彦泽派追骑二十,下令如张式不来,就把他的头颅取来。后终于将张式捉获,张彦泽亲自剖心决口,断手足而斩之。赵翼说:"士之生于是时者,系手绊足,动触罗网,不知何以全生也。"③ 所以,冯道除在重大事件上保持缄默之外,行为处事十分谨慎。晋高祖天福四年八月,帝曾访以军谋,冯道却之,说征伐大事在圣心独断,其只是一书生,只知谨守历代成规而已。晋高祖废枢密使一职,权力一委中书。天福七年七

---

① 司马光:《资治通鉴》卷289《后汉纪四》第4册,第865页。
② 司马光:《资治通鉴》卷289《后汉纪四》第4册,第864页。
③ 赵翼:《廿二史札记》卷22《五代幕僚之祸》,第316页。

月,冯道厌其事烦,三次上表请晋少帝依旧置枢密使,庶分其权。同月,少帝遣使就中书赐冯道生辰器币,冯道则以幼属乱离,早丧父母,不记生日,坚辞不受。

固然,对于那些骄横不可一世、刚愎自用的统治者,与不可言者言之,是为失言;但君子不忍缄默者,还是因为忠诚者之谏可能虽对时势无所补救,辩说却能影响天下,灾祸或许不致更为恶化。即便做不到这一点,退一步也不会因此而与恶势力同流合污。薛居正记载,唐庄宗极好打猎,每次出猎没有不蹂践百姓苗稼的。一天他到了中牟县,该县令冒杀身之祸,犯颜谏道:"为民父母,岂其若是耶?"最后,庄宗勃然大怒,准备问罪,还是在一伶官的劝解下作罢。①

那个时代并非每个统治者都嗜杀无度。后唐末帝李从珂性仁恕,所纳不倦。清泰二年(935)三月,太常丞史在德上疏言事,指责末帝用人率多滥进,以致武将战则弃甲,穷则弃军;文臣鲜有艺能,多无士行。他请求朝廷对大臣重新进行考评,使有才者擢居大位,无才者移之下僚。疏上,立即引起满朝哗然,很多官员要求对史进行惩罚。末帝却说,史在德语气太凶,其实难容。不过,朕初临天下,须开言路。如果朝士有言获罪,将来谁再直言。唐末帝遂颁诏不加史在德之罪。而其后的唐明宗出自边地,即位时已六十岁,为政颇为淳厚。每天晚上都在宫中焚香仰天祷祝,说自己原是蕃人,遇乱世为众人推戴,事不由己,愿上天早降圣人,与百姓为主。长兴三年三月,春雨淫靡,久未晴霁,明宗甚忧。冯道劝道:此为天之常道,行政有违于天时,是吾人臣

---

① 薛居正等:《旧五代史》卷34《唐书·庄宗纪八》第2册,第678页。

下的责任。只要陛下广施恩惠，久雨无妨圣政。① 与之不同，大理寺卿康澄在稍后的同年十月里上疏，指出此时阴阳不调，天时不利不足惧，可畏的是当朝潜在的政治危机——贤人藏匿，四民迁业，上下相循，廉耻道消，誉毁乱真，直言蔑闻。② 就此，薛居正说，明宗能够力行王道，时亦小康；但臣子非才，遽使其功绩最终泯灭，"良可深叹矣"。③

颇能体现他聪明绝顶的是他预料到身后会有一系列的褒贬驳辩。晚年特别著《长乐老自叙》讲述自己的惶惑和不安。他担心的是："知之者，罪之者，未知众寡矣。"李贽则很不经地评论道，此老实是名妓转世，"又是撒娇故态矣"。④ 当然，从今天的立场来说，最应避免的是以今人的道德观念苛求古人。实际上，就冯道未能死节和遁隐而言，也还有能够辩解之处。一方面，在宋以前儒家似乎没有刻意强调这一政治伦理。所谓有伊尹五就汤，五就桀，未遭先贤痛斥；桓公杀公子纠，管仲未死节，反而帮助桓公，子贡问道："管仲非仁者与？"孔子则说："微管仲，吾其被发左衽矣。"⑤ 另一方面，在现实社会中死节和遁隐只作为一种最高的道德规范，提醒士大夫们应该如此，而非一必须如此的政治原则。不然，何以每次王朝更替，死节之臣和灭迹山林者，几乎都是些布衣之士，以及被冷遇排斥的闲官末僚，而鲜有高官厚禄、深荷帝恩者。

---

① 薛居正等：《旧五代史》卷43《唐书·明宗纪九》第2册，第683页。
② 薛居正等：《旧五代史》卷43《唐书·明宗纪九》第2册，第683页。
③ 薛居正等：《旧五代史》卷44《唐书·明宗纪十》第2册，第701页。
④ 李贽：《史纲评要》卷26《后周纪》下册，中华书局，2008，第725页。
⑤ 朱熹：《论语集注》卷7《宪问》，北京图书馆出版社，2007，第460页。

既然在传统中国实践这一道德原则的也只是那些愿与其文化共命而同尽的圣人君子，那么由此反观冯道其人其事，吾人无法设身处地体会那一乱世的恐怖和困窘；再至今天的消费享乐社会里，生命的意义虽更在于追求事功而非坚持信仰，自然应有所宽容冯道同样有着一般人性意义上的怯懦和平庸。但作为一高层政治人物，阅尽眼前发生的种种灾难，不怒、不争、不谏、不走、不隐，专以全身远害，则实在让人难以恭维。尤其是当历史早已翻过了为一家一姓死节的意识形态，其背后"不降其志，不辱其身"的精神原则，恐怕仍不应被今人轻易废弃和搁置。毕竟，最近一次的旧话重提，是在那个士多失其守、歌功颂德的年代，陈寅恪再次高度赞扬欧阳修撰《五代史记》而作《义儿冯道传》，贬斥势力，崇尚气节。或许在于他始终坚信，这个民族并非就注定只有那么一个孱弱和麻木的心灵。

写于 1996 年

摧残士气，必驱成一邪媚世界

　　中国历史上一个值得历史学家反复探询的问题，就是士与知识分子强烈的参政和议政意识。《左传》"子产不毁乡校"有所谓"议执政之善否"的记载，孔子对此大为赞赏。也许正是从孔子开始，这种"格君心之是非"的价值取向几为代代相承。逮至近代，那些最早接受西方学术规范、试图专注于学问的知识分子，也常常为难以摆脱这一传统而懊恼。如决心舍弃政治，为思想界尽些微力的梁任公；二十年不问政治的胡适之，最终也坠入其中，在政治旋流中苦不堪言。这里自然有诸多的不得已，然而，这种不得已究竟是什么，给他们自身，对历史的演进带来什么样的影响？谢国桢先生一九三四年出版的《明清之际党社运动考》对明清之际士人参政和议政的考察，为吾人思考这些问题提供了一些启示。

一　天下有道，则庶人不议

　　中国士与知识分子为什么会有如此强烈参政和议政的热情与勇气，这固然可以从其传承的"笃信好学，死守善道"的文化传统中得到解释；但他们作为一致力于文化的继承、创造、阐释和传播的专业共同体，那些最为卓越的精英，以及成员的普遍参与政治，并非在每一时代、每一时期都会发生。"天下有道，则庶人不议"，只是在现实政治最为腐恶的时期，"一般秉公正的人，都要去弹劾政府的，而一般读书的人，也要借机会来谈论国是了"。① 于是就有了士与知识分子的挺身而出和悲壮参与。

晚明一代一直挣扎在皇帝昏庸无能、内阁谄上骄下、官僚钩心斗角、勋戚醉生梦死这种极为深刻的"王朝末日病"中。万历二十二年（1594），因直言被贬谪乡里的顾宪成与士人高攀龙等在宋代杨龟山讲学的东林书院聚集讲学。堂中巍然书写的"风声、雨声、读书声，声声入耳；家事、国事、天下事，事事关心"展示了这些在野士人的治学宗旨。在讲习之余，他们"多裁量人物，訾议国政，亦冀执政者闻而乐之也，天下君子以清议归于东林，庙堂亦有畏忌"。② 所以，朝士慕其风者，多遥相呼应，形成一股强大的社会批判力量，史称"东林党人"。

针对明末的苛政，东林人士集中批评了皇亲贵族宦官集团兼并土地、征派租银和横霸乡里。他们曾愤怒地指责皇室官绅"凭借宠昵，索讨无厌"，肆无忌惮地利用政治权势攫夺土地，以致"田产子女尽入公室，民怨已极"。这里列举几位勇于直言之人——魏大中，"入工科，博击无所避，权贵敛手"；高攀龙疏劾郑皇亲；周嘉谟劾勋臣占田；余懋衡痛劾宦官占田；等等。此外，他们还强烈要求废止政府的横征暴敛，清除贪污腐化，甚至包括了神宗朱翊

---

① 谢国桢：《明清之际党社运动考》，中华书局，1982，第 2 页。
② 黄宗羲：《明儒学案》卷 58《东林学案》，《黄宗羲全集》第 8 册，浙江古籍出版社，2012，第 731 页。

钧以开矿征税为名,派出大批太监充任监税使等诸多敲骨吸髓之举。他们指出,矿税监所到之处,"不论地有与无,有包矿包税之苦;不论民愿与否,有派矿派税之苦。指其屋而挟之曰:'彼有矿!'则家立破矣。指其货而吓之曰:'彼漏税!'则橐立倾矣"。① 再有东林人士曹时聘疏劾税监的强夺豪取,并对苏州民众的反抗斗争明确予以同情;苏州织工领袖病逝后,文展孟为他书写碑文;顾宪成对税监擅杀商民十分愤怒,想方设法为其呼冤除害;东林首要李三才词锋更是凌厉,他直指皇帝本人,说:"闻近日章奏,凡及矿税,悉置不省,此宗社存亡所关。一旦众叛土崩,小民皆为敌国,风驰尘骛,乱众麻起,陛下块然独处,即黄金盈箱,明珠填屋,谁为守之?"②

腐恶政治的腐恶之处,在于东林人士代表民意,旗帜鲜明地抗争,使之与权贵利益集团处在一个冰炭不能相容的尖锐对立之中,时任首辅的王锡爵就曾愤愤责问顾宪成,说近来有一怪事,即"内阁所是,外论必以非;内阁所非,外论必以为是"。顾亦反唇相讥,说他近来也闻一怪事,即"外论所是,内阁必以为非;外论所非,内阁必以为是"。③ 不过,这蕴含着历史的险局:一个错误必然接着另一个错误,直接导致"吾国最不幸的事,就是凡有党争的事件,都是在每一个朝代的末年,秉公正的人起来抗议,群小又起来挟私相争,其结果是两败俱伤"。④

---

① 冯琦:《为灾旱异常备陈民间疾苦恳乞圣明亟图拯救以收拾人心以答天戒疏》,《明经世文编》卷440《冯北海文集一》第5册,中华书局,1962,第4818页。
② 张廷玉等撰《明史·李三才传》,岳麓书社,1996,第3384页。
③ 黄宗羲:《明儒学案》卷58《东林学案》,《黄宗羲全集》第8册,第731页。
④ 谢国桢:《明清之际党社运动考》,第1页。

二 君子尽去,小人独存

士人普遍参政和议政之所以是"最不幸"之事,是因为接下来就会对一个时代的政治风气从外显和内隐两方面产生深远影响。

就外显而言,这一腐恶政治对任何异议,哪怕这些异议原本只是补天改良,都不择手段地残酷压制,致使士人的参政、议政犹如舍生成仁、杀身成仁的悲剧。天启三年(1623),宦官魏忠贤兼管东厂,权势日益显赫。天启四年,东林党人的首辅叶向立被斥辞官,内阁中的其他东林党人也遭罢黜。阉党顾秉谦控制了整个内阁,政治更加黑暗。也就在这一年,杨琏上疏魏忠贤二十四大罪状,被下旨痛责。朝中魏大中等七十多个官员冒死上疏,杨涟等遂被罢黜。天启五年,把持朝政的魏忠贤罗织大狱,东林党人遭到大肆罢黜和逮捕,乃至"出现了士大夫不经法律手续,由太监随便杀戮的怪事"。不过,这没有摧毁东林诸君的"高尚的人格,不怕恶势力的精神"。[①] 被记入历史的事例是杨涟、左光斗、魏大中等人遭受酷刑而宁死不屈;周顺昌被缇骑逮捕北上时,苏州士人冒死营救;家住在南北来往必经之路的张果中为被难诸君提供聚会的场所;为了赎救被捕义士,士人百姓广泛捐助——捐助百金的定兴县官王永吉就说,金不用于此处,便为天地间无益之物;"王拱极是一个清贫的秀才,他把妻子首饰当了十金,也助

[①] 谢国桢:《明清之际党社运动考》,第54页。

了捐"。①

　　就内隐而言，腐恶政治在士人参政和议政活动中钤上自己的特有印记，表现为东林党人对不同意见的排斥，相互间的倾轧，居然与他们所要坚决反对的腐恶政治有着惊人的相似之处。史载，"方东林势盛，罗天下清流，士有落然自异者，诟谇随之矣！攻东林者，幸其近己也，而援以为重，于是中立者类不免蒙小人之玷"。②谢先生由此写道："我们最可惜的是东林的壁垒森严，党见太深，凡是不合东林之旨的人，都斥为异党。"③ 东林刚得势，礼部尚书孙慎就追论红丸三案，天启三年的京察，赵南星又持之过甚，将对立派一网打尽，自己又以省为界限分成了许多小团体，以致魏忠贤这样一个无赖攫取了权力，而与东林不合的人依附魏忠贤。作为宦官，魏忠贤的统治是缄天下之口，大肆杀戮持不同政见者，以致熊廷弼也被戴上东林党的罪名而遭诛。朝中官员但凡敢为受害的党人，如杨涟、左光斗、熊廷弼说两句公道话，就立刻被抓捕而被残酷处死。当然，魏忠贤的能力有限，其中起主要作用的还是那些趋炎附势、使腐恶政治得以维持的无耻士大夫。

　　值得注意的还有，东林党领袖顾宪成求治的目的在于"济物利人"，并注意到当时的意气之争。他在与友人的信中写道："今日议论纷纭，诚若冰炭，乃不肖从旁静观，大都起于识见之歧，而成于意气之激耳。"为了防止不必要的偏激，他希望"在局内者置身局外，以虚心居之，而后可以尽己之性；在局外者，设身局内，

---

① 谢国桢：《明清之际党社运动考》，第 57 页。
② 张廷玉等：《明史》卷 256《崔景荣、黄克缵等传》第 5 册，中华书局，1999，第 4424 页。
③ 谢国桢：《明清之际党社运动考》，第 53 页。

以公心居之，而后可以尽人之性。何言乎虚也？各各就己分上求，不从人分上求也，各各独知独见处争慊，不就苦见处争胜，何言乎公也？是曰是，非曰非，不为模棱也；是而知其是，非而知其非，不为偏执也；如是又何所容其歧与激耶！"① 然而，究其原因，到了此时的意气之争已绝非仅仅由个人道德高下所致，实为腐恶政治所致。这也就是说，当政府大权独揽，"用高压的手段，权威都归到内阁，言官等于木偶，来取媚于内阁"。② 吾人再将之还原为具体的历史过程，在张居正之后出现的内阁首辅，如申时行、王锡爵之流，"他们的威望远不如张居正，手段也不如张居正老练，他们只知道唯诺因循，来取媚于皇帝，想尽方法来巩固自己的地位，造成党羽来养成自己的势力，衣钵相传，支持了十几年。庸愚的万历皇帝，他只知道儿女之情，那知道国家的大计，尽著内阁和言官在那里暗斗。所以到了沈一贯当国的时候，党势已成"。③

另一方面则是在政治急趋腐恶时，士的参政和议政与八股科举制度的联系更为紧密，由此很容易成为原本为利益分割不均，或者希图在腐恶政治吃人筵席中分一杯羹的利禄之徒步入仕途、捞取政治资本最为便捷的路径。时人指出，这是从"道术流而意气，意气流而情面，情面流而货赂"的残酷蜕变，犹如万历末年的复社，当"在朝的要人，也来拉拢复社，培植自己的势力，凡是士子，只要进了复社，就有得中的希望……因此复社本是士子读书会文的地方，后来反变成势利的场所"。④ 这样一来，旨在铲除腐恶政

---

① 谢国桢：《明清之际党社运动考》，第 41 页。
② 谢国桢：《明清之际党社运动考》，第 12 页。
③ 谢国桢：《明清之际党社运动考》，第 13～14 页。
④ 谢国桢：《明清之际党社运动考》，第 135～136 页。

治、维护正义的参政与议政运动，就不可避免地为一些小事闹得天翻地覆。在崇祯至永历年间愈演愈烈的党争中，"东林持论之高，于筹边制寇，率无实着"，即指他们于危及社稷的内乱和外祸束手无策，毕竟，"当辽阳陷没，汹汹惶惶，举朝失措……每朝会，束手相叹而已"。① 在这个意义上，《明季北略》"国运盛衰"条就评论得相当公允，作者痛斥了在明朝处于土崩瓦解之时，群臣背公营私，日甚一日。尤其可恨的是，流寇之患愈迫，朋党之攻愈苛，在这种情况下，论争的双方尽管"虽持论各有短长，大抵世所谓小人者，皆真小人，而所谓君子，则未必真君子也"。

三　大决所犯，伤人必多

的确，黄宗羲说过，"东林多败类"。尽管在腐恶政治下参政和议政的士人们有很多可供指责之处，但其症结则在于专制统治本身。欧阳修的《朋党论》中告诫抚有天下的君主，朋党自古有之，然君子所守者道义，所行者忠信，所惜者名节，以之修身，则同道而相益，以之事国，则同心而共济、始终如一，此君子之朋。"故为人君者，但当退小人之伪朋，用君子之真朋，则天下治矣。……治乱与兴亡之迹，为人君者，可以鉴矣。"难道晚明统治者们就对"人臣之罪，莫大于专权；国家之祸，莫烈于朋党"这一统治至要就无所知、无所感吗？

---

① （明）黄煜：《碧血录·缪西谿先生自录》，（明）吴应箕、（清）吴伟业等《东林本末：外七种》，北京古籍出版社，2002，第144页。

晚明几代帝王，最为聪明干练、勤奋努力的非崇祯帝朱由检莫属。面临内忧外患，他极为清楚地意识到党争的危害，即位之后即以敏捷的手段清除了魏忠贤的势力。这本可以使危及明之存亡的党争告一段落，可是由于"没有兼容并包的态度，有察人之明，而没有用人的手段。他只养成了一种刚愎自用，猜忌无常的性格；他天天怕大臣植党，而党反在他猜忌下养成了。一般骨鲠的老臣，自然是多得罪而去；一般无耻的下流，即可以趁着毅宗猜忌的脾气，装成谨愿自守，庸懦无能的样子，来取媚于崇祯，而背着人的时候，却贿赂公行，无所不为，因此时局大坏，一败而不可收拾"。① 这一点黄宗羲在《汰存录记辨》中则说得更为凄苦和痛切，同时也更发人深省。他说："毅宗亦非不知东林之为君子，而以甘倚附者之不纯为君子也，故疑之。亦非不知攻东林者之为小人也，而以其可制乎东林，故参用之。卒之君子尽去，而小人独存，是毅宗之所以亡国者。"

晚明政局正如后人所看到的，以小人制君子最终造成的则是君子尽去、小人独存的又一腐恶政治，于是崇祯皇帝更相信以特务统治和秘密警察来维持其行政的可靠性。在他当政时期，有数百名政治犯锒铛入狱，数十名将领被处死，先后入阁为相的五十位大臣，其中有四人被处死。令人可悲可叹的是，任职期限最长的竟为阿谀奉承、因循苟且的温体仁。他的生存之术在《明史·温体仁传》中有详细的记载："体仁荷帝殊宠，益枝横而中阻深。所欲推荐，阴令人发端，己承其后；故为宽假，中上所忌，激使自怒。帝往往为之移，初未尝有迹。"温体仁得势后，首先即排斥东林党人。对

---

① 谢国桢：《明清之际党社运动考》，第61页。

于崇祯问兵事,"他辄逊谢曰:'臣凤以文章待罪禁林,上不知其驽下,年擢至此位,盗贼日益众,诚万死不足塞责。顾臣愚无知,但票拟勿欺耳。兵食之事,惟圣明裁决。'在诋其窥帝意旨者,体仁言:'臣票拟多未中窾要,每经御笔批改,颂服将顺不暇,讵能窥上旨'。帝以为朴忠,愈亲信之"。自然,崇祯帝的昏聩绝无仅有,当李自成的农民军抵达北京郊外的昌平时,他懵然无知。这位一向以为自己"朕非亡国之君,诸臣尽亡国之臣尔"[①] 的末代之君,在李自成农民军四月二十五日进入北京时,见无一人上朝,才稍有所清醒。他愤然说道:"诸臣误朕也,国君死于社稷,二百七十七年之天下,一旦弃之,皆为奸臣所误,以至于此。"可在吾人今天看来,正是专制统治长期以来对士大夫的镇压,使政治的黑暗到了极点,所谓"士气摧残,已驱成邪媚世界矣!"[②]

固然,吾人不能简单地将原因归结为崇祯个人的秉性。专制主义的实质正如法国启蒙主义哲学家狄德罗所言:"王朝的繁荣和昌盛完全靠唯一一个人的脾性,这就是专制王朝的命运。"[③] 明朝是中国古代传统社会专制皇权的巅峰,曾成功地构造了这么一个制度——在朱元璋得天下之后,鉴于前代帝王大权的旁落,废丞相,设六部,改元代的中书省为内阁,置学士不过五品。黄宗羲认为,有明一代之所以无善政,是因为太祖罢丞相始也。不过,朱元璋是来自社会底层的开国皇帝,深悉统治的权术和民间的疾苦,还能防止其弊端;到了后世,尤其是仁宗、宣宗之后,大学士地位日益膨

---

① 计六奇:《明季北略》,中华书局,1984,第414页。
② (明)黄煜:《碧血录·人变述略》,(明)吴应箕、(清)吴伟业等《东林本末:外七种》,第173页。
③ 狄德罗:《狄德罗哲学选集》,江天骥等译,商务印书馆,1983,第58页。

胀，帝王与宰辅之权互为消长，以致宦官弄权。这里的政治逻辑是：宦官弄权，则在于朝无重臣；朝无重臣，皇帝才能无所顾忌。尽管统治者们竭力阻止士人们的参政议政，尽可能地防止党争的出现，但正如赵翼在《廿二史札记》中所云："帝怠于政事，章奏一概不省，廷臣益争为危言激讦，以自标异"，党争也就在所难免。除此之外，党争或许还是其相互牵制、相互倾轧、维持皇权的一最为重要的途径。

为这一腐恶政治付出最为惨烈代价的还是专制统治者本身。就亡明之天下的边事而言，努尔哈赤在白山黑水崛起，颁布"告天七大恨"，推明之大厦于将倾。在与满洲女真殊死的战斗中，明的统帅，熊廷弼、袁崇焕、孙承宗皆为盖世之才，边将也多以身委国，能够效死不屈。万历四十七年（1619）六月，明政府授命熊廷弼为兵部右侍郎兼右佥都御史衔，经略辽东，却不为处于险境之中的熊廷弼筹济必要的兵员和粮饷；正当熊廷弼以其胆识和勇气力挽危局之时，熹宗朱由校继位，围绕皇位继嗣问题的"红丸""移宫"两案，满朝权贵几乎都卷入这场权势之争。宦官魏忠贤乘机擅专，结成一个庞大的阉党集团。由于耿介的熊廷弼不趋附于魏忠贤，言官中又多附诣宦党，交章参劾熊廷弼。泰昌元年（1620）十月熊氏被革职，不久被传首九边，然明之边事遂愈不可救。接着又有袁崇焕诏磔西市、孙承宗满门殉国，这都清楚地表明专制政府的内斗、内讧只是不可救药地尽快自毁。

毋庸讳言，腐恶政治之下的明末士人们的参政、议政最终未能改善现实政治，反使"君子尽去，小人独存"，形势更为险恶。或许这其中的正面意义在于：士与知识分子的参政和议政原本就有着"知其不可为而为之"的必然命运，更多的是体现了顶天立地、大写之人，其虽败犹荣。因为如此，历史学家才能说"明代的政治，败坏于万历、天启两朝之手，群小当政，暗无天日，幸亏有杨、左诸君子的光芒，才可为士大夫的气节上增一点光彩"。[①] 否则，那段历史将多么沉闷、乏味、平庸和浅陋。进而言之，晚明士人参政和议政所蒙受的苦难、捍卫的精神和坚持的价值，揭示出正义的实现注定要经过漫长而沉重的历史时代。正如伏尔泰在其《哲学通讯》中所指出的那样，要把正义归还人类需要若干世纪，要经受这一播种巨大、收获微小的可怕性也需要若干世纪。鉴于此，后人还能再漫不经心地看待他们的"知其不可为而为之"吗？

原载《读书》1993 年第 7 期。

[①] 谢国桢：《明清之际党社运动考》，第 55 页。

科举制与传统行政权力的尊师问道

至少在十九世纪末戊戌维新发动之时,科举制就已被主张变革的学者视为近代科学和教育在中国发展的最大障碍。的确,早在十九世纪六十年代,当政者意识到近代中国处在一个三千年未有之大变局并面临着三千年未有之强敌,开始选拔科甲人士入同文馆学习天文、算学等来自西方的近代科学知识之时,就曾遭到守旧人士的强烈反对,当时被人传诵一时的是理学大师倭仁的上书:"立国之道,尚礼义不尚权谋;根本之图,在人心不在技艺。"戊戌之时,梁启超联合百余举人,联署上书,请废八股取士之制,书达都察院,都察院不代奏,再达总理衙门,又不代奏,遂有"会试举人集毂下者将及万人,皆与八股性命相依,闻启超等此举,嫉之如不共戴天之仇,遍播谣言,几被殴击"。① 所以,到了一九〇五年,面临更深的国内外危机,清廷下诏废除科举,原因之一就是"欲推广学堂,必先停科举"。

---

① 梁启超:《戊戌政变记》卷3,翦伯赞等编《戊戌变法》(一),神州国光社,1953,第217页。

科举制的负面作用主要体现在统治者以功名利禄笼络读书人，读书人除了八股文之外，全不知域外还有粲然可观之政教学术，这早已是近代以来一个主导性的看法。就此，王亚南先生认为：中国人传统上把做官看得重要，有理由说是由于儒家的伦理政治学说教了吾人一套修身治平的大道理；还有理由说是由于实行科举制，鼓励吾人"以学干禄"，热衷于仕途。不过，最基本的原因，还是马克思主义理论学家王亚南所说的长期官僚政治，"给予了做官的人，准备做官的人，乃至从官场退出的人，以种种社会经济的实利，或种种虽无明文规定但却十分实在的特权。那些实利或特权，从消极的意义上说，是保护财产，而从积极的意义上说，则是增大财产"。① 更直观的读本，是人们批评科举制时广泛引用的《儒林外史》，其所描述的两个穷儒生周进、范进平日受尽别人的白眼和凌辱，一旦中了举，"不是亲的也来认亲，不相与的也来认相与"。他们不到两三个月，田产房屋、奴仆丫鬟都有了；所谓"三年清知府，十万雪花银"，通过科举考试而步入仕途的读书人正是因此有了聚敛财富的种种便利。

问题在于，就实际历史来看，科举并非那个时代最便捷的致富途径。首先，在制度上没有这样的规定。因为，对读书人来说，穷而不遇，自不待言，就是通过府、州、县（尉）学考试，具有"生员"身份，其经济上的好处不过是食廪和免其丁粮。食廪者只是少数岁科考成绩优异者，作为"廪生"享受官府每年约四两银子（按时价大约购米四石）的津贴；多数岁科考成绩平平者，则只享受免缴杂税或徭役的优待。士子"寒素居多，每岁砚田，

---

① 王亚南：《中国官僚政治研究》，商务印书馆，2010，第111页。

所入为数甚微，仰事俯畜之余，岂有盈余之可积？"① 有了举人身份，按理说可以步入仕途，但太平天国之后，"异途"（通过捐纳和保举成为官员的候补者）挤压"正途"的现象日益严重。举人日积日众，需次多年，不得一官半职。即使万里挑一，金榜题名，有进士身份，一般先被点为翰林。作为京官，虽名号高贵，但位卑薪薄，早在康熙之朝就有贫至"衣服乘骑，皆不能备者"。②

再次，道德约束在那个时代还具有一定效用。如儒家伦理就强调修身养性、砥砺廉隅，典型的例子有乾嘉考据大师王念孙之父王安国，雍正二年（1724）会试，以一甲第二人赐及第，授编修，官至户部尚书，每早登朝，家为举火，偕幼长同舆入内进餐，惟市饼数枚，令其子坐舆中食之。某亲王与之特善，欲倾力助之，王安国辞之不受。③ 按照章学诚的说法，至少在和珅当权以前，清苦自守、杜绝馈遗者，官员千万人之所同。嘉道年间，一般的观察还是"道、府、州、县，贪酷者少而萎靡者多"。④ 即便到了二十世纪初，清官场的腐败已无法遏止，但仍可套用塔西佗描述古罗马贵族元老院的腐败时所说的一句话——"内心的矜持和傲慢"，道德还不至于沦丧到连一点崇高的典范都见不到；那些"正途"出身者在金钱面前多少还有尊严，保持着读书人的本色。当时的舆论批

---

① 《论应试士子之苦》，《申报》1903 年 9 月 19 日，第 1 页。
② 《康熙三十九年上谕》，《大清会典事例》卷 1052《翰林院·官制》，"馆舍廪饩"条下。
③ 易宗夔：《新世说·俭啬》，上海古籍出版社，1982，第 29 页。
④ 《嘉庆十八年两广总督蒋攸铦应诏陈言》，《清史稿》卷 366，第 38 册，中华书局，1978，第 11446 页。

评:"一般捐纳出身的知县,得着缺,只想赚钱。"① 所以,谈到科举对读书人有多大经济利益时,或许如张仲礼先生所言:"绅士的地位不一定来自财富,也不一定带来财富。"②

这样推算下来,科举制之所以能吸引如此众多读书人,恐怕就是地方官的以礼相待。与科举考试相关的还有养士制度。以清代为例,早在顺治年间,清廷规定选取生员,目的在于"朝廷复其身,有司接以礼,培养教化,贡明经,举孝廉,成进士,何其重也"。③士人一旦进学,在饰物、顶戴、服装上异于平民,可以穿戴即使十分富有的大商人也不得使用的貂皮、猞猁皮、织锦缎、精工刺绣、金镶边等贵重质料;还可自由见官,拜会官员时,不必行平民百姓必须行的下跪礼;甚至,他们犯有过失和触犯刑例,也不会受到责骂和体罚。当然,也有地方官鲁莽行事,对生员非法动刑,结局大多是受到纠参而丢官离去。一九○五年九月,扬州府甘泉县张姓举人与人诉讼,在大堂衙门和班役出现了争执,张举人大声训斥,不料惊动县官,被判擅闹公堂,戒尺击掌十下。翌日,学界之人群集明伦堂,向藩臬控告,这位县官终以署事期满撤省,并记大过一次。④ 在这个意义上,科举对读书人来说,得之则荣,失之则辱。明儒顾炎武就此说得最为清楚:"一得为此,则免于编氓之役,不受侵于里胥,齿于衣冠,得以礼见官长,而

---

① 《子之武城一章演义》,《申报》1908年6月24日,第3张第2版。
② 张仲礼:《中国绅士——关于其在19世纪中国社会中作用的研究》,李荣昌译,上海社会科学院出版社,1991,第220页。
③ 《顺治十年四月谕礼部》,《世祖实录》卷74,第3册,中华书局,1985,第584页。
④ 《张举人被白令所责扬州》《明伦堂集议张举人被责事扬州》《催覆擅责举人之案扬州》,《申报》1905年10月27日,第3页;1905年10月31日,第3页;1906年1月3日,第3页。

无笞捶之辱。故今之愿为生员者,非必慕其功名也,保身家而已。"①

养士气而责其成,国家和社会的尊礼使读书人自尊、自重和自爱。到清代乾嘉时期,几代学人以实事求是为的鹄,肆意稽古,不复视治学为经世之具。用梁启超的话说,此时治学已经开始"饶有科学的精神"。与之相应,虽说不是读书人个个自尊自爱,但整个士风士习不耻恶衣恶食。显达者,如其时考据大师王鸣盛以一甲进士授翰林院编修,丁艰后即不再复出,卜居苏州阊门外,不与当事通谒,也不和朝贵通音问,生活俭朴,宴坐一室,左右图书,咿唔如寒士;蹇滞者,如稍后在嘉庆年间撰写《锡金识小录》的无锡儒生黄卬,"惟俭,无他嗜好,布衣粝食,读书谈道,愉愉如也。所居老屋三楹,寝室庖湢,咸在纺车织具针管刀尺,纵横错置,子女啼笑满前,君但危坐,持一编,雒诵不少休"。②重要的是,当"一衿亦关名器"时,③文化在这个社会中岂能再被视为无足轻重、可有可无吗?康熙之时,鸿博开科,将文辞卓越之人,不论已仕未仕,举荐送部,每月发给俸廪;还有宣召内阁翰林等官,宴于乾清宫,各赐卮酒,特赦笑语无禁。此外,在他五十寿辰之时,诸臣进献鞍马物,不受,曰:"朕素嗜文学,诸臣有以诗文献者,朕当留览焉。"孟森先生说,君臣师友,讨论从容,"虽文治极盛之朝,未易相匹"。④到了此后的雍、乾两朝,天子不自讲学,惟以从祀示好尚。史料载,雍正二年,雍正帝亲下谕旨,称:"朕

---

① 《顾亭林诗文集·生员论上》,《顾亭林诗文集》,中华书局,1983,第21页。
② (清)黄卬辑《锡金识小录·备参上》卷1,光绪丙中年刊本,第1页。
③ 《江西学政陈宝琛疏》,《京报》1883年5月16日,第1页。
④ 孟森:《明清史讲义》下册,中华书局,1981,第449页。

览史册所载，多称'幸学'，近日奏章仪注，相沿未改，此臣下尊君之词，朕心有所未安，今释奠伊迩，朕将亲诣行礼，以后奏章记注称'幸'非宜，应改为'诣'字。"① 不久（雍正四年八月），雍正帝亲行视学释奠礼，先期大内致斋，至文庙后，降舆而入，太常寺卿置仪注。他虽奏称献帛进酒皆不跪，雍正帝却跪以将敬，并命记入档案。接着，由儒臣进讲经书，诸生环桥观听，官方的记载说："雍雍济济，典至盛也。"

实际上，就是到了戊戌之后，科举制尽管处在风雨飘摇之中，但传统的惯性使各级行政权力对读书人仍有尊礼。一九〇三年秋，京师大学堂重新开办，同治进士、时任管学大臣的张百熙，欲聘吴汝纶为大学堂总教习，屡被谢绝。一天清早，张身着大礼服，朝珠补褂，至吴宅门外长跪不起（一说站在门外等候相见），从而得到吴之首肯。一九〇五年科举最终废止，清廷积弱积贫至极，但对大学生还相当优待。他们入学非但不缴学费，且两人一间自修室，免费供应伙食，标准是每餐八人一桌，六菜一汤，冬天则改为四菜一火锅，鸡鸭鱼肉都有，甚至自辛亥推翻清统治之后，旧秩序的崩溃虽使社会道德严重失范，但这种传统仍一线残存。据说，军阀赳赳武夫，幼年时或多或少读过四书五经，见学生称之为"先生"，遇到学潮不敢随意动粗、过分非礼。② 二十世纪三四十年代，笔者供职的单位原为前国民政府的中央大学，据老先生说，当年政府的部长要员到校巡视，一律校门外下车，慢步恭行而入。这大概延续了传统时代官员路经孔庙或

---

① 《世宗皇帝实录》第7册，中华书局，1985年影印版，第277页。
② 参见马叙伦《从"五四运动"到"六三索薪"》，陈平原、夏晓虹编《北大旧事》，三联书店，1998，第227页。

诣太学,文官下轿、武官下马的传统,否则,会被人参为"非圣无法"。当年(1892)吴稚晖赴北京会试未中,心中颇有怨气,回到家乡后见知县路过孔庙未下轿,以石击之,被拘入县署,但即乘轿舆伴随音乐被送归。①

当然,历史早已翻过了这一页。时至今日,各种车辆在校园长驱直入,穿梭疾行,昔日的那些戒律在今天事事必求便捷的社会里已无恢复之必要。然而,正是从对科举制的另一面解读中,吾人看到了传统政治体制在文化设定上对读书人竟有如此多的敬重和推崇。按照王德昭先生的研究,中国因西潮迫来与新时势的需要而不得不改变传统的学校与科举制度之时,西方则以法国与英国为首,受科举影响而实施文官考试制度;自一九〇五年科举在中国废除以后,至二十世纪三十年代南京国民政府又开始对国家公务人员进行考试,"也可谓科举制度的重演"。② 由此推之,一种制度的正面,抑或负面效应,并不仅仅在其自身,或许更多取决于它所处的那个结构有多大程度的合理性。在今天知识经济的时代,"尊重知识""尊重人才"早已耳熟能详,科技、教育业已提高到"兴国"的高度,在现实层面上又确有很多具体措施在逐步贯彻和落实,如"长江学者计划""政府津贴"以及国家对一些高校的重点资助。实际上,士果有志于学,岂待劝哉?就如明儒王夫之所言:升俊有常典,养士有常法,人主尊师问道以倡之,士自劝矣;相反,"若旦命而夕饬之,赏法行而教令繁,徒有劝学之名,而士日以偷"。③

---

① 方豪:《吴稚晖年表》,《现代中国思想家》第5辑,台北:巨人出版社,1978,第4~5页。
② 王德昭:《清代科举制度研究》,中华书局,1984,第249页。
③ 王夫之:《读通鉴论》卷15,中册,中华书局,1975,第522页。

所以，提高学者的待遇，就不只是厚给廪饩，优予奖叙；而首先应注意尊师问道以倡之，尔后，待之以宾，则有币聘之隆；尊之以礼，则有束脩之丰——若何？

原载《文史知识》2002 年第 9 期。

开掘本土历史中"自由"的文化资源

在西方近代启蒙思想的语境中,英文中的"freedom"和"liberty"有着并不相同的精神指向,前者被称为"消极自由",即"不想干什么就不干什么",后者被称为"积极自由",即"想干什么就干什么"。一八六六年,作为幕府使节的译员从欧陆访问归来的福泽谕吉在撰写介绍西洋地理、政事、兵法、科技、航海的《西洋事情》一书时,对这两个概念的翻译采用的是其时普通人能轻易理解且在室町时代(1336~1573)就已拥有颇多读者的《二条河原匿名书》中的"自由"一词。这一原本来自佛教经典的汉字,基本语义是"自主任意",与其时西洋在理性意义上倡扬的"freedoms"和"liberty"并不十分贴切。由于担心被望文生义地误用,福泽谕吉郑重提醒"学者宜审慎用之"。同样,严复在一九〇二年翻译英国思想家穆勒的《自由论》时,也将书名改译成《群己权界论》,强调英文原意上的"自由"本为中国历代圣贤所深畏,"而从未尝立以为教者也"。

就学术研究的角度来说,"自由"向来有诸多复杂而又独特的维度。尽管古代汉字中没有与之最为对应的一词,吾人却不能由此断定在中国历史中没有"自由"的文化资源。因为这一预设如果成立，一是在逻辑上否定了"人生而自由"的人类永恒原则，一路滑行若愈演愈烈的话，势必沦落为所有奴役行为和压迫制度的卑劣吹鼓手、辩护士；另一是在历史上确认了自十九世纪以来欧洲东方主义所说中国从来都是专制、缺乏个性意识的陈词滥调。经典性的论述，如黑格尔在《法哲学原理》中称中国社会缺乏自由意识，从本质看没有历史的长期停滞，"任何进步都不可能从中产生"。与之相应，当年那些来到中国的外人，其中有些傲慢狂妄者之所以敢于恣意横行、为所欲为，端在于将华人视为一个只能苟且偷安、逆来顺受的半开化种族或次等文明。所以，这一相关研究就不只是在客观史事层面上的拾遗补阙、填补空白，且涉及在伦理价值层面上找回我们中国本土历史文化之中的自信和自尊。

这倘若可以作为一个议题，那么李孝悌于二〇〇八年在台湾联经出版的《昨日到城市：近世中国的逸乐与宗教》一书，[①] 独辟蹊径地揭示出明清之时那些著名的江南城市如苏州、杭州、扬州、金陵，以及近代上海等地"逸乐"背后所蕴含的"自由"隐喻。毕竟，"逸乐"在以往研究中不仅被很少论及，且在主流价值观与道德判断上累积了太多负面意涵，故李孝悌在"绪言"部分不得不就此做了这样的辩解："在习惯了从思想史、学术史或政治史的角度，来探讨有重要影响的历史人物后，我们似乎忽略了这些人生活中的细枝末节在形塑士大夫文化中所扮演的重要角色。其结果是我们看到的常常是一个严肃森然或冰冷乏味的上层文

[①] 简体字版见李孝悌《恋恋红尘：中国的城市、欲望和生活》，上海人民出版社，2007。

化。缺少了城市、园林、山水,缺少了狂乱的宗教想象和诗酒流连,我们对明清士大夫文化的建构,势必丧失了原有的血脉精髓和声音色彩。"①

由此说来,"逸乐"如果要成为一个有意义的学术视野、分析工具,乃至一种可以被正面肯定的价值观,似乎应当放入欧美自二十世纪八十年代"文化转向"时所兴起的"新文化史"的研究脉络里。的确,在当今欧美"新文化史"乃至"社会文化史"的研究中,与"逸乐"相关的"欢庆"(festival)、"典礼"(ceremony)、"狂欢"(carnival),由于事关"象征资本"(symbolic capital)或"文化霸权"(culture hegemony)的建构或运作,受到了相当多学者的关注和重视。可称为典范的是英国著名左派历史学家 E. P. 汤普森的《英国工人阶级的形成》,"逸乐"就被描述为在工人阶级争取自由的运动中发挥过重要作用。是书第十二章的"闲暇与人际关系"一节,汤普森用生动的语言描绘了工人阶级对工业社会推崇的服从、谦虚、勤奋、节俭、勤劳、诚实等清规戒律的挑战,许多工人阶级的少男少女对竞赛和娱乐活动如痴如狂,以至于忘了吃饭,"最后他们玩够了,来到酒店痛饮,男人亲吻情妇,整夜与她们玩耍……"②

由此反观李孝悌的研究,自由被视为那个时代"逸乐"背后的隐喻,就须从"政治文化"(political culture)和"文化政治"(cultural politics)的视角出发。就"逸乐"的实际历史来看,明清

---

① 李孝悌:《昨日到城市:近世中国的逸乐与宗教》,台北:联经出版事业公司,2008,第 4~5 页。
② E. P. 汤普森:《英国工人阶级的形成》上册,钱乘旦等译,译林出版社,2001,第 473 页。

之际以扬州、苏州和金陵为中心的"逸乐"生活，除了文人/士大夫之外，皇族、官僚集团、商人乃至市井小民都是积极的参与者。那个时代的声色犬马、灯红酒绿的"逸乐"，就是由这些不同阶级和人群集体建构出来的历史文化意象，在研究中自然应有所区别。具体来说，对于皇朝统治者，江南的"逸乐"生活就没有什么自由的意涵。当年乾隆帝六度南巡，每次水行巨舟千百艘，四围皆侍卫武职。役夫遂乘势逞威，向百姓勒索，有不予者，以碍皇驾，立毁其宇，百姓怨声载道。运河两岸，官员们令民众打纤。舟过扬州，于支港汊河，桥头村口，各设卡兵，禁民舟出入。纤道每一里，安设站兵三名，令村镇民妇跪伏瞻仰。在应回避之时，令男子退出，不禁妇女。盖以扬州女子素有艳名，乾隆帝早已慕之，欲借此一餐秀色。所过之处，街道尽铺锦毡，露天蒙以绸帐，所费值几十万。

作为对比，康熙帝当年南巡，每处所费不过一二万金，乾隆帝则二三十万不止，繁华奢靡，影响所及，致使那个时期吏治民风同归败坏。其时一代名臣尹会一视学江苏，回到北京后直言不讳地谏奏：陛下南巡，民间疾苦，怨声载道。令乾隆帝大为不快多日。这种挥霍浪费、好大喜功的"逸乐"，自然不能被时人和后世认可。史载，其子嘉庆帝偶尔谈及当年随父驾南游，并流露出对江南华丽之风光的无限留恋时，随之收到苏州籍大臣吴熊光的诤谏，奏称："苏州惟虎丘称名胜，实一坟堆之大者！城中河道逼仄，粪船拥挤，何足言风景？"[①]

与之相应，这种关于江南都市日常生活中"逸乐"的文化意

---

① 《清史稿》卷 357《吴熊光传》，中华书局，1977，第 11324 页。

象,也不为当时官僚集团所接受。因为这可能导致整个行政体制的骄暴贪利、繁刑重敛,无法实现其经世济民、安邦定国的政治理想。一六八四年,康熙帝以江南风俗奢靡、讼狱繁多为由,特擢素有耐清苦之名的内阁学士汤斌抚苏。汤斌抵达苏州之后,除对妇女出游、里中赛会、演剧无籍、搏戏斗殴一切禁止之外,还严令取缔了书肆淫辞邪说之流行刊布者,将素多淫乱的楞枷山五通神像投入湖中,击毁处所,并奏准通行永禁。在日常生活方面,汤斌清操自励,极为节俭。一天,他查阅食用账目,看到有鸡两只的记载,大吃一惊,自忖道:"我自临民以来,常餐未敢食肉,况鸡乎?"他马上找来厨役,厨役以公子对。汤斌立召至,责之曰:"汝不读书,不知世间艰苦,动讲豪华,汝其以苏州之鸡,贱于河南耶?"因命跪庭读《朱子家语》,并重呵厨役。再到后来曾国藩任两江总督,虽身为将相,日常生活却无殊寒素,每食只蔬菜一品,决不多设,被时人称为"一品宰相"。对于这种勉自刻励的行为准则,章太炎后来评价道:"故其下吏化之,不至于奸,初政十年,吏道为清矣。"[1] 至于自由作为"逸乐"的隐喻,就像李孝悌书中呈现的王士祯,被士林奉为清初诗坛盟主和广陵词派的领袖,他的宴饮狂欢、诗酒酬酢,多因仕途受阻和政治失意,更多地体现了官员/士大夫两种角色之间的轮转。[2]

沉湎其时江南都市"逸乐"生活的,还有那些日进斗金、家产万贯的富商大贾。由于他们的金钱多来自对社会资源的垄断,常常引起民众的反感和憎恨。他们的"逸乐"作为政治攀附和社会

---

[1] 章太炎:《检论》卷9,《章太炎全集》第3册,朱维铮点校,上海人民出版社,1984,第626页。

[2] 李孝悌:《昨日到城市:近世中国的逸乐与宗教》,第160页。

地位的炫耀，体现的是卑劣和贪婪，最终不免惹火烧身，自然无法建构起自由的隐喻。以盛极一时的盐商为例，一六八六年，清廷在各地厉行盐业专卖，严禁私盐，并以扬州总其纲，该地盐商遂骤然致富，任意挥霍、纵情声色。乾隆帝的南巡，很多地方都是由他们修建美轮美奂的行宫和负责日常接待。徐珂在《清稗类钞》"盐商起居服食之奢靡"条中谈及业盐者的竞尚奢靡，称无论婚嫁丧葬之事，凡宫室、"饮食、衣服、舆马之所费，辄数十万金"。①

时人还记有：由于实行了盐业专卖，即使家住近海的民众，亦不得私盐到口。盐商与官府勾结在一起，严禁私人制盐和贩盐，任其官价抬高，致有每斤卖至五六分，获利数倍，民众恨极。某日，淞江府周浦镇有穷民挑盐一担，在西门街上，被盐商拉去吊打，轰动百姓。愤怒的乡民冲进盐商家里，打其家伙什物，将库存的官盐扔进河里。再当官府镇压时，"合县百姓不服，罢市三日"。② 实际上，对于商人来说，这样奢侈的生活也容易引起政治权力的忌惮。明末士人冯梦龙早有警示，称洪武初年太祖皇帝有新诗曰："百僚未起朕先起，百僚已睡朕未睡，不如江南富足翁，日高五丈尤披被。"嘉定首富万二闻之，立刻意识到凶兆已萌，遂将家资悉交于仆，买巨舟携妻子逸去。果然，不二年江南大族以次籍没，"独万二一人幸免"。③

普通民众作为人数最多的一个社会群体，参与"逸乐"活动的规模最大，也最热闹喧哗，并在某些特定场合下确与争取自由相关联。以上述淞江府周浦镇为例，明末之时，池郭虽小，名宦甚

---

① 徐珂：《清稗类钞》第 7 册，中华书局，1986，第 3270 页。
② 姚廷遴：《历年记》，上海市文物保管委员会，1962，第 98 页。
③ 冯梦龙：《智囊》，巴蜀书社，1986，第 309 页。

多，旗杆稠密，牌坊满路。虽是极小之户、极贫之闾，住房一间者，必有金漆桌椅、名画古炉、花瓶茶具，且铺设整齐。"无论大小家户，早必松萝芫荽，暮必竹叶青状元红。毋论贵贱男女，华其首而雅其服者。饮食供奉，必洁其器而美其味焉。"① 在这样一个风尚浮华的市镇空间里，没有接受多少礼教规训的普通民众的"逸乐"，难免从日夜之差、城乡之隔、男女之防到贵贱之别，挑战和逾越统治阶级设定的僵硬社会等级秩序，故常被官府和正统礼教人士借故严禁。

除了上述康熙年间汤斌抚苏之外，对当地民众"逸乐"采取严禁措施的官僚还有乾隆年间担任江苏巡抚的陈宏谋。一七五九年，他颁布《陈文正公风俗条约》，下令禁止"举殡之日，设宴演剧，全无哀礼。少妇艳妆，抛头露面，绝无顾忌。乡僻贫妇有夏间上身不著衣衫，裸体无忌。又有男子不著衣裤。凡衣裙必绣锦，金钗环必珍珠宝石，以贵为美，以多为胜"。② 有研究已经指出，在元宵节，以及一些庙会等民众广泛参与的逸乐活动中，士女捻香、阗塞塘路——人们既随心所欲，又反复无常。再当吃喝、排泄、交媾与生育成为逸乐的主题，自然充满了粗鄙、挑逗、放浪和戏谑，且不乏破坏、放荡、淫秽和猥亵。③ 故吾人可认为这些底层民众的"逸乐"活动，尽管在审美和精神层面上一定指向自由，但在政治和社会层面上，却可能有相当多的歧义、暧昧和不

---

① 姚廷遴：《历年记》，第 24 页。
② 李铭皖、谭均培、冯桂芬修《苏州府志》卷 3，光绪八年修，《中国地方志集成》之《江苏府县志辑》之《苏州府志（一）》，凤凰出版社，2008，第 146~147 页。
③ 陈熙远：《中国夜未眠：明清时期的元宵、夜禁与狂欢》，《中央研究院历史语言研究所集刊》第 75 本第 2 分，2004，第 283~327 页。

确定。

相对而言，那个时代自由作为"逸乐"的隐喻，最多可能就体现在李孝悌关注的那些文人/士大夫们"抛弃一切，披写天真"的日常生活，以及由他们创造出来的精致文化之中。就如在李孝悌的指引之下，吾人走进了侯方域、冒襄、余怀、张岱、袁枚、郑板桥，乃至"昼了公事，夜接词人"的王士禛的精神世界。就这些人的家世来看，他们并非都来自锦衣玉食的官宦之家，有些也是生活拮据的寒门出身，由此吾人或可认为，纵情"逸乐"大概是由这些读书人的天性所致。如生活中面临绝薪逼债的郑板桥，虽不得不在寺庙里乞食，却也不曾放弃扬州提供的声色之娱。他红楼夜宴、醉台高歌、狂来痛哭，吟诵"我辈多情有是夫"的诗句。甚至还可断定，作为儒家读书人，他们从小虽耳濡目染于孔孟经典意义上"治国平天下"的政治理想，成年之后多次参加举业，有人还担当过行政官职，其人生乐趣却仍在于文采风流、诗酒唱和之中。

最让他们流连忘返的是美食、美酒、美景和美色，而非钩心斗角、尔虞我诈的险恶官场。明末在南京声名一时的风流少年孙克咸，被认为负有文武才略，倚马千言立就，能开五石弓，善左右射，短小精悍，自号"飞将军"。他也想投笔磨盾，封狼居胥，然好狭邪游，纵酒高歌，其天性也。孙克咸最先昵于妓女王月，后月为势家夺去，抑郁不自聊。不久，经余怀认识了才艺无双的葛嫩，即往访之。阑入卧室，值嫩梳头，长发委地，双腕如藕，面色微黄，眉如远山，瞳如点漆。嫩说声"请坐"，致使已经魂不守舍的克咸曰："此温柔乡也，吾老是乡矣！"同样，曾有进士身份并担任过翰林院庶吉士、后任沭阳知县的袁枚，四十岁便辞官定居于江宁（今南京市）小仓山下，修建了景色怡人的随园。此时，他虽已有姬妾十余人，但仍不满足，到处寻春，思得佳丽。甚至到了七十岁时，他还不减少年风流时临山登水、寻花问柳之兴。朋友规劝，答曰："人人各有所好，两不相强。君年七十而图官，吾年七十而看花，两人结习，有何短长？"①

饮食男女，人之大欲存焉，最易衷感动人。对那些文人/士大夫来说，由于都是些吐纳风流、含蓄蕴藉的倜傥君子，其"逸乐"又较那些伧父大贾更显精致和典雅。如他们和妓女的交往就不只是肉体的吸引、男欢女爱的恋情，还有精神层面上的知性交流。余怀谈到与其交往密切的李十娘，说她还在胎儿之时，闻琴歌声，则勃勃欲动。生而娉婷娟好，肌肤玉雪，既含睇兮又宜笑。性嗜洁，能鼓琴清歌，略涉文墨，爱文人才士。所居曲房秘室，帷帐尊彝，楚楚有致。中构长轩，轩左种老梅一树，花时香雪霏拂几榻；轩右种梧桐二株，巨竹十数竿。晨夕洗桐拭竹，翠色可餐，入其室者，疑非人境。余怀每有同人诗文之会，必主其家。"每客用一精婢侍砚席、磨隃麋、爇都梁、供茗果。暮则合乐酒宴，尽欢而散，然宾主秩然，不及于乱。"

此外，还有那个时代被人广为传颂的冒襄与董小宛的恋情。余怀笔下的董小宛也是天姿巧慧，容貌娟妍，性爱闲静，遇幽林远涧，片石孤云，则恋恋不忍舍去。至男女杂坐，歌吹喧阗，心厌色沮，意弗屑也。一六四三年，二十岁的董小宛入冒襄家，为其妾。她"却管弦，洗尽铅华"，除了料理一切家务之外，还终日帮助冒襄稽查抄写诗文，细心商定，永日终夜，相对忘言。冒襄说董小宛

---

① 李孝悌：《昨日到城市：近世中国的逸乐与宗教》，第214页。

阅诗无所不解，而又出慧解以解之。最能体现这种情感交往的飘逸隽永的大概是俩人常常在暮色苍茫之中，一起静坐香阁，细茗品香。这些香包括横隔沉、蓬莱香、真西洋香、黄熟、生黄香、女儿香。冒襄说：俗人是把沉香放在火上烧，烟扑油腻，须臾即灭。这样不仅体察不到香的性情，且烟气沾染上襟袖还带有焦腥味。小宛采用的是隔纱燃香法，讲究品香时的情调。寒夜小室，玉帏四垂，点燃两三枝红烛，慢火隔纱，使不见烟，"则阁中皆如风过伽楠，露沃蔷薇，甜艳非常，梦魂俱适"。①

难能可贵的是，这种"逸乐"少不了他们作为一批特立独行、卓尔不群之人面对权力的傲然风骨。冒襄曾在明末党争之中因词语激烈地品核执政、裁量公卿而陷牢狱。清朝底定江南之后，对其采取拉拢政策，开"博学鸿儒科"，下诏征"山林隐逸"。冒襄虽属应征之列，但他视之如敝屣，断然拒绝。逮至七十岁之时，他的墓田、房舍，尽为豪家所夺，被迫鬻宅移居，陋巷独处，当年"饰东骑、鲜衣裳"的少年名士，不得不靠着卖文和家班演出为生。此时，有人前来拜访，他被人扶着出来见客，贫病之身留给来客的印象，仍然是渥颜美髯，飘飘如神仙中人。谈论古今，指画时务，如金石之铿击，江河之悬注，英气勃勃，犹在眉间。到了八十岁那年，生活更是无以为继，且早已山穷水尽，被周围之人认为老而无用，不合时宜，甚至有掉臂不相顾、交口争下石者，在自述中他仍写道："鬻宅移居，陋巷独处，仍手不释卷，笑傲自娱。每夜灯下写蝇头小楷数千，朝易米酒。"

另外，冒襄之后的袁枚，二十四岁举进士，因文章出色被选入

---

① 李孝悌：《昨日到城市：近世中国的逸乐与宗教》，第112页。

翰林院，后被排挤外放。在地方任职期间，他虽有不少政绩，却总得不到升迁。最终他之所以选择声色犬马，就是"不甘为大官作奴"。用他的话来说，做官不就是腰笏磬折、里魅喧呶、仰息崇辕、"请命大胥者乎"？① 当然，这也包括那些在扬州为盐商们作画的文人/士大夫。他们不在权力面前低头的风骨表现在，一方面接受盐商的支持，另一方面透过联姻、教育及官僚的奖掖，建立了一个属于学派自身的认同，从而与这些商人保持了一定的距离。

以吾人今天的后见之明来看，李孝悌笔下的这些不畏权势、不随波逐流的士大夫只是将其个性发展到了极致。而且，吾人还可毋庸讳言的是：自由作为"逸乐"的隐喻，在他们那里更多地体现为争取和捍卫个人尊严，以及不沦于庸俗的品位、教养、风度和气质；历史的缺憾正在于他们没有发展出一些关于自由的系统学说、理论，更遑论开创那些可能矢志影响社会、改变专制体制的主义。这有点像上面提及汤普森在撰写《英国工人阶级的形成》一书时，谈及那个年代的英国工人尽管在争取言论、结社自由，以及选举权利和改革社会经济制度的运动中从来没有成功过，但他在最后总结道："我们不应该仅仅把工人看做是永恒的失败者，他们的50年历程以无比的坚韧性哺育了自由之树。我们可以因这些年英雄的文化而感激他们。"②

在十多年后刊出的另一篇文章中，汤普森又强调了民众中那些"反抗的传统文化"（rebellious traditional culture）在英国工人争取

---

① 李孝悌：《昨日到城市：近世中国的逸乐与宗教》，第210页。
② E. P. 汤普森：《英国工人阶级的形成》下册，第981页。

自由过程中的重要意义。① 同样，陈寅恪撰写《柳如是别传》的重要意义也在于："夫三户亡秦之志，《九章》哀郢之辞，即发自当日之士大夫，犹应珍惜引申，以表彰我民族独立之精神，自由之思想。"② 相对而言，汤普森和陈寅恪关注的"自由"有所不同——前者涉及改变政治和社会经济制度，后者涉及反抗异族暴力征服和统治。李孝悌则在是书"袁枚与十八世纪中国传统中的自由"一章中声称，除了上述这些自由之外，吾人还应当更多关注如何能够"平静地享受个人或私密的独立"的个人自由。因为在他看来，自由的终极意义，就在于为每个人用自己的方式追求自己认为最好的事物提供一片不受干扰的土地。重要的是，他还进一步指出，在十八世纪的传统中国，可以找到足够的空间，让这些有特殊才华的士大夫们发抒个性，营造出品位独特的精致文化；而在二十世纪中国历史的许多时段中，这种恣情纵欲的自由空间都受到极度甚至完全的压缩。在这个意义上，吾人似更能理解英国著名历史学家阿克顿勋爵（Lord Acton，1834 – 1902）引用的那句不朽名言："自由是古老的，专制才是新的。为该普遍真理辩护是新近历史学家的骄傲。"③

原载《社会科学报》2017 年 3 月 30 日，第 8 版。

---

① E. P. Thompson, "Patrician Society, Plebeian Culture," *Journal of Social History*, Vol. 7, No. 4, Summer, 1974, pp. 390 – 394.
② 陈寅恪：《柳如是别传·缘起》，《陈寅恪史学论文选集》，上海古籍出版社，1992，第 483 页。
③ 阿克顿：《自由》，胡传胜等译，译林出版社，2001，第 6 页。

第二部分　近代变革

东华故事与华人历史的书写
可是活着那就更妙了
殖民暴力与顺民旗下的灰色生存
"迁延"的代价
激进主义，抑或暴力主义
不敢轻慢理想之人
端士习与正学风
世间已无陈独秀
"科学精神"与近代科学引进
"都市远去"，何以"摩登犹存"？

东华故事与华人历史的书写

二十世纪的钟声刚刚敲响之时,亡命于日本的梁启超就已预言这个世纪对中国人来说,是民族主义勃发和民族国家建立的世纪。在一九〇二年撰写的《新史学》一文中,他特别强调史界革命,主张效法"泰西之良史",叙述一国国民系统之由来及其发达进步盛衰兴亡之原因,以促进全体国民民族精神的振兴。如果确如许冠三所言,这即为现代中国新史学诞生的标识,① 且宣告了二十世纪民族主义史学之开创。

近代民族形成于想象的共同体(imagined communities)。相对于其他殖民地、半殖民地,如印度、朝鲜半岛、东南亚和非洲的一些国家及地区,二十世纪中国民族主义更多地以民族国家为中心,被建构出来的主要是"主义",而非"民族"。这里的区别在于,作为"主义"强调效忠、服从和献身于某一抽象目标;作为"民族"则注重共同的文化、历史、宗教和语言,是家园、故乡和同

---

① 许冠三:《新史学九十年》上册,香港:香港中文大学出版社,1986,第1~7页。

胞间血浓于水的桑梓之情。体现在具体的历史之中的是，二十世纪初最先揭橥的民族主义以"反满"为中心，而非针对某一异族的殖民列强；清廷推翻之后的民族主义又针对帝国主义在中国的代理人，先是清除各路军阀的"大革命"，后是国共两党的流血内战，都以"推翻帝国主义走狗"之名在我们的民族内部展开。再就相关的民族主义史学来看，新中国成立以后单一的"革命叙事"，从鸦片战争到五四运动，从旧民主主义革命到新民主主义革命，民族国家置换（displacing）了民族想象，甚至一九八〇年代中期兴起的"近代化范式"，虽在一定程度上告别了"革命"，但资本主义发展和国家富强作为最基本的价值预设，民族国家仍是最主要的叙述线索，并有相当的同一性（consensus）。如关于香港、台湾、澳门以及离散中国人群的少数研究，在一九九七年香港回归之际，作为主流学术期刊的当期《历史研究》令人可喜地开辟了"香港史研究专栏"。不过，刊登的三篇近代史方面的文章都与民族国家相关，谈及孙中山的香港之行、中国政府收复香港的早期努力，以及英国政府的香港政策。这作为一种以民族国家为中心的叙事，很难说是香港人在香港生活的在地叙述或本土历史。

问题在于，殖民话语中的香港华人也没有自己的历史。长期以来，香港历史被视为西方历史的一部分，直到一九七〇年代末牛津大学出版的《香港史》还称香港真正的历史开始于一八四一年英国人的抵达，香港的自由和繁荣也被认为是殖民统治的结果，作为"他者"（the others）的华人的历史则被蓄意湮没和覆盖。[1] 与之不同的是，香港大学亚洲研究中心冼玉仪的《权力与善行：东华医

---

[1] G. B. Endlott, *A History of Hong Kong*（Oxford University Press, 1977）.

院早期的历史》讲述了拥有共同文化、历史和族群认同的华人历史。

在她的东华故事中,华人是历史的开端,即"一八六九年东华医院的出现是香港医疗、社会和政治史上的一个转折点"。① 具体来说,鸦片战争前香港的华人原住民已有五千人左右,一八四四年华人人数增至一万九千余人,一八七〇年代则增加到十万左右,其多数充当建筑工人、石匠、手工艺者、家佣、苦力、小商贩和娼妓,收入极低,生活环境恶劣。以居住条件为例,同时期的广州,每间屋子一般不超过十人,但在香港一间不足三十六平方米的房屋却要挤进三十名至五十名华人,人均面积一平方米或不足一平方米,低于港英当局规定的十二平方米的墓穴面积。此外,室内光照不足,通风不畅,缺乏起码的卫生设备,再加上没有排水系统,垃圾山积,华人聚居区成了香港的"疫病温床"。统计数字显示,一八八一年香港华人死亡者的平均年龄为十八点三三岁,其中年逾二十岁的成年死者的平均年龄为四十三岁,而在一八四〇年,即四十年前的苏格兰,以上两类死亡者的平均年龄分别为二十九岁和五十五岁。所以,东华医院除以中草药免费为贫苦华人进行门诊治疗之外,还承担了收养病莺、施棺掩埋等诸多慈善事务,成为最贴近普通华人日常生活的社区组织。

中国社会向有自治传统,相对于自上而下任命的政府官员,民众更习惯听命于拥有地方威望的个人,如乡村耆硕、宗族领袖、行会头目和地方士绅等。在香港,随着大量身无分文之人,如被绑架

---

① Elizabeth Sinn, *Power and Charity: The Early History of the Tung Wah Hospital* (Oxford University Press, 1989), p. 7.

或被骗的苦力、被卖作妓女、未通过医疗检验而不能移民以及因船难滞留和犯事潜逃者愈来愈多地到来，华人社区最紧迫之事就是帮助这些人活下来。既然东华医院已提供了慈善医疗服务，那么再提供其他方面的服务当义不容辞，其职能也就很快扩展到种痘、阻止解剖和切除手术、防范台风、街道照明、市容维修、移民接待，甚至还有妓院管理、禁止赌博、处理通奸和民事纠纷调解等诸多社区和市政行政事务。

此时香港虽处于英国殖民统治之下近三十年，但最初的殖民者由于不了解华人和华人社会，很难对当地社会进行有效控制。如早期警察主要由欧洲人和印度人构成，他们既不会说中文，也不理解华人的行为习惯，担任中文翻译的又主要为葡萄牙人，多不能正确阅读中文书面语，因而殖民统治方面也需要这样一个机构来作为华人社区与行政权力之间的中介。加上此时（一八五八年至一八六〇年）华人行商数量增加了一倍，主要经营进出口委托业务，并逐渐转向工业、金融业以及贸易服务性行业。再至此后的七八十年代，华人商行成为香港经济的支柱，外国银行发行的通货大部分掌握在华人手里，百分之九十的税收由华人缴纳，殖民统治者不得不承认东华医院作为华人意志代言人的历史存在。[①]

作为华人意志的代表，东华医院对殖民统治并不总是妥协与合作。他们在维护华人利益、制约殖民权力扩张方面确有不少值得浓墨重书之处。早在一八四二年十月，殖民当局规定华人晚上八点到十点之间外出必须携带灯笼，十点之后则禁止外出，至一八七〇年

---

① Elizabeth Sinn, *Power and Charity: The Early History of the Tung Wah Hospital*, p. 43.

该项禁令以法令的形式正式通过,引起了华人社区的愤怒。东华医院委员会即向殖民统治者提出了抗议,力争华人享有与欧洲人和其他外国人同等的夜间外出待遇。虽然其要求被当局驳回,但相关的抗争一直持续到一八九五年。① 更能说明问题的是一八九四年香港暴发鼠疫时,东华医院所扮演的角色和发挥的作用。正如作者所言,每逢危机,诸如洪水、战争、经济崩溃、传染病到来之时,由日常生活中各种常规支撑起来的理性面具常被撕得粉碎,② 这具体体现在当时诸多标榜理性和客观的西文报刊中。鼠疫一开始就被定义为"华人的",不仅指其源于云南、传至广东、再传至香港,而且指其源于华人的肮脏、贫穷及各种西方人不能理解的生活习惯,却独不检讨近半个世纪以来殖民当局对华人社区卫生的改善无所作为。

在这样一种错误观念的指导下,殖民当局颁布的防疫法令主要针对华人,即派遣军队进入华人居住区,逐屋检查,被怀疑为感染者送至"海之船"(Hygeia)隔离,尸体葬在郊外公墓,房屋被焚毁,华人居住区被戒严,街道被堵塞,四周布满了哨兵,甚至实行包括华人不得进入欧洲人居住区的种族隔离措施。至于被送到"海之船"上的患者,治疗不过是灌杯白兰地以作镇定,然后在头、胸、脚处置放冰块,接着就是静静等待死神的降临。尤其让华人难以忍受的是,殖民者派来逐屋搜寻的防疫队员多非医疗专业人员,而是一批临时征调来的士兵和水手。为确保人们在家,他们通常在晚上开始行动,在华人照明极差的住宅里,即使没有感染瘟疫

---

① Elizabeth Sinn, *Power and Charity: The Early History of the Tung Wah Hospital*, p. 9.
② Elizabeth Sinn, *Power and Charity: The Early History of the Tung Wah Hospital*, p. 159.

的人也常常被带走，隔离在死亡率为百分之九十二的"海之船"上。这些看似文明的防疫措施不仅给华人生命财产造成巨大的损失，还粗鲁和野蛮地践踏他们属于人的尊严。对此，东华医院向殖民当局提出了严正抗议，要求立即停止挨家挨户的搜查，允许病人返回自己的故乡，所有"海之船"上的病人和今后所有的病人都应送到华人自己的隔离病院。

传统华人社会类似医院的机构，诸如收养盲人、老年人、孤幼、麻风病人或其他残疾人的善堂和义祠，更多的是救济而非医疗。虽然，城镇中能够提供大夫出诊的药店有时也被称为医院，但其并不像近代医院那样为病人提供病房和看护，与今天的诊所更为接近。这也可以认为，作为专门和长时间为社区提供医疗服务的医院，在当时还是来自西方的概念。不过，十九世纪中期的华人普遍认为自己与外国人有不同的身体构造，患病时更愿意接受中医药的治疗，任何将西方疗法施加给华人的企图都被视为一种入侵。再说，此时西医药也没有达到十九世纪末微生物学、化学革命的阶段，针对具体疾病的疗法很少，医院的管理很差，对卫生学的无知普遍存在。

我们再回到当时香港的医疗环境中，尽管当时乙醚（ether）和氯仿（chloroform）已应用到手术中，但对感染的不加防范限制了外科手术的成功率，极少使用外科手术的华人发现中医的保守疗法还不至于使患者因感染而死亡。香港的公立医院建立于一八五〇年，并在一八六八年左右收治付费的病人。是年，这家医院治疗的欧洲人和印度人为八百三十四人，华人则只有二百二十八人。此时香港的华人人口已是所有其他族群总和的十五倍到十八倍之多。当然，除了对中医药的信赖，华人就诊人数少的原因还在于留医的医疗费用每人每天一元左右，当时华人大多数月薪不过十二元至二十元，苦力则不足十元。这样的一个就诊费，英国人自己也承认，"像一道法令有效地将华人拒之医院门外"。相比之下，东华医院以低廉的价格，或免费提供中医药的医疗，承担了众多华人的就诊和治疗。统计显示，一八九一至一八九五年，该医院门诊量平均每年为十一万六千人次，几乎占当时二十四万华人人口总数的一半。"医院"这一概念虽来自"西方"，具体实践则为"中国"。这种西方形式和中国内容的相加，按照作者的说法，"是东西文化交流的经典范例"。①

重要的是，与华人传统的行帮、会馆、善堂、街坊、庙宇的组织形式有较大不同，东华医院的中国传统只留在对董事会元老的尊敬上，实际运作则较多引入了西方近代意义的教区慈善捐赠组织模式。具体来说，章程规定凡捐献不少于十美元的具有华人血统的人，就可列入普通成员名单，如在香港还可赋予对董事会的投票权。② 这样一来，委员会成员不仅在香港，而且遍及澳门、中国内地和世界其他地方。相关医院的事务几乎都由投票决定，普通捐献者可以通过投票表达自己的意愿，包括董事会成员和每位医生、工作人员的任命和使用。此外，附近华人居民只要对公共事务有兴趣，无论有无十美元的捐献，都可参与医院的活动。在医院的会议大厅里不仅讨论医院，而且讨论整个华人社区的事务。每一位来访者还可直接向董事提建议或问题，如果董事觉得这些建议和问题可

---

① Elizabeth Sinn, *Power and Charity: The Early History of the Tung Wah Hospital*, p. 52.
② Elizabeth Sinn, *Power and Charity: The Early History of the Tung Wah Hospital*, p. 58.

以讨论，董事会一定会为此召开会议。会议议程往往提前张贴出来，以确保有兴趣的人都可以出席旁听。同样，为防止权力过于集中和被滥用，四名董事和十二名相关委员会的成员是会议的法定人数，并有严格的会议记录和时间规定。如果一个颇富争议的提议被投票通过，缺席成员对此若有异议，还可请求再次召集会议进行辩论和投票。

这也难怪每当有重大议题讨论和决定时，医院会议大厅总是人满为患，好几百人在此驻足聆听，由此当可认为东华医院超越了华人社会根深蒂固的地缘、族缘、语缘乃至行业局限，成为香港华人民族认同的象征。值得一提的是，一九三一年东华医院合并了建立于一九一一年的光华医院和建立于一九二九年的东方医院，成立东华医院集团。尽管此时西医药早已拥有了至高无上的霸权，中西药则日益被边缘化，但东华医院仍继续为华人提供十分需要的医疗和慈善服务。不过，在那个主义盛行的年代，随着华人人群中革命/反动的两分，对东华医院的评价也有相应的意识形态对立。一九二二年的香港海员罢工，殖民政府又一次请求医院出面调解。然而，罢工组织者认为东华医院名义上是一所医院，实际上却是听命于帝国主义的洋奴组织，最终使这次调解无功而返。这样一部跌宕起伏的东华故事，可视为整个近代中国族群、民族主义和民族国家生成和演化的历史缩影。

当然，民族历史的书写有自己的问题，即作为部族叙事人（as tribal storytellers）如何确保历史的真实（historical truth）。一九九五年六月号的《美国历史评论》（*American Historical Review*）有篇访谈，专门讨论了职业历史学家（academic historians）和部族叙事人的区别，认为这里存在着对历史不同的态度和不同的历史真实。

前者重在知识上的发现和突破，后者矢志族群文化的发扬光大。两者原无高低优劣之分，难就难在个人治学中何以鱼和熊掌兼而得之。实际上，中国民族主义史学首倡之人梁启超曾为之苦恼。他后来经历所谓的"学术三变"——二十世纪初以致用为先，至一九二〇年代主张为学问而学问，到了一九二六、一九二七年则强调征实传信为体，益世明道为用，不就是想尽最大可能将这两种史家融为一体？再看冼玉仪的东华研究，作为部族叙事人，极为感人地讲述了殖民地、半殖民地境遇下华人共同经历；同时叙述中以大量资料，尤其是以不少第一手的档案资料作为支撑，又显示出作为职业历史学家以事实决事实的严谨。寻求二者相得益彰，作为历史学家的一个高贵梦想（a noble dream），吾人看到了作者的拳拳之心。

说到资料收集，这里又有太多感慨。记得二〇一一年十二月笔者在香港中文大学中国文化研究所做短期学术访问之时，曾专门到上环普仁街东华医院博物院查阅资料。不巧，正逢档案管理人外出，由于笔者很快要返回大陆，只得将想看的档案篇目列出来，请另一位管理人员转告档案管理人，帮忙将这些文件复印后寄到笔者供职的机构。笔者作为偶尔来访的过路客，原本对此没抱多少希望，没想到不多久就收到该博物院寄来的厚厚一摞复印资料。对比之下，笔者所在城市也有一座国家档案馆，收藏民国政府各部门档案，但如果想查阅所需资料，且是目录册中列出的，则很可能遇到不容分说的礼貌拒绝。再有外来阅览资料者，或可不时看到一些深目隆准的外国人在馆领导陪同之下，步入阅卷大厅向管理档案之人"打招呼"。可能中国学者看不到的资料，外国学者找个熟人，通过"关系"就可能看到。这也许是世界上任何一个公众档案馆中都无法见到的独特风景。当年，日本汉学研究开创者的内藤湖南早有嗟叹，即一八九九年他访问天津时，看到租界公园的告示上写有"不能入园者一为华人，另一为狗"；然让他最震惊的是，威风凛凛的巡查者却都为华人，"守护园门，阻挡其同胞进入园内"。[①] 在这个意义上，如果职业历史学家与部族叙事人实在不能两全，为了我民族同胞之间的相互接纳和关爱，就请再多几位部族历史的叙事人。

原载《读书》2003 年第 6 期。

[①] 〔日〕内藤湖南：《燕山楚水——鸿爪纪余》，〔日〕内藤湖南、青木正儿：《两个日本汉学家的中国纪行》，王青译，光明日报出版社，1999，第 81 页。

可是活着那就更妙了

为挽救近代以来瓜分豆剖的民族危机，启蒙思想家们十分注重动员底层民众参与国家公共政治事务，可悲的是，底层民众对此多旁观和沉默，致使"举国皆我敌"几为启蒙思想家们的普遍心态。其中，最激烈的是鲁迅先生，他甚至将这些酣睡的民众视为毫无意义的示众材料和看客，"病死多少是不必以为不幸"。不过，这一意识的发端，最早可追溯到梁启超先生在一九〇〇年二月所撰写的《呵旁观者文》。在这篇文字中，梁启超先生痛斥了他视为"旁观"的国民性，指出这不在于国人生性阴险狠毒，而在于太无血性。每当历史紧要关头，需要其见义勇为，挺身而出，他们却每每"如立于东岸，观西岸之火灾，而望其红光以为乐；如立于此船，观彼船之沉溺，而睹其凫浴以为欢"。[①]

大厦将倾，国势濒危，旁观固然可悲，然就实际的历史来看，底层民众并非总在旁观和沉默，他们也有过不顾一切反侵略、反压迫的参与。以那个时代来看，就在梁启超先生这篇文字的墨迹未干

---

① 《梁启超全集》第 1 册，北京出版社，1999，第 444 页。

之时，义和团运动在直、鲁等地勃然兴起，"数月之间，京城蔓延已遍，其众不下十数万，自兵民以至王公府第，处处皆是，同声与洋教为仇，势不两立"。①细细算来，这批人正是那些昔日的旁观者。他/她们红布蒙头、红兜肚、黄腿带，手执大刀长矛，高举"扶清灭洋"的大旗，攻教堂、毁铁路、烧电杆、杀洋人，抗击入侵的八国联军，震动了整个中国和世界。可两年前的百日维新，正是这些人的沉默和旁观，顽固守旧势力才成功地发动政变，制维新志士如孤雏。或许，当六君子喋血菜市口时，他们就是那些"人山人海"的旁观者。②

在启蒙思想家那里，底层民众的沉默和旁观，被认为导致了近代中国社会的罪恶畅行、灾难深重；这固然由于所处时代是中国历史上最为积弱的时代，故他们极痛恨造成这一状况的黑暗腐朽势力，同时又极鄙视甘于受压迫的普通群众。渴望得愈强烈，否定得也就愈斩钉截铁。然而，痛定思痛，这对吾人今天来说犹在暮色苍茫、潮落烟沉之际回首往事，当需切实了解这些底层民众的参与对其个人命运意味着什么？毕竟，每个人的墓碑下都埋藏着一部丰富的世界史，最为真实的历史还是普通人自己的故事。遗憾的是，以往的历史多关注这一运动的性质、阶级特征及历史教训，诸如此类反帝爱国的宏大主题，而对其中那些升斗小民的境遇及实际命运，多忽略不计。可在现实的历史中，哪有什么抽象的或集合名词不可数意义上的"人民群众"，有的只是有血有肉且相互无法替代的具体个人。就如在目前已陆续出版的那些当时人、当事人的日记，吾

---

① 《军机处寄各省督抚等电旨》，故宫博物院明清档案部编《义和团档案史料》上册，中华书局，1959，第187页。
② 《京友三述国事要闻》，《申报》1898年10月8日，第2页。

人已大致知道参与者的姓名——他们是志文、张三、刘子林、恩荣、小白、田海航、宋雨儿、王六等,每个人都有自己旁观或参与的历史。①

一九〇〇年六月底,北京已是义和团的天下,那天,正值洋广杂货客栈被人哄抢,志文在乱中掠得几块劈柴木板。七月初,他被选为团勇,但作为门差从未亲历战斗。恩荣、小白在神机营奉差,告假练拳,但同时还如数领取官家颁发的饷粮。宋雨儿在火神庙坛上,将随团赴通州攻打贾家疃教堂,可他那时很悲观,认定此役难以取胜。田海航为保安寺团上首事,后辞了职。比较而言,张三的经历较为曲折。他在七月初加入义和团,领到腰牌一面,参加了攻打西什库教堂的战役。没过多长时间,他就自动脱离了义和团。联军入城后,他乘乱干些顺手牵羊的勾当。十二月初,有人举报他参加过义和团,其不得不花了十几两银子,贿赂巡丁方保过关。他心里也就更加不平衡了。十二月十日,他进城闲逛时遇到三个美国兵强迫其购买挂表,愤然拒绝。两天后,他在拐角小茶馆喝茶,向周围的人传播了他听说也可能是自己制造的一条新闻,说最初击毙德国使臣的华人已坦然自首。令他有些舒缓的是,好汉做事好汉当的侠风义骨使这位华人被处决时,"各国洋人均至法场喊好夸赞"。②

不同于那些虽参加义和团却总在茶馆喝茶、闲聊和瞧热闹的兵丁、差役或城市平民——上面列举的志文、张三等人,义和团的骨干是"乡间业农粗笨之人"。这些人承担主要的作战任务,因此需要考察这一批参与者们的所思所想。作为一个阶级,农民的纷纷参

---

① 《王大点日记》,北京大学历史系中国近现代史教研室编《义和团运动史料丛编》第1辑,中华书局,1964,第98~124页。
② 《王大点日记》,《义和团运动史料丛编》第1辑,第123页。

与表明大背景下的帝国主义侵略日益加深,阶级矛盾日趋尖锐,并集中体现在各地乡村频繁发生的民教冲突之中。例如,一八九九年夏天,直隶宁津县乡民刘芳文将教民的一匹小驴砍死,原本可以赔驴了事,但地方官迫于洋人的压力,强令其执孝子礼为驴出殡,牌位上写着"显考大驴之神位"。① 这样的事件累积太多,该地区的矛盾和危机总有一天就会像井喷一样爆发。时任翰林院侍讲学士的恽毓鼎说得颇为清楚:"数十年来,教民恃外人之势,欺压平民,地方官恐开罪外人,左袒教民,无复曲直,民心积愤,激成此变。"②

然而,从一个更大的范围来看,即使是百分之百的农民,也并非所有人都有这样的经历或厌恶教会。有些人参加进来,就是为了习拳练武、强体健身。如十五岁的曹也安在黄姑庄看戏,见外国神父不能将义和拳拳师插在水中一把刀拔出来,相信拳师有本事成为一名义和团员。有的则是群相趋附、追随大众。再如家里有些土地的牛春元,则由于义和拳在他家又吃又住,因此随众成为义和团一分子。③ 此外,更多的人则出于这样的动机——"打洋人,发洋财",以谋衣食。在河北城安县,乡民自发组织义和团就是因为相信"二洋人皆富而无礼,仗洋人势力欺压平民,民恨之入骨,今焚烧教堂,收没二洋人资产,报仇泄愤,以图富贵,千载一时也"。④

---

① 中国社会科学院近代史研究所《近代史资料》编辑组编《义和团史料》下册,中国社会科学出版社,1982,第971页。
② 《恽毓鼎庚子日记》,《义和团运动史料丛编》第1辑,第48页。
③ 《河北景州、枣强、衡水地区义和团调查资料选编》,路遥、程歗:《义和团运动史研究》,齐鲁书社,1988,第403页。
④ 《义和团史料》下册,第959页。

义和团人数最众之时是一九〇〇年六月初前后,清廷批示各地编设团练,对义和团改剿为抚,再经直隶总督裕禄给义和团大师兄张福成、曹福田黄轿鼓吹,自蒙恩奖。于是,民众中纷传张、曹皆赏穿黄马褂,赏戴双眼花翎。接着,各团皆旗书"奉旨"二字,在各村镇按户抽丁敛钱。加入义和团竟然也成为一些人干求官长、改变身份的招安捷径。于是,不少加入之人洋洋得意,夸富争荣,就更难用单一性质对之进行评述和概括。虽说这里不应忽视和抹杀的是普通参与者们的牺牲精神,如在廊坊附近抗击英国将军西摩尔统率的联军,在天津围攻租界、北京攻打租界、东交民巷和西什库天主教堂;但同样不应回避的还有近似癫狂的宣泄和施虐,如对洋人、洋教、洋货、洋职员、洋生产工具,凡带"洋"字,一概排斥。为了逃避惩罚,人们不得不把洋火、洋油、洋布等藏起来,就连衣服上的板扣子都拆下来换上旧式的。但是不乏不幸被伤害的案例,如"一家有一枚火柴,而八口同戮者,惟见洋钱则色喜,不复害之也"。① 再至一九〇〇年六月十六日,义和团民众放火烧毁北京最繁华之地的前门外大栅栏老德记洋货铺和屈臣氏大药房,最初,他们以为自己法力无边,不会烧及周边民房,火起之后,不准民众救火,然烈焰飞腾,金龙飞顷,无法控制,致使周围数千家无辜平民的房屋统烧毁,"被烧者如醉如痴,未烧者心惊胆战"。② 在这个意义上,似乎难以再用以往那种耳熟能详的主流/支流句式来为其开脱。毕竟,历史的正义性就在于无法撇开这些无辜者的哭泣进行

---

① 柴萼:《庚辛纪事》,中国史学会编《义和团》(一),上海人民出版社,1957,第305页。
② 仲芳氏:《庚子记事》,中国社会科学院近代史研究所《近代史资料》编辑室编《庚子记事》,中华书局,1978,第14页。

判断。

　　值得深思的是,反抗侵略和压迫的正义事业何以夹杂着如此多的对正义的践踏和扼杀?那些素日里良善朴诚的底层民众,此时何以成为如此粗鲁、莽撞的破坏者、虐待狂?固然,这都可归结为封建蒙昧主义的作祟,而且,早在一九八〇年代的思想解放潮流中,就有学者强调了其带有的历史惰性力量与中国近代化的严重不谐,并以马克思就不列颠在印度统治的相关论述,指出这是长期以来失掉尊严的、停滞的、苟安的生活必然产生的反动。① 当然,这又是一种两分法的思维方式,虽有其合理之处,但有时失于笼统,弱化了思想反思的力度。实际上,在中国历史上国家公共政治事务中,底层民众从来都是无足轻重的;现实狭小的生产和生活方式,又使他们无法关心国家公共政治事务。与之相应,蒙昧主义与其说造成了马克思所说的那种东方农民野性的、盲目的、放纵的破坏力量,不如说形塑了中国启蒙思想家所痛心疾首的那种"哀其不幸,怒其不争"的消极生活方式。进而言之,顺民向暴民的转变,虽只在转瞬之间,但必有相应的历史条件。具体到义和团运动,则关键在于权力意志,即清统治集团顽固势力的怂恿和推波助澜。

　　历史早已证明,阶级社会里的爱国主义并不总是最美好的字眼。某些时候,所谓国家处在危急关头,实际上是那些直接或间接掌握权力的人的利益受到了威胁和挑战,然后以大众的牺牲来巩固其个人的地位。此时,清统治集团中的那些顽固守旧势力对义和团的支持就是一个最好的注脚。具体说来,慈禧之所以放松对义和团

---

① 王致中:《封建蒙昧主义与义和团运动》,《历史研究》1980年第1期,第41~54页。

的镇压,原是想借此泄愤于帝国主义列强对康、梁等人的庇护和支持,以及欲废黜光绪帝而受到列强对宫廷内政的干涉。对载漪、刚毅等人来说,谄谀干进,以义和团来打击与之相对的政治势力。这一切又都是在保卫江山社稷,用今天的话说,是在反对帝国主义侵略的名义下进行的。事与愿违,作为一哄而起的民众骚动,不是谁想控制就能控制住的。从结构上来看,义和团的组织在农村地区以村社、在城市以街巷为单位,乡民自愿组合,想来就来,想去就去。他/她们就像装在袋子里的一堆堆马铃薯,互不统属,各自为政。正如当天际浓云密布,大雨将至,因天时亢旱、不得不离家出走的乡民仰天太息:"我等亦系好百姓,倘上天早半月降雨,四野沾足,早已披蓑戴笠,从事力作,哪有功夫来京作此勾当?"① 再当大雨下来之时,攻打教堂的团民们则自相散去。他们高兴地说:"天雨矣,可以回家种地矣。"

这样一来,义和团活动的地区实际上就陷入一个无序和失控的状态,犹如阿拉伯神话《一千零一夜》中那个粗心的渔夫,不经意打开了镇锁在狭小铜瓶里的魔怪,同时也释放了郁积多年的怨怼和愤懑,致使狭隘、偏执、疯狂和凶残等人性阴暗面被推到了极致。典型的例子是直隶卢龙县的一桩血案。一天,一群义和团民自说自话地将某教民全家系至神坛进行审判。肇事民众不过模仿戏剧武生科白口吻,简单询问一下奉教若干年及其他琐事,接着宣布:杀无赦。这些乡民原不知杀人为何事,所恃刀械锈钝不堪用。教民全家由众人拥至村外沙河滩上,被一阵乱砍乱剁而惨死殒命。②

---

① 陈夔龙:《梦蕉亭杂记》,《义和团史料》,第679页。
② 《义和团史料》(下),第989页。

最终承担苦痛和灾难的还是这些普通参与者和所有的底层民众。据说，对是否用义和团民众抗击洋人，以及是否应对列强宣战，清廷开过多次御前会议。以光绪帝为首的一派认为，忠义之气，虚而不实，况未经训练，一旦临阵，枪林弹雨之中，徒手前敌，这些乌合之众能持久乎？是以不教民战，直是弃之。载漪等人一意用兵，对有异言者，即以汉奸伤之。再至六月二十一日的会议，慈禧决定对列强宣战，更是气宇轩昂地称："就是要送天下，亦打一仗再送。"没过多久，她派人给被义和团围攻的使团送瓜、果、米、面，并禁止使用火炮支援义和团的战斗；就在此时，使馆门前被洋人击倒的义和团民众则尸骸狼藉。后来联军攻入北京，慈禧狼狈出走，普通参与者和底层民众惨遭抢劫和屠戮。吾人由此再回到近代启蒙思想家痛心疾首的"旁观"和"参与"，似可认为麻木卑怯状态下的"旁观"固然可悲，但在狭隘民族主义或盲目排外情绪的支配下，"参与"可能更为尴尬和苦痛。毕竟，对平日在现实生活中苦苦挣扎的底层民众来说，除生命之外，还有什么？那么，怎么还能忍心将他们作为向列强泄愤和高层政治斗争的工具，再遭最后的剥夺。在这个意义上，海涅在《两个波兰人》中的那行诗句反倒更发人深省——"为祖国牺牲是挺好的，可是活着那就更妙了。"

原载《读书》1999 年第 10 期。

殖民暴力与顺民旗下的灰色生存

在殖民暴力统治之下,侵略/反抗并非被殖民者生存状态的全部历史。就如一八九三年四月,年轻的甘地乘上了从南非德班到比勒陀利亚的头等卧铺车厢。途中一位才上车的白人乘客毫不客气地命令他搬到行李车厢去,手持该车厢厢位票的甘地断然拒绝了对方的要求。当火车抵达下一站时,白人把警察叫来,甘地被强行赶下。在茫茫黑夜中他孤身一人,冻得浑身发抖,直到晚年时还说,这是他一生中最痛苦难熬的一夜。不过,此前他曾努力融入这个社会。伦敦留学期间,甘地脱下从孟买带来的又宽又大的印度民族服装,换上时髦的礼服、丝织礼帽、皮鞋、白手套和一支镶有银球饰物的手杖。为了梳整又乱又硬的头发,他特意买了一瓶美发油,每天用几个钟头的时间,站在大镜子前面连续不断地练习打领带,甚至他还买了一把小提琴,报名学习舞蹈课程,聘请一位法语教员讲授法语,同时还聘请一位讲授演讲艺术的教员,以提高自己的英语水平。就如那个时代的斯洛伐克人被马扎尔化,印度人被英国化,朝鲜人被日本化,却不被允许能够与马扎尔、英国或者日本上层统治者们平起平坐,就像被邀请至《一千零一夜》中那个专喜愚弄穷人的波斯王子（Barmecide）举行的宴会，却注定得不到食物的人一样。①

介于侵略/反抗之间的灰色生存，要比单向意义上的侵略/反抗有着更为复杂的种族和文化的缠绕。中国也发生过与甘地类似的事件。一九〇五年夏，复旦公学教员李登辉等三人由上海搭乘二等车出行，忽有美国士兵数十人陆续登上列车，将华人驱令下车。李某等人虽操英语与之理论，但最终还是被武力强行驱逐下车。② 本来，近代中国除香港、澳门、台湾之外，此时是半殖民地社会，殖民暴力应当不如在印度、南非那样恣意横行；然同样的事件发生在主权尚属中国的上海，表明殖民扩张作为一种结构性的权力压迫，对殖民地、半殖民地普通民众本无多大差别。这也就是说，"每一个十字路口的耻辱"（humiliation showed up at every crossroad），以及"警察的残暴"（brutality of a policeman）和"白肤碧眼金发小男孩的鬼脸"（grimace of a blond child），不论在孟买、开普敦、首尔、新加坡，抑或在开罗和上海，都是被殖民者的共同境遇和经验。或许，近代中国没有成为殖民地，致使吾人搁置了殖民统治下的那些历史感受；再加上现今中国的历史记忆中，长期以来的主流叙事范式是侵略/反抗，黑、白二元的简单对立，介于侵略/反抗之间的灰色生存则被有意或无意地遗忘或遮蔽。这里且不论对近代以来渐次沦入殖民统治的香港、澳门、台湾，以及一九三〇年代东北和抗战时期沦陷区普通民众与殖民关系日常生活史的研究几为空白，就连长期以来被认为较成熟的义和团运动研究，对北京失陷后民众纷纷

---

① 本尼迪克特·安德森：《想象的共同体：民族主义的起源与散布》，吴叡人译，上海人民出版社，2003，第125页。
② 《请究火车美兵驱逐华人电》，《申报》1905年10月4日，第2页。

悬挂顺民旗的情形也很少实事求是地论及。常见的是一笔带过，或干脆斥之为封建统治阶级的软弱怯懦，如一九六〇年代的典型表达："充分暴露了封建统治阶级仇恨人民，美化和讨好帝国主义的丑恶面貌。"①

不过，翻阅现存在场者的记述，顺民旗下的灰色生存是北京失陷后之生活常态。联军进城之际，人们冒雨而行，泥水过膝，衣衫湿透，搀老怀幼，扶掖而行，哭喊之声，远闻数里。居住在宣武门外椿树胡同二巷早已心慌意乱的仲芳氏未能出逃。因为他考虑到上有七旬老母，下有兄弟妻室儿女，举家逃难，所费不赀；再说远无亲族，近无挚友，逃出之后如何安身；还有其时秩序已乱，遍地土匪贼兵，即使逃出，不死于洋人，也死于土匪；再说一旦弃家而逃，家中一切势必为人所抢，得有回归之日，四壁皆空，何以聊生；最后则是父子兄弟，肩不能挑，手不能提，毫无一技之长，在外何以谋食。他左思右想，"只可将死生付之度外，生则合家聚守，死则合家殉节。惟有形色镇定，意见不移，听天由命而已"。②时任翰林院侍讲学士的恽毓鼎备足两个月的口粮，城破后市肆虽皆不开，但仍可免于饥馁，是夜篝灯静坐看书，几乎不知世外事，唯其后两天洋兵乱入附近民居，搜索财物，才感到担心。他"整天至心虔诵玉皇本行集经，叩礼关圣吕祖，求免罪灾"。③联军进城之时，在五城公司当差的王大点仍在门道上同众人说话，听说石头胡同北口外路北小碓房被抢，即至其处得一小口袋土麦子，然后回家食饭，午觉。在接下来的几天里，他除了旁观头戴黑盔金顶，吹

---

① 邵循正：《编辑说明》，《义和团运动史料丛编》第1辑，第1页。
② 仲芳氏：《庚子记事》，《庚子记事》，第33页。
③ 《恽毓鼎庚子日记》，《义和团运动史料丛编》第1辑，第62页。

打铜鼓大号的过往之洋兵,就是跟在抢劫的乱民、洋兵后面趁机发国难财。所得包括旧书数十本,皮衣二件,现钱数十吊以及被褥等若干物品。①

被征服者自然必须遵从殖民暴力的统治秩序。就在北京失陷最初几天完全失控的屠戮、焚烧、抢劫和奸淫之后,联军迅速恢复了秩序。他们参照上海、天津租界的统治模式,对各街区进行了接管,规定各国分管界内居民,不论贫富,须在门前插白布旗一面。惊魂未定的民众遂不得不在门前插上用洋文书写的"大某国顺民"大旗;有的再加一张用中文书写的"不晓语言,平心恭敬"的帖子;还有的按照某国旗号样式,再仿做小旗,插于门前。不久,占领者又规定各家将门口道路修垫平坦,打扫干净,各铺户、住户每日晚上七点必须在门前悬灯一盏,至十一点钟熄灭。每至傍晚各家只得张罗点灯,为防止灯火熄灭,又须时时加以照看,无论风雨寒冷,未敢一日偷闲。再就是占领者规定,炉灰秽土街前不准堆积,由于无处可倒,家家只有将之存积院中。此外,占领者还规定不许居民在街巷出大小恭、泼倒净桶。"大街以南美界内,各巷口皆设茅厕,任人方便,并设立除粪公司,挨户捐钱,专司其事。德界无人倡办,家家颇甚受难。男人出恭,或借空房,或在数里之外,或半夜乘隙方便,赶紧扫除干净。女眷脏秽多在房中存积,无可如何,真所谓谚语活人被溺憋死也。"②

联军发起镇压义和团之役的借口是义和团运动期间日本、德国外交官被杀。作为惩罚和报复,德皇威廉二世给德军下发敕令,声

---

① 《王大点庚子日记》,《义和团运动史料丛编》第 1 辑,第 116~117 页。
② 仲芳氏:《庚子记事》,《庚子记事》,第 58 页。

称："无须宽恕，也不留俘虏，那些不愿意低头者将斩于你们的剑下！就像一千多年前的蒙古汗让自己的英名到今天仍然受到尊重一样，你们应该让中国人在下一个千年也牢牢记住德国人的名字。除非闭住双眼，否则谁都不敢正视任何一个德国人。"① 当时在场者的记述是："洋人勒催，有不遵行者，毒打治罪。铺户住户谁不畏祸，只得按款遵办。"② 对于平日散漫悠闲的普通民众来说，暴力之下确也做到有令必行、有禁必止——门前打扫卫生，洋巡捕动辄挨户踹门而入，勒令泼水扫街，人声鼎沸，举巷不安；每晚门前点灯，洋兵数名，身背洋枪，手执马棒，昼夜沿巷巡查。偶有未点之家，或灯被风吹灭，洋人踢撞大门，无论男妇揪出痛打。最苦者乃是不准在街上出恭的规定，盖自北京大乱之后，淘茅厕、净便桶之人，均无形影，居民不得不将粪溺泼于街市。联军攻占北京之后规定不准沿街出恭，一些区域设立茅厕，很多区域则没有设立公共厕所。时人说，居民"凡出大小恭或往别界，或在家中，偶有在街上出恭，一经洋人撞见，百般毒打，近日受此凌辱者，不可计数"。③

为尽可能地减少伤害，大多数人还是选择矮檐之下不得不低头的策略。北京失陷之初，未能及时出逃的居民，无论仕庶商贾，都将门前标识的官衔、堂名、门对尽行刮洗干净。有刮之不及者，用青灰刷抹。后来，经历一日数次的搜寻，居民们公议集资，每家二三金不等，购办羊酒瓜果茶糖等物，送往占领军兵营。送礼之家，

---

① 转引自 Paul Johnson, "The Answer to Terrorism? Colonialism," *The Wall Street, Journal*, 9, 10, 2001.
② 仲芳氏：《庚子记事》，《庚子记事》，第42页。
③ 仲芳氏：《庚子记事》，《庚子记事》，第67页。

各给洋文护照一张,以使洋兵不来搅掠。仲芳氏一行就于九月五日、十日、十二日分别给驻扎在附近的善果寺、长椿寺、安徽会馆的德国占领军送去了犒赏品,并得到了相关护照。九月十七日下午,当五名洋人闯进来时,由于有此护照,洋兵即时而行,并未进院。少顷,又来洋人二名,一在门前等候,另一进入院内,也是因为看了护照,"伊亦点首会意,仍进各屋略为看视,幸未开箱柜,亦未携失物件"。这里之所以加了个"幸"字,是因为"他处护照,间有不灵,洋人佯作不识,仍进房搜掳财物"。①十月初,各界官绅倡议设立安民公所,由华人自己组织丁勇保护街巷,缉捕盗贼。仲芳氏所在处的华人管理公所名曰"华捕局",各户按上中下三等,每月捐资,招募练勇巡街查夜。再由于洋人经常随街拉夫,充当苦力,有头面的官绅又倡议设立苦力局,每逢洋人需要差役,俱由局中捐资雇人前往应役,不令其挨家扣拿人口,还可以工代赈,养赡一些失业之人。此外,华捕局会董与洋人商议,对于住户每日洒扫街道,门前点灯,由局中华人练勇负责督催经理,以使民众"免受洋人之扰,是以各街巷家家欢悦"。②

值得注意的是,被征服者并非总是忍气吞声、逆来顺受。英、美、日三国最初攻入北京之时,挨家搜掠,进入十月以后,见街市萧条,无可劫掠,故为沽名钓誉,竭力保护。三界商民,只求目下稍安,商议集资向占领军送万民伞,以示感谢。据说,那天德国占领军见美界绅民鼓吹将万民伞送至美提督各官,也到魏染胡同广源银号问其执事,言美界绅民既将旗伞送与美官,德界亦宜如是,尔

---

① 仲芳氏:《庚子记事》,《庚子记事》,第41页。
② 仲芳氏:《庚子记事》,《庚子记事》,第41页。

应首倡此举,得到的回答却是:"德界百姓因劫掠骚扰,均迁徙出境,街巷竟不见一人,万名伞一家一名,今家家逃避,何从得其名乎?"① 此外,在场者的记述还有太多对殖民占领的抵触和怨怼情绪。一九〇一年二月六日,作为差役的王大点颇为愤恨地记下了"晚有德界洋兵查灯,轮我屋该点,椿出,被洋兵抽打两下。此记"。② 十月中旬,日本占领军将占领的旧太仓之米发粜,每老米一石,易银二两五钱。接着他们又将占领的京、通各仓粮食,悉数以轻价发粜,客观上使兵燹之后的北京,米粮无所匮乏,市价亦得到平抑。杨典诰认为此举不过是"于兹既市美名,又得沽价,京、通十七仓之粮食,所得不赀,可满其欲壑矣"。③ 在此之前他记下了日本士兵在东城戛戛胡同某高官府第水井之中起出三十万两白银,该家人遂托人婉言向占领军商议,请以十五万两为报效而遭到拒绝,银两悉数运往东瀛。

与之形成鲜明对照的是被征服者对民族认同的更深感受。以门前悬旗点灯为例,义和团运动在北京风起云涌之时,各户也被传知每晚门首各点红灯一个,以助神道灭洋之举。此后,义和团还传令各户悬挂红旗。不久,由于清廷大办团练的饬命下达,各户又被要求更悬黄旗。虽然这也是一扰民之举,但对经历殖民暴力之后的在场者比较而言,其时满街红灯照耀,民间尚无苦楚之事,"迨七月洋兵进城,令家家点灯时,乃真苦也"。④ 同样,到了一九〇一年六月初,占领军大部分撤离,城内城外各段地面归步军统领衙门五

---

① 杨典诰:《庚子大事记》,《义和团运动史料丛编》第 1 辑,第 35 页。
② 《王大点庚子日记》,《义和团运动史料丛编》第 1 辑,第 123 页。
③ 杨典诰:《庚子大事记》,《义和团运动史料丛编》第 1 辑,第 34 页。
④ 杨典诰:《庚子大事记》,《义和团运动史料丛编》第 1 辑,第 32 页。

城巡缉,华官仍遵章派调练勇,分两班日夜巡逻街巷,各守段落,夜间亦闻巡更鸣锣,并奉庆亲王谕,扫除街道,昼则泼水,夜则点灯。目的仍然是去污秽而便行人,然中国旧典,听应为者。深受占领军之扰的仲芳氏说:"各街巷扫街、泼水、点灯、倒土、出恭、夜行等事,暂多松懈,不甚严查究责,究竟我兵同气连枝,互相怜悯,不比洋人横暴耳。"①

尤其是在患难之中,更显邻里相扶之谊,血浓于水的族群之情,以及在恐惧和匮乏中的人间忠义。对家里有老有小的仲芳氏来说,占领军屡次上门骚扰,所幸同巷邻居程少棠精习德文,帮助书写洋文贴于门首,稍借保护。再以友人冯秀亭饮食起居俱在其家前厅,时刻相伴,"洋人来到尤蒙其迎面周旋,实予全家之所倚赖也。"② 曾授翰林院编修的华学澜则在联军入城最混乱的日子里,巷内米堆房被抢,家人拾得若干什物,其得知后急令拿出,并申斥之。友人在城破后自尽殉国,他四处张罗购买棺木,将自家不多的米送去五十斤。后来,他得知对门书吏薛某家断粮,"送其米一小袋"。③ 身处下层的王大点虽曾帮助作为占领军的印度兵、德国巡捕寻找妓馆,并带领美国兵至同春楼傍买酒,却从来没有举报或出卖义和团民——尽管征服者对此有重奖。一九〇一年春节,他在向院邻东室陈家拜年时,见到因习拳而逃避抓捕的陈家女婿,并与之"坐谈多时"。此前,他听说朋友张三被怀疑是义和团民而被英界巡丁抓走,急忙找人打听消息,并同众人一起找到华人王姓巡丁处

---

① 仲芳氏:《庚子记事》,《庚子记事》,第41页。
② 仲芳氏:《庚子记事》,《庚子记事》,第42页。
③ 华学澜:《庚子日记》,第117页。

说情，折腾了四五天终使此事免予追究。① 据说，这一年的年关之际，各铺户业主对于所欠账目，虽间有开贴取讨者，但"尚不十分勒索"。②

在这个意义上，介于侵略/反抗之间的灰色生存，虽在顺民旗下没有太多惊天动地的壮举，却也并非全然微不足道。毕竟，殖民征服者处心积虑地用屠戮、抢劫，以及后来的悬旗、张灯、打扫门前卫生等各种方式胁迫被征服者，使其蒙羞含辱，就是要将属于中国人的那份尊严彻底清除和抹杀；而吾人岂能再将自己刻意矮化或有意冷落？再说，如果需要谴责，应受到谴责的也不是受难者，而是作为侵略者的殖民暴力，何必再与自己同胞过不去。所以，当发行于日本横滨、由梁启超主持的《清议报》屡发评论，斥责北京市民在联军占领期间送万民伞、德政牌及自称顺民，乃支那人的奇耻大辱。他的结论是盖生成奴隶性质，甘心服人者也。时居上海同样主张维新变法的孙宝瑄读后则大不以为然，说："抚我则后，虐我则仇，古之常理，何足为耻。且当时力既屈矣，北京市民如果仍不服的话，惟有尽受西人之屠割而已。"在孙宝瑄看来，未闻不忍其为奴隶者，反忍其受锋刃也。人谁不爱其死，世固有以死拒人者，而其发源仍出于救死之心，冀幸未必死耳。若绝无可望，而始终不屈，以为高者，此梨州所讥宦官宫妾之所为，臣犹不可，何况于民？孙宝瑄反讽道："吾不意海外新人，而犹守此陋见，殊可怪也！"③ 再从今天的角度来看，当吾人设身处地感受这些被征服者的无奈和不得已时，或许

---

① 《王大点庚子日记》，《义和团运动史料丛编》第1辑，第120~121页。
② 仲芳氏：《庚子记事》，《庚子记事》，第71页。
③ 孙宝瑄：《忘山庐日记》上册，上海古籍出版社，1983，第494页。

还需解构以往那种与殖民暴力相似的思想方式，顺民旗下的灰色生存也应作为近代华人历史的一个组成部分而被重新述说和铭记。

原载《读书》2004年第3期。

"迁延"的代价

近代商人阶级的兴起，可以说是在晚清末。尤其是在二十世纪之初，空前的财政危机使一些实力派官员不得不"承办一切者，惟赖以商"，从而竭力主张以商为国本。一九〇一年清廷颁布的上谕，即明确了以"通商惠工"作为基本国策。一九〇三年又设立商部，参照英国的公司法和日本的商法，制定了中国的第一部商法的《商律》，规定民间可以自由经商，集资创办各种与官办、官商合办企业地位平等的公司，并享有国家一体保护之利益。此外，清廷还陆续颁布了商标注册、商标等级、保护商人专利、公司注册、破产、私人试办银行等一系列法律。更重要的是，为提高商人的社会地位，清廷明谕宣称要根据商人出资办实业的情况给予相应的官衔，使得不少富商大贾因此显贵。对此，时人赞叹：中兴名臣曾国藩不过封侯，李鸿章也只封为伯，更多百战功臣则对封爵为有望而不可得，清廷这一举措真可谓"一扫千年贱商之陋习，斯诚稀世之创举"。

几乎与所有后现代化国家相同，经济发展乃为政治发展的延伸，清廷的不吝赏赉，波流激荡，"国人耳目，崭然一新。凡朝野上下之所以视农工商，与农工商之所以自视，位置较重"，[1]并随之出现了一个人人争之若鹜的民间投资狂潮。史载：一九〇五年至一九一〇年期间，国内新设厂矿万元以上资本的就有二百零九家，总资本约七千五百二十五万元，绅商阶层由此壮大。不过，对于清统治来说，这与其说是社会稳定的福音，毋宁说是未来社会动乱之祸阶。毕竟，"重本抑末"原本是中国传统王朝一以贯之的经济政策，早在汉初就有极为苛刻的法令规定商贾及其子孙不得为官，不得拥有私有土地，不得衣名贵丝、葛、毛织品和操兵、乘车、骑马，并重税租以困辱之。康熙二十九年上谕"阜民之道，端在重农"，清代的绅商也无政治地位可言。此时绅商阶层的崛起，意味着清统治者必须适时进行相应的政治理念、政治体制和政治行为的调整，以羁缚这一新兴力量而不叛。遗憾的是清廷对此冥顽不灵、反应迟钝，甚至反其道而行之。

首先，在政治理念上，清统治者并不是将增进绅商阶层个人的利益置于施政首位，而是将其视为肆意榨取之私有。一九〇八年翰林院侍讲朱福铣所上的"请开国会"奏折说：臣观近世纪中各国政策，皆在工商竞争。一九〇五年以来，清廷首设商部，复改为商部，复改为农工商部，后又设邮传部各衙门。然各部初建，不为民兴利，不为国家理财，但为衙门筹经费，互其所办之事。非取财于民，即与民争利。按斯密氏《原富》之言曰，商人之事，应听商人自为之，即史迁所谓上者因之也。今非但不因之而已，即凡利导

---

[1] 高劳：《十年以来中国政治通览·实业篇》，《东方杂志》第9卷第7期，1913年，第86~94页。

整齐教诲之事一概不为，而惟攘夺商民之利以为己利。朱福诜由此反问道："这岂我皇太后、皇上增设各部之本意哉？"①

其次，在政治体制上，清统治者又竭力打压绅商阶层的参与，对于各种商会不仅严加控制，并诏令严禁士人和绅商阶层干政。一九〇七年底禁止学生议政，紧接着又有禁止在京师演说等事的谕旨。最不应该的则是对绅商阶层有组织的政治参与的反应过度，如一九〇八年七月，清廷下令将标榜"于皇室绝无干犯尊严之心"的政闻社的成员、法部主事陈景仁革职看管。八月，清廷复严谕各省督抚查禁政闻社，对于其成员一律严加缉捕，毋任漏网。一九〇九年，清廷出于百般无奈而设立的谘议局，虽在理论上为中国历史上第一个立法机构，当政者却仅将之视为政府咨询机关，绅商阶层被排除在政治决策之外。

再次，在政治理念上，清统治者虽名为大力振兴商务，但实际落实对绅商仍然极尽盘剥和压制之能事。商部成立不到一年，人们就说：我政府鉴于商政不利，惧将无以自存生计竞争之世也，于是创立商部。但商部设立后，当事诸公纷纷聚议，"不曰开统捐，即曰加关税；不曰劝募绅富，慨助巨金，即曰招徕南洋富商，责令报效。是吾国无商部，而商人尚得自生，自息于交通贸易之场，自有商部，而吾商人乃转增无数剥肤吸髓之痛"。②

于是，问题的棘手之处就在于，与经济实力增长相对应的是绅商阶层日趋高涨的议政和参政要求。早在一九〇四年《日俄条约》尚未签订时，东南绅商的代表人物张謇就认识到"不变政体，枝

---

① 《翰林院侍讲学士朱福诜请开国会折》，《东方杂志·记载·宪政篇》第7期，1908年，第4~5页。
② 《论商部与商业之间关系》，《时报》1905年1月9日，第1页。

枝节节之补救无益也",并由此不断敦促清廷采行宪政,进行政治改革。这其中的历史意义是绅商阶层希望与清政府分享政治权力,其政治意识并不纯然来自"民为邦本,本固邦宁"的中国传统政治文化;而是诉求于"主权在民"的西方政治理念。所以,他们坚持政府的政治决策须建立在人民认可之上,即建立代议制政府,实行"三权分立";也不再"遍谒当道,伏阙上书",而代以所谓"不出代议士,不纳租税"的正面抗争。

就绵延数千年的帝国政治体制来看,尽管在此之前也有过一八九八年间的戊戌变法,但那仅仅是传统士大夫力图在原有政治结构下进行的政治革新,其设想并未超出废八股、裁汰官、兴学校和设立农工商总局,不期求对政治体制进行全新的重构。再有二十世纪初革命派频频组织的武装起义,由于其筹划于海外,发动在国内,旋起旋蹶,其兴也勃焉,其扑也忽焉,对清政治统治权威一直未造成根本性的动摇。此时绅商阶层的政治诉求,因其经济实力和政治影响,则是将清政治统治推到了一个生死存亡的重大历史转折点上,清廷当有何为?

马基雅维里认为,倘若大堤之决,势不可遏,人主应"迅猛胜于小心谨慎,因为命运之神是一个女子,你想要压倒她,就必须打她,冲击她"。① 具体到此时的清廷政治运作,最好的选择莫过于适时进行官制改革,推行宪政,最大限度地消弭日益激化的社会对立和矛盾冲突。其中的兴利避害,载泽在一九〇六年《奏请宣布立宪密折》说得十分清楚:"一曰皇位永固;二曰外患渐轻;三

---

① 〔意〕尼科洛·马基雅维里:《君主论》,潘汉典译,商务印书馆,1985,第120页。

曰内乱可弭。"然而,清统治者昏庸,正如著名史学家李剑农先生所说:"西太后的精神不外'迁延'两字。"① 因此,清廷在一九〇五年后大张旗鼓地立宪,"实清太后愚民之术也"。这对于一个摇摇欲坠的统治政权,瞻前顾后、犹豫不决,不啻玩火!

清统治者何以"迁延"待之?李剑农先生认为最主要的原因乃是最高决策者的慈禧"在戊申年,年纪已七十四岁了,只要在她未死以前保住大权不旁落就够了"。可这实冒天下之大不韪——因为不仅有悖于绅商阶层政治要求所遵奉的西方近代政治理念,就中国传统政治文化而言,也与"天下非一人之天下,乃天下人之天下也"格格不入。当然,身处传统中国生死相搏的政治舞台,虽然既不可能,也不必要恪守这一道德原则,却需要最高统治者的诡谲之智、鸷悍之勇和娴熟的愚民驭臣之术。乾隆帝就曾不无自豪地说:"我朝纲纪肃清,皇祖皇考至朕躬百余年来,皆亲揽庶务,大权在握,威福之柄,皆不下移,实无大臣敢于操窃。"②

就慈禧太后在祺祥政变中清除肃顺等人的麻利果敢来看,她当然是深谙此道的大师;这时她的学识、胆识和身体状况都不允许其再以昔日的霹雳手段维持大权不被旁落。据曾为慈禧最亲信大臣的岑春煊回忆,丁未年他奉旨调补四川总督,被慈禧召见。语及时局,慈禧不觉泪下,当他陈奏必须立即刷新政治、重整纪纲时,慈禧竟颇有怒容,命举出证据。他即列出种种政治腐败现象,慈禧大为震动,不觉失声痛哭,云:"我久不闻汝言,政事竟败坏至此。"事情的后续的发展部分原因也确实是"太后尽管有变革之心,但

---

① 李剑农:《最近三十年中国政治史》,太平洋书店,1931,第120页。
② 《高宗实录》卷1051《庚戌谕昨礼部奏将李澂芳指名请补员外郎缺一折(乾隆四十三年二月下)》,中华书局,2008,第222590页。

毕竟老将至矣"。① 一九〇八年慈禧驾崩,执掌国柄的摄政王载沣乃一昏庸之徒。时人记载其与四军机同席议事,一切不敢自专;躁进之徒,或诣王府献策,必欣然受之。一次,东三省总督锡良、湖广总督瑞澂以疆事同时入见,召见时载沣只有寻常劳慰,而无他语。当瑞澂若有所陈,他竟问:"汝痰病尚未愈乎?"出使日本大臣汪大燮屡疏日本阴谋,皆无回音。后因汪驰驿径归,请求面对,词极警动,载沣却仍默默无语,许久以表示其曰:"已十钟矣",即让他退下。②

狄德罗说,"王朝的繁荣和昌盛完全靠唯一一个人的脾性,这就是专制王朝的命运",③ 个人脾性之所以能对帝国的命运产生如此重大的影响,关键还由制度所致。皇权专制至明清发展到巅峰,雍乾以降,权力更高度集中在一个人手中。清代著名史家赵翼说:"本章归内阁,机务及用兵皆军机大臣承旨。天子无日不与大臣相见,无论宦寺不得参,即承旨诸大臣,亦只供传述缮撰,而不能稍有赞画于其间也。"④ 既然天下兴废仅待一人,政治制度原有校正执政者偏谬的功能也就因之丧失殆尽,甚至可能将其偏谬推到极端。如岑春煊所述,慈禧晚年主政的奕劻和袁世凯,以重金贿赂慈禧亲信之人,伺间进言慈禧,云:岑春煊所陈非一朝一夕就能办到,"如现在奏事,每次都有两个小时,太后春秋已高,何能受此辛劳,不如从容整理,只要太后庶稍安逸,而国事亦可望治"。慈

---

① 岑春煊:《乐斋漫笔》,《近代稗海》第1辑,四川人民出版社,1985,第100~102页。
② 胡思敬:《国闻备乘》,《近代稗海》第1辑,第294页。
③ 狄德罗:《狄德罗哲学选集》,第58页。
④ 《军机处》,(清)赵翼:《檐曝杂记》卷1,中华书局,1982,第3页。

禧听到此话,"锐气尽消,专以敷衍为事,甚且仅求目前之安,期于及身无变而已,不遑虑远图矣。此实为清室存亡之第一关键"。①

重要的是,作为中国传统政治的铁律,虽说绝对的专制导致绝对的腐化,然绝对的集权同样导致绝对的分权。伴随着清廷致力于大权不被旁落的政治怪象,如时人所言:"吾国政府,朝发一令,曰:'宜率此而行',外省置之不顾也;夕下一谕,曰:'宜以此为戒',外省依然如故也。查询事件,则迟延不复;提拨款项,则籍词抵抗。而自外省事之,有竭蹶之政策请于政府,不闻为之一筹画也;有困难之交涉请于政府,不闻为之一担任也。事不论是非,不疏通必遭驳斥;人不论贤否,无奥援即予调离。……此省有灾荒,彼省视之漠然也;彼省有匪乱,此省视之漠然也……西人曰:吾二十余行省,俨如二十余国。"② 在这个意义上,"迁延"就有其历史的必然性,祸发遂不可御矣。

当然,付出代价最为惨重的莫过于一代王朝的榱崩栋折,瓦解室倾,其"迁延"者,无不深受其害。武昌起义爆发之后,载沣被削去摄政王号,朝旨既下,大哭而出东华门,声音之惨烈,闻者怵然;慈禧此时长眠东陵,但时隔十七年之后,谁料其坟冢为孙殿英部所掘,曝尸露野,凤冠上的宝珠也被民国新贵拿来作为拖鞋上的饰物……可这之中最为痛心的还是莫过于视安定为治天下之圭臬的绅商阶层。作为那个时代风云人物的张謇,直到晚年还对清廷的"迁延"耿耿于怀,悲愤万分地写道:"自清光绪之季,革命风炽,而立宪之说以起。立宪所以持私与公之平,纳君与民于轨,而安中

---

① 岑春煊:《乐斋漫笔》,《近代稗海》第1辑,第100~102页。
② 《论中国欲自强宜先消融各种界限》,《东方杂志》第4卷第5期,1907年,第83~96页。

国亿兆人民于故有，而不至颠覆眩乱者也。主革命者目为助清，清又上疑而下沮，甲唯而乙否，阳是而阴非，徘徊迁延而濒于澌尽。"① 所以，读历史倒真如伏尔泰所言，恰如在读悲剧。

原载《二十一世纪》1995 年第 6 期。

---

① 《年谱自序（1913 年癸亥）》，张孝若编《张季子九录》卷 8《文录》，中华书局，1931，第 8 页。

激进主义，抑或暴力主义

近代中国处在一个数千年未有之大变局，然而究竟朝什么方向去变，以怎样的速率和幅度、用什么方法去变，是一个屡屡引起争论的问题，并贯穿近代中国百年。更值得注意的是，争论双方彼此水火不相容的政治对立，正如一八九八年四月张之洞刊行的《劝学篇》中所说，"海内志士，发愤扼腕，于是图救时者言新学，虑害道者守旧学，莫衷于一。……夫如是则旧者愈病新，新者愈厌旧，交相为愈"。

纵观整个近代中国，这一对立实际上深刻影响着近代中国的历史发展，尤其是在近代中国面临历史转捩的关键点上。一九〇五年至一九〇九年冬，众所周知《民报》和《新民丛报》的那场思想论战，以孙中山为首的激烈革命党人对康梁为首的温和改良派的全面论战胜利，在一定程度推动了"革命论盛行中国"。[①]

鉴于此，美国学者余英时先生和中国大陆学者姜义华先生发表

[①] 与之：《论现在之党派及将来之政党》，《新民丛报》第4卷第20期，1906年，第26~47页。

在《二十一世纪》关于百年中国保守主义、激进主义的争辩文章，在当今世界巨变、亟待重组，中国更是"万国蒸蒸，大势相逼，变亦变也，不变亦变"① 的历史格局中，这种价值中立、审慎的学术探讨虽无疑将对中国未来的理性转变产生十分积极的正面影响；但在学理上，二位师长论及的问题似乎还有进一步深入的必要。

一 激进和保守在近代中国难以严格区分

严格说来，"保守主义"是一个来自西方政治学的概念，正如姜义华先生所引征的英国保守主义思想家柏克（Edmund Burke）和英国保守党政论家塞西尔（Hugh Cecil）的定义。问题是，这一以英国社会、英国政治实践为典型范例的抽象框架是否贴近于百年中国的相关发展；是否恰当地反映它所要表述的全部内涵。事实上，百年中国没有一个人、一种社会主张、一个思想派别愿意自诩为保守或保守主义的，至少在这一点上就和柏克、塞西尔大不一样。例如张之洞的《劝学篇》，尽管其重点在于卫道、守旧，但整篇大讲的却是"会通"和"知变"。正如余英时先生所说，近代中国没有真正的保守主义者，只有要求不同程度变革的人而已。用梁启超一九〇一年所刊行的《敬告我国民》中的话语，即是"又今忧国者率分两派：一曰持温和主义者，二曰持破坏主义者"。在这个意义上，近代中国所谓的保守主义不过是相对于激进革命的渐进改良主义而已。在具体的历史运作中二者并没有绝对分明、不可逾越的界限，原因可能有二。

---

① 《严复诗文选注》，江苏人民出版社，1975，第70页。

首先，近代中国的渐进改良主义者极可能是曾经的激进革命主义者。一九〇〇年在东京成立的励志会是最早的留日学生团体。一九〇二年三月，由该会的激进分子组成的"青年会"成立。他们"明白揭以民族主义为宗旨，以破坏主义为目的"，被视为留日学生中最早鼓吹革命的团体。不过，最初发起人，如金邦平、汪荣宝，日后成为著名的立宪派人物。与之相应，某些激进革命主义者也可能曾是渐进改良主义者。如近代中国著名的实业家、湖南湘乡人禹之谟就曾潜心实业，在日本大阪千代田等工厂学习工艺技术。一九〇三年，他回湘潭开设毛巾厂，后因参加革命活动遂被捕遇害。当时曾有人劝他亡命，却得到这样热血沸腾的回复："吾辈为国家为社会而死，义也；各国改革，孰不流血，吾当为前驱。"①

其次，渐进改良主义者和激进革命主义者从事的可能就是一个方向、两个不同角度的努力。用梁启超一九〇五年的一段话说，是"立宪革命两者，其所遵之手段虽异，要其反对现政府则一而已"。②大约就是在这个时期，渐进改良主义者与激进革命主义者都以各自不同的努力推动了近代中国的政治发展。如果有所分野的话，那么吾人可以说激进革命主义者以激昂感人的文字、英勇献身的精神感召社会"其旗帜益鲜明，其壁垒益森严，其势力益磅礴而郁积，下至贩夫走卒，莫不谈革命，而身行破坏"。③不过，革命激情使他们阙于一些具体的、审慎细致、可操作的措施和实施步

---

① 冯自由：《革命逸史》，中华书局，1981，第102~169页。
② 梁启超：《新民说·论政治能力》，《梁启超全集》第2册，第734页。
③ 与之：《论中国现在之党派及将来之政党》，《新民丛报》第4卷第20期，1906年，第26~47页。

骤。庆幸的是，渐进改良主义者们各任实业、教育，得尺则尺，得寸则寸，在教育、实业、地方自治等方面的努力，致使此时各方面的现代发展成就斐然。一九一一年爆发的武昌起义或许可视为二者的相得益彰——激进的革命主义者们以鲜血和勇气；渐进的改良主义者们以智慧和经验最终清王朝的覆灭不可逆转。正如著名的立宪党人、湖北谘议局议长汤化龙在激进的革命党人束手无措的严峻时刻，及时通电全国，召开谘议局会议，颁布稳定财政的措施，遂使武昌起义的星星之火成为燎原之势。

二 渐进改良主义者之所以渐进的忧虑

激进革命主义者的激进态度似容易理解——"欲求免瓜分之祸，舍革命无由"。[1] 这是由民主理念、国家观念、平等平均主义、自由意识乃至大中华意识以及大同理念所融会构筑的民族主义所激发。问题是渐进的改良主义者为什么采取相对保守的价值取向；莫非他们对近代中国的衰朽政治、专制政府没有切肤的感受？其实不然，例如以状元身份最早投入实业、教育的张謇，在他的事业巅峰时刻，即一九〇六年曾这样写道："于万死中求一生，惟希望有善良之政府，实行保护产业之政策，庶几有所怙恃而获即安。"[2] 现实却是"全无护商良法，但有虐商苛政"。[3] 然而，他们之所以持

---

[1] 寄生（汪东）：《革命今势论》，《民报》第17期，1907，第33~60页。
[2] 《答南皮尚书条陈兴商务改厘捐开银行用人人材变习气要旨（光绪三十二年丙午）》，张孝若编《张季子九录》卷4《实业录》，第5页。
[3] 郑观应：《盛世危言·商务三》，中国近代史资料丛刊《洋务运动》（五），上海人民出版社，1961，第324页。

一种渐进、平和与审慎的政治信条，除了社会背景、年龄差别、人生经验、教育程度等方面的原因之外，可能还有以下三方面的忧虑。

一是中国的国情是否能够进行激进的政治革命。例如在二十世纪二十年代就已在中国知识界颇有影响的激进政治革命学说，提出要"联合大多数的无产阶级，增加作战的势力，为突发的猛烈的群众运动，夺取国家的权力，使无产阶级跑上支配阶级的地位，就用政治的优越权，从资本阶级夺取一切资本，把一切生产工具集中到无产阶级的国家手里，用大速度增加全部生产力"。[1] 然而，渐进的改良主义者，如张东荪、梁启超等却认为，社会主义学说乃是针对欧洲工业发达国家经济发展后所产生的弊病提出的救治方法，中国没有那些发达国家的问题和那些发达国家实现社会主义的条件。因为中国没有资产阶级，也没有把资产阶级的财产收归国有的生产机关；同时还没有工人阶级和工人阶级的阶级意识。在他们看来，中国的当务之急是增强国力，发展实业，并强调说"空谈社会主义必定是无结果"。[2]

二是那些激进的人们本身的道德操守是否可以信赖。张謇就说过，革命有四种类型，即圣贤革命、豪杰革命、权奸革命、盗贼革命。在中国很可能的就是他所谓的权奸和盗贼革命，结果将是"革命即成，举一尽暴戾恣睢，嗜利无耻之行，举可明目张胆悍然

---

[1] 李达：《讨论社会主义并质梁任公》，《新青年》第9卷第1号，1921年5月，第12~26页。
[2] 东荪：《由内地旅行而得之又一教训（1920年11月5日）》，转引自蔡尚思编《中国现代思想史资料简编》第1卷，浙江人民出版社，1982，第616页。

为之，举世莫敢非也"。①《大公报》的创始人、近代著名的改良主义者英敛之说："而今之志士，大都剿袭民权、自由一二新名词，于是睥睨一世，傲慢群伦，以花天酒地为运动之机关，以奸贪狠戾为经济之手段，日言爱群，拔一毛利同群，未见其肯为也；日言爱国，得数金而卖国，未见其不肯为也；而且互相骂詈，互相倾陷，胸愤戾而叫嚣，性残暴而手毒辣，安见其能爱群。"② 揆诸实际历史，怕这也不是渐进改良主义者们的恶意攻击。如戊戌时期的康有为无疑是一位激进分子。张謇曾见康氏加以监生至京，但"必遍谒当道，见辄久谈，……寓上斜街，名所居为万木草堂。往晤，见其仆从伺应，若老大京官排场。宾客杂沓，心讶其不必然。又微讽之，不能必其听也"。③

三是对于民族存亡，即激进的革命是否会导致中国被瓜分，沦为某一帝国主义的殖民地。二十世纪初，汪精卫就有："近来忧国之士，言国力薄弱，外侮强烈，惴惴不安，以分割相恐，不知所以，一筹莫展。忧虑中国之内乱，足以成为引起外侮之媒介，革命必定招致分割。对此，不仅反对党常常谈道，而深明民族大义的人也往往哀叹外侮之困难，瞻前顾后，也未敢赞同革命事业。"④ 另外，在二十世纪二十年代中国是否应进行激进的社会主义革命的争论中，对苏俄的疑虑不能不说是渐进改良主义者都持反对立场的一

---

① 张謇：《释惑（民国十四年丑）》，张孝若编《张季子九录》卷4《文录》，第12页。
② 方豪：《英敛之先生思想及年谱》，沈云龙编《近代中国资料选辑》第23册，台北：文海出版社，1980，第30页。
③ 《张謇年谱》，张孝若编《张季子九录》卷3《文录》，第64页。
④ 《再论革命一定招致瓜分之祸》，转引自寺广正雄《革命瓜分论形成中的若干问题》，《辛亥革命史丛刊》第2辑，中华书局，1980，第206页。

个重要理由。梁启超认为，苏俄是帝国主义的结晶，对内只是专制，对外只是侵略。他说："苏俄的现状，只是'共产党人'的大成功，却是共产主义的大失败。"①

至于文化上的激进主义，如果考虑到当时特定的历史条件，他们对中国文化的真实态度、内在情感以及叛离和摆脱的程度，恐怕很难说与文化的保守主义就有一道不可逾越的鸿沟。就五四时期《新青年》诸君那样激进地反传统而言，提出的"打倒孔家店"的口号在很大程度上是激进主义在政治上的放大和延伸。毕竟，一九一三年六月袁世凯向全国颁发了《通令尊崇孔圣文》，一九一四年二月又通令全国，一律举行祀孔典礼。同年九月二十八日，他又亲率百官在孔庙举行祀孔盛典，并在其颁发的《宪法草案》中规定"国民教育以孔子之道为修身大本"。袁氏的这番举动正如此后所证明的，目的在于"借祀孔之名"而行"帝制复活之实"。激进主义者们方才说："主张尊孔，势必立君，主张立君，势必复辟。"他们之所以这么极端，是因为"孔教与共和乃绝对两不相容之物，存其一必废其一"。②

时过境迁，逮至三十年代，陈独秀在狱中写下了《孔子与中国》。他谈及当初激烈反孔的缘由时说，孔子影响至深且大，每一封建王朝都将其作为神圣供奉，信奉孔子是假，维护统治是真。他接着强调："农民起义时，孔子就一时倒楣，新的王朝得胜，即刻又把孔子抬得天高。五四运动之时，我们提出'打倒孔家店'，就是这个道理。但在学术上，孔孟言论，有值得研究之，如民贵君轻之说、

---

① 《复刘勉己书论苏俄问题》，《饮冰室文集》卷7《专录》，第5册，中华书局，1936，第5~6页。
② 陈独秀：《复辟与尊孔》，《新青年》第3卷第6号，1917年8月，第6~9页。

有教无类之说。"① 这一转换的很大原因乃是其远离当时政治斗争的中心。实际上此时正紧锣密鼓地进行着新的一波反孔浪潮。②

那么,近代中国还有一类保守主义者应如何论及?他们的代表人物是戊戌、庚子当政的显赫人物——大学士徐桐。他以"道德欺世,以忠孝传家"平日自任排外,以取时名,每见到洋人,总以扇子遮掩脸面,凡来自西方的货品,一概屏绝不用。甚至有一次他见到儿子(时任刑部侍郎)口叼一支吕宋烟而大怒,罚其在烈日下暴晒几个小时。③ 这种以现实的切身利益或盲目信仰所表现出的保守主义理应与那些发自知识和理性的保守主义严格区分开来。正如塞西尔所言,保守主义应按其理想的形式来加以探讨。就像人像雕刻家企图雕刻阿波罗或维纳斯的雕像,而不雕刻丑陋或畸形的男人或女人,尽管他们同样具有人的形象。④ 虽则,这类保守主义者的比重和能量,在过去和今天都不应被低估,却应当排除在吾人所讨论的保守主义之外。因为这些保守主义者已被高度政治意识形态化,统而论之,会混淆问题的真实所在。

三　诉诸暴力的价值取向延误了现代历史进程

在上述意义上,吾人认为保守和激进二者之间的张力,确如陈

---

① 陈独秀:《孔子与中国》,《东方杂志》第 34 卷第 18~19 期,1937 年,第 9~15 页。
② 1934 年 2 月,蒋介石首倡"新生活运动",以"礼义廉耻"为生活准则。7 月国民政府又决定每年八月二十七日孔子诞辰为国定纪念日。11 月国民党中央常委会又特别通过"尊孔祀圣"的决议。同年 10 月,戴季陶、陈立夫相继发表谈话和文章,大造复古之舆论,又使文化思想界凸显出全盘西化的激进之主张。
③ 《中国近代史资料丛刊·义和团》(四),上海人民出版社,1957,第 484 页。
④ 塞西尔:《保守主义》,杜汝楫译,商务印书馆,1986,第 157 页。

方正先生在《二十一世纪》刊发关于土耳其近代以来威权体制与民主的历程一文中所揭示出的对峙方式，即"在急速现代化的要求驱策下，保守的改良措施不能代替激进的整体变革……同时激进变革亦不可能解决所有问题。……改良与激进不复是现代化过程中两种可以自由选择的策略，而成为变革中互相关联、有密切启承关系的两个阶段"。[1] 当时处于这两派争斗要冲之地的梁启超有切身感受，似能用来证明该立论的成立。梁启超于一九一一年五月写道："要之，在今日之中国而持革命论，诚不能自完其说；在今日中国而持非革命论，其不能自完其说抑更甚。"[2] 由此说来，我们对二者任何一方的过分谴责，即将百年中国现代化的延误和受挫归罪于其中某一方，恐怕都会失之公允。

那么究竟谁要对此负责呢？这其中的原委和因素当然是多方面的，仅就姜、余二先生，尤其是余英时先生立论的出发点，即从价值取向而言，笔者认为是近代中国猖獗肆行的暴力主义。这里需要强调的是，暴力尽管在道德上是不善的，理所当然应被拒绝，但是在社会伦理的意义上不加区分和甄别，也可能导致非正义。就像每个人都有正当防卫的权利一样，当其基本权利受到致命伤害时，无可非议应具有包括暴力在内的反抗权利。与之相应，吾人并不是在道德说教的层面上一概地斥责发生在近代中国的所有暴力主张和暴力行为，而是认为那种将暴力奉为解决一切问题的最佳选择或作为推动中国现代化最为得力的杠杆，怕是近代中国的万恶之源。

在二十世纪的中国，暴力主义所导致的恶果是有目共睹的：在

---

[1] 陈方正：《毁灭与新生——土耳其的威权体制与民主历程》，《二十一世纪》1992年2月号，总第9期，香港中文大学中国文化研究所，第77～92页。
[2] 李华兴、吴嘉勋编《梁启超选集》，上海人民出版社，1984，第586页。

政治层面它是高度的权力集中，并通过绝对服从的政党来实现，于是以党代国、一党专制难免成为主要的政治统治形式。就国民党而言，自一九二八年对奉系军阀作战的胜利即宣布训政开始，由中国国民党全国代表大会领导国民，行使政权，闭会时政权托付于中国国民党中央执行委员会执行之。一九三三年，当陈独秀被江苏高等法院判为叛国罪时，陈说，他叛的是国民党，而不是中国。《中央日报》一篇社评《今日中国之国家与政府》云："今日中国之国民党，在法律上既为行使中国统治权之团体……则国民党至少在现行法律上，在现有制度下，即为国家。"正是暴力主义以及与之相应的恐怖和专政，使内战成为解决中国社会冲突和矛盾的主要形式，它的原则是刺刀和镣铐，而不是投票和谈判。于是政党与政党之间、阶级与阶级之间、民族与民族之间、地区与地区之间，狼烟四起，血流遍地，其中的恩恩怨怨、是是非非不要说上一代、这一代，即使是下一代中国人也难以彻底摆脱。因此吾人说暴力主义，以及它所裹挟而来的恐怖和专政就是中国现代化的历史进程屡屡受挫、被耽搁延误的主要原因。

四 激进主义并非必然导致暴力主义

这里有一个需要讨论的问题，即激进主义是不是和暴力主义有着密不可分的联系，激进的政治主张是不是必然导致暴力主义的猖獗？首先在近代中国，激进主义并非都诉诸暴力。例如戊戌时期的康有为就很激进，虽然强调"若决欲变法，势当全变"，主张以"雷霆霹雳之气"，"成造天立地之物"，但其不是一个暴力主义者。五四时期的《新青年》激进主义者也都不主张暴力。此外，五六十年代直到今天台湾激进的自由主义知识分子、大陆的"右派"、顽固不化的资产阶级自由化分子也都不认同暴力。在相当长的历史时期里,在相当大的一部分激进主义者那里,暴力主义并不是和他们密不可分的,他们的激进主义主张也并非必然导致暴力主义的猖獗。

相反,渐进的改良主义者也并非都绝对地排斥暴力。例如,一九一一年当立宪派人士请求缩短预备立宪期限被清政府蛮横地拒绝之后,秘议"同人各返本省,向谘议局报告清廷政治绝望,吾辈公决秘谋革命,并即以各咨议(局)中之同志为革命之干部人员,若日后遇有可以发难之问题,则各省同志应即竭力响应援助起义独立云云"。① 一九一五年袁世凯称帝,时为进步党的梁启超拒绝袁氏二十万元的收买和枪弹的威胁,毅然撰写了《异哉所谓国体问题者》,并动员蔡锷以滇黔两省为根据地,组织护国军,武力讨袁。在此之前他曾痛心地说:"吾党夙昔持论,厌畏破坏,常欲维持现状,以图休养。今以四年来试验之结果,此现状多维持一日,则元气多斫丧一分。吾辈掷此聪明才力,助人养痈,于心何安,于义何取?"②

当然,不容否认的是,对于渐进的改良主义者而言,近代中国激进的革命主义者的确更容易倒向暴力主义,将"革命"的全部意义简单地归结为暴力斗争。一九一〇年《民报》发表的《就土耳其革命告我国军人》载:"革命积极之武器有二,曰刺客、曰军

---

① 《徐佛苏记梁任公先生逸事》,丁文江、赵丰田编《梁任公先生年谱长编》第5册,上海人民出版社,1983,第514页。
② 梁启超:《致籍亮侪、熊铁崖、陈幼苏、刘希陶书》,《饮冰室合集》第33卷《专集·盾鼻集·函牍》,第9册,第27~28页。

人。而志专而行事简,流血五步之内,虽有万众无所施,夺元恶之魄,而作国民之气,惟刺客为能。然其组织不改,其团体固在,则去其一二分子,而代生者如故,必尽举而覆之,为拔本塞源计,莫若用军人。此不易之论也。"① 不过,这种价值取向却往往与激进主义迅速推动近代中国的现代发展的最初设想事与愿违,他们不得不背弃那些孜孜以求、最为重要的奋斗目标。

启蒙原本是近代中国几乎所有激进革命主义者努力的方向,但是当他们诉诸暴力时,理性的思想启蒙就成为粗糙的政治动员。二十世纪初,那些激烈主张暴力革命的志士仁人们纷纷"与下层社会为伍"。在他们看来,"中国革命运动之力,不出于豪右之族,……而出于细民"。② 盛行的主张之一是以刺客教育影响下层社会,内容包括政治思想;破除宗教迷信,将天赋人权、人类至尊学说用浅显易懂的白话,教育中下等社会,使人人都有权利思想,无所谓名分、尊卑;诱导历史的信仰,将历史上的刺客、女侠、女刺客的事迹编成一刺客传,教中下等社会之人去模范;还有武功,以练就做刺客的硬功夫;此外就是现代科学知识,以便掌握手枪、炸弹等现代刺客的行刺利器。③ 重要的是,民主原本为近代中国激进主义者梦寐以求的价值目标,然而,正是奉行暴力主义原则,致使他们不能以民主的方式对待与之意见相左的政治派别。二十世纪初,在与康有为、梁启超的争辩中,激进革命党人就有人鼓吹

---

① 汉民:《就土耳其革命告我国军人》,张枬、王忍之编《辛亥革命前十年间时论选集》第3卷,三联书店,1977,第548页。
② 朱执信:《论社会革命当与政治革命并行》,《民报》第5期,1906年6月,第43~66页。
③ 反:《去矣,与会党为伍》,张枬、王忍之编《辛亥革命前十年间时论选集》第3卷,第188~191页。

"杀汉奸必杀康有为、梁启超。……康梁者,今日之少正卯。欲息邪话,正人心,不诛此两妖鬼头,步可得也"。甚至,一九〇七年革命党人以暴力冲击了立宪党人的组织政闻社。同时,他们关于"铁血强权、破坏主义"的主张,又使得组织形式、整体运作更多地依赖于运动的热情,而不是法律和制度。为了最有效地统一意志,它强化个人独裁,将对一种理想的献身扭曲为对个人的忠诚,形塑了在整个近代中国极为常见的一个领袖之说。在这个意义上,暴力主义使激进主义者为实现民主制度的巨大热情和满腔热血付之东流,最好的情况也是极不成比例的收获。

五 消弭暴力主义须适时进行民主变革

既然暴力主义是近代中国现代历史转型难以取得真正进展、步履维艰的重要因素,那么消弭暴力的途径有哪些?在近代中国,一个颇有影响的取向是先集中全力搞实业,然后是教育,在此基础之上进行相应的政治变革和社会变革,任何急功近利、急于求成都会导致社会的混乱,乃至民族和国家的灾难。张謇很有代表性的一个看法是:"立宪之制度,社会与政府为对待之团体,社会监察政府,政府亦监察社会。夫能监察人者,必其人之知识道德人格,过于被监察之人,乃为相当。"① 另外,一九〇一年在回顾自己这一段时间的心路历程时,他又说:"马关约成,国势日蹙,私忧窃叹,以为政府不足责,非人民有知识,必不足以自

---

① 张謇:《江苏教育总会会场发表意见书(宣统二年庚戌)》,张孝若编《张季子九录》卷4《教育录》,第8页。

强，知识之本，基于教育，而非先兴实业，则教育无所资以措手。"① 这在今天吾人看来无疑是十分正确的，问题在于历史为什么没有按照张謇等人的设想演进，反倒演化出他们最不希望看到的持续社会动乱。

历史的昭示应是经济发展未能进行适时的民主变革。一九〇一年政府决定实施"新政"，颁布了一系列有利于经济和文化发展的措施。一九〇三年又成立了商部，随即着手制定或重定相关"奖励实业"的规章办法，颁了商律、路矿章程，并通令各省设立商会。经济随即出现了一个急速拓展的高潮。统计显示：在一九〇一年至一九〇四年间，总共设厂五十二家，全部资本不过一千余万元；而一九〇五年至一九〇八年间则设厂二百二十家，全部资本为七千三百余万元。然而，此时的清廷却没有推进张謇所期望的那种理性的、渐进的民主变革。事实上，经济的急速发展激化了近代中国的社会矛盾，使整个历史进程更具有爆炸性，并具体表现如下。

首先是扩大了贫富间的差距，加深了穷人对富人的仇恨。刘师培在一九〇七年曾说过，新政只是使新党和资本家富有而多数人民愈趋贫苦。② 发生在一九一〇年山东莱阳的民变即是这样的一场战争，时人写有"洎乎开办地方自治，地方绅士借口经费，肆意苛征，履亩重税，过于正供。间架有税、人头有税，甚至牛马皆

---

① 张謇：《垦牧公司第一次股东会演说公司成立历史（宣统二年辛亥）》，张孝若编《张季子九录》卷4《实业录》，第30页。
② 申叔：《论新政为病民之根》，张枬、王忍之编《辛亥革命前十年间时论选集》第2卷，第900页。

有常捐，悉索敝赋，民不聊生，绅民相仇，积怨发愤，而乱事以起"。①

其次是道德价值的全面崩溃，整个社会缺乏相应的行为规范。一九〇五年《时报》的一篇评论谈及其时社会风气日坏，早就是朝中鲜有直言之人和清廉外官者，一邑之中自然很难看见砼砼自守之流。再至庚子之后，这种趋势更如水斯激而溃其堤防，如火方燃而离其薪燎。在作者看来，中国社会数千年来的君主政体政治得失之所在，虽本无定评，然数千年来持此道德伦理于不坏者，唯此社会之是非毁誉以稍存，公论而竭蹶，以维持于不敝。他的担心是："乃至近日则并此而失之。国群之不散者，几何？此则君子所以有陆沉之叹者矣！"②

再次是由于没有相应的权力制衡机制，官员们迅速腐化，行政机构越来越丧失效率。辛亥之前，张謇在致丁恒斋的信中是这样说的："乙丙两年以团练商务颇与本省官吏相交涉，精神智虑费于事外者十七，尽于事中者十三，盖知尽腐之木，般尔不能雕，必死之人，秦缓不能起，况非般缓，谁能堪之。"③ 此外还有地方与中央、地方与地方、民族与民族因资源分配和经济发展的日趋不平衡而出现的紧张。在当时那种险恶的情形下，由实业到教育、最后是政治的理想的逻辑推展关系不啻是一厢情愿。当然，自一九〇五年始，清政府也不得不考虑政治变革。一九〇六年，载泽所写的《奏请

---

① 长舆：《论莱阳民变事》，张枬、王忍之编《辛亥革命前十年间时论选集》第3卷，第653页。
② 《论今日社会之无道》，《时报》1905年6月7日，第1页。
③ 《致丁恒斋（光绪二十三年丁酉）》，张孝若编《张季子九录》卷11《文录》，第12页。

宣布立宪折》，密陈为皇位永固、外患渐轻、内乱可弭计，应仿行立宪。这些设想终在推诿、敷衍、专横中丧失了历史的良机。因此，消弭暴力只有通过适时的政治变革，将各种复杂尖锐的矛盾冲突汇集到有规则的政治过程中。正如龚自珍在1835年所指出的："与其赠来者以劲改革，孰若自改革。"[①] 遗憾的是，近代中国的历史进程总是被他不幸言中。

原载《二十一世纪》1992年第13期。

[①] 《乙丙之际箸议第七》，《龚自珍全集》，上海人民出版社，1975，第6页。

不敢轻慢理想之人

在近代西方（日本）强势文化的凝视之下，中国知识精英如何进行自我定位，这是近来后现代、后殖民研究中较多论及的一个问题。相较而言，中国大陆的研究还似多就中国谈中国，关注中国社会内部的中/西、新/旧、传统/现代的冲突；西方研究者则将之较多地放在殖民主义、帝国主义和本土社会交会的语境下加以考察，因此，他们更多地注意到西方的文化扩张不同于政治扩张，非由其全盘支配的一个单向过程，而是与中国知识精英共舞的双向互动。就具体的研究成果来看，继费约翰（John Fitzgerald）的《唤醒中国》（*Awakening China*, 1996），史书美（Shih Shu-mei）的《现代的诱惑：书写半殖民地中国的现代主义：1917~1937》（*The Lure of the Modern: Writing Modernism in Semi-colonial China, 1917 - 1937*, 2001）之后，罗芙芸（Ruth Rogaski）2004年出版的《卫生现代性：中国通商口岸的疾病和健康的意义》（*Hygienic Modernity: Meaning of Health and Disease in Treaty-port China*）也讲述了中国知识精英如何通过西方"他者"的想象，将民众转化成可以描述和认知的话语，使之成为一个能被刻意支配和控制的对象。

如福柯所言，随着近代公共卫生的确立，身体管理机制发展得更为严密。原来只是作为个人生活习性的肮脏/洁净或个人事务的疾病/健康，此时则关系到国家安全和民族形象，成为统治权力向普通民众日常生活弥散和扩张最堂而皇之的借口。正是通过这样一种谱系学的研究，罗芙芸清楚揭示了庚子（一九〇〇年）义和团事件之后，进驻天津的联军将卫生作为论证华人落后一个确凿无疑的说辞（indelible rhetoric of Chinese deficiency），使统治和暴力更具合法性和正当性。如作者列举的一个事例，即在占领军颁布卫生处罚条例之后，一位年约十五岁的少年在空地上"方便"，被联军士兵发现，逼着少年用手将排泄物捧起，放到另一处空地上。少年拒绝，士兵用刺刀相胁，少年不得不从命。最具挑衅性的是，当这位少年将排泄物捧起之后，联军士兵却大笑着离开了。①

西方公共卫生发展史表明，十九世纪之前欧美各城市居民也随地乱扔垃圾和大小便。一八六六年的巴黎才有了第一辆洒水车，直到十八世纪该市家庭主妇处理排泄物还只是每天清晨打开窗户，高喊一声"看水"，遂将尿水从窗口倾倒而下。而卢浮宫每天晚上有专人打扫门后和阳台上的粪便。伦敦一八一〇年才有用水冲洗的厕所，阴沟将臭水排到城里的河道，致使河水臭不可闻。甚至到了十八世纪中叶，马德里的家庭还将垃圾和粪便从窗户扔到街上，虽然政府颁发政令，要求居民在家里修建厕所，却遭到医生们的普遍反对。他们的理由是扔在街上的各种垃圾和排泄物会将空气中的有害气体吸收，否则这些气体将危害人的身体。随着工业革命的展开，

---

① Ruth Rogaski, *Hygienic Modernity: Meaning of Health and Disease in Treaty-port China* (University of California Press, 2004), p. 176.

尤其是一八四八、一八五三、一八六六年遍及欧洲的霍乱流行，当局颁布一系列公共卫生法令，从此不遵守公共卫生条例便是犯罪。与之相应，对占领天津的联军来说，随地吐痰、大小便以及乱倒垃圾，不啻是对其统治秩序的挑战，自然要受到严厉的规训和惩罚。

就此，中国知识精英有何应对？按照作者的说法，如同甘地指责其印度同胞随地便溺，宣称至少要用铁锹将粪便埋起来，这是维护人之尊严的起码要求，那么作为明显等级差异的制造者之一，殖民列强和富人阶层蓄意将被殖民者和穷人同排泄这种肮脏的意象联系起来，并具体表现为中国知识精英也通过这种二分化的"移位策略"（strategies of displacement through bifurcation）轻描淡写地消解了殖民主义、帝国主义的暴力特性，普通农民（和城市下层）被贴上不卫生的标签，自己则在全球头等讲求卫生的殖民者与普通民众间谋求身份。[1] 不过，"移位"作为一个描述性概念，与殖民地社会某些知识精英的变态存在相对应。如法农笔下的"黑皮肤，白面具"，专指那些置身于殖民主义知识暴力之中的精英，为使自己能够获得白人统治者的另眼相看，迫不及待地抹去与生俱来且给自己带来太多耻辱的黑色身份。

中国并未沦为列强的殖民地，除香港、澳门、台湾以及一九三一年后的东北，殖民统治从来没有被充分制度化，相对于非洲、印度的知识精英，中国精英对殖民主义、帝国主义的感受要淡薄和间接得多。正如作者注意到的，联军占领天津之后，该地知识精英并无多少反感，并不认为义和团的占领要比联军更好些。他们中的一

---

[1] Ruth Rogaski, *Hygienic Modernity: Meaning of Health and Disease in Treaty-port China*, pp. 191–192.

些人与占领当局保持着良好的私人关系。著名绅商严修与十余名日本占领者交往密切；有进士头衔、曾任翰林院编修的华学澜也常与日本占领者一起喝茶、聊天和互赠礼物，在一九〇一年三月十一日的日记中，他就平静记述了至车站购买赴北京火车票时的经历，即"票房甚拥挤，洋人令鱼贯而买，不从者鞭之。见余静立以俟，则招之使前"。① 从中国在地学者的角度看，其时知识精英对公共卫生层面上的暴力不太在意，是否表明他们就有这样一个"移位策略"？退一步说，如果真有这样一个"移位策略"，是否在庚子年间联军进入天津之后就已生成？

不知为何作者没有注意到一九三六年九月，华学澜的日记由上海商务印书馆出版，时任中央研究院社会科学研究所所长的陶孟和为之撰写的序中已有另一种解读。陶氏出生于天津，一九〇六年毕业于南开第一届师范班，后至日本、英国受过高等教育。在他看来，"当时的士大夫抱怨自己不能变法自强胜过对于受异族侵凌之愤慨。帝国主义的真性质尚不能为他们所认识，无论教案如何讨厌，外国教士与中国教民如何蛮横，无论排外具有何种能成立的理由，开明的士大夫对于义和团的肆行屠戮教徒与杀害外国使节，终不能认为适当"。② 再从中国历史上无数次的春秋迭代来看，所谓"皇天无亲，惟德是辅"，汉族士人不排斥"诸侯用夷礼则夷之，进于中国则中国之"。虽然，外族入侵充满血腥，臣事五代"蛮夷"冯道式的人物却在异族统治的历史中不胜枚举。即使到了明末清初八旗铁骑直下中原和江南时，所到之处也是顺民旗早已挂

---

① 华学澜：《辛丑日记》，商务印书馆，1939，第16页。
② 华学澜：《辛丑日记》，第10~11页。

起，民众买猪赶羊，请求保护，政治忠诚和文化认同相当混乱和暧昧。

尤其是作为少数民族入主汉地中原的政权，清历代统治者特别在意泯除以血缘为基础的种族界限，并有相当的成效。民国初年学者在河套进行社会调查，发现当地各族民众间基本已无种族界限，相互称呼中"蛮子者，汉人之通称也；鞑子者，满蒙人之通称也。蛮子与鞑子，蒙汉语言皆互能相通，有时亦自称为蛮子鞑子，犹之各称其乡贯略，不含有侮意也"。① 这也难怪义和团时期，尽管民间普遍不满外人的骄横，清廷也蓄意进行构煽，排外仍然只是作为一种被动员或组织起来的情绪，多停留在纸面或口号上。与外人结纳往来、招待唯谨在日常生活中恐怕并不少见。如孙宝瑄记述其友执令祁门，在收到清廷颁布召集义民驱杀外人的宣战敕令后，虽有民众前来请缨灭洋，其友却故意拖延时间，让传教士安然逃离。当外人离开后，又有民众请求将之房产焚毁，其友以为外人已去，财产屋舍乃公家所有，不得擅动，封其屋后再出赏格曰：获得一教士者，银千两。义和团被平定之后，"教士晏然而归，相与安居乐业如故"。② 另外还可作为证据的是，一九〇一年夏华学澜赴贵州途中经正定县，行馆在东门内与洋教堂相邻的大佛寺，也得知其时"寺僧曾保护教士，及联军入境；教士又保护寺僧，故寺未经大创"。③ 所以，陶孟和认为那个时代知识精英尚无明确排斥异族统治的意识，似更符合当时历史实情。

暴力的本质都是剥夺自由和践踏人性，这是不分中外的。在无

---

① 张相文：《塞北纪行》，《大中华杂志》第 1 卷第 6 期，1915 年，第 17 页。
② 孙宝瑄：《忘山庐日记》上册，第 303 页。
③ 华学澜：《辛丑日记》，第 51 页。

政府状态之下，义和团进城之后的暴力统治似更严峻。由于没有后勤保障，且没有节制，众多团民所需生活用品往往随心所欲就地索取和摊派，各铺户和居民不堪其扰。再由于义和团民众多为仇恨和怨愤鼓动，寻仇动杀，无所顾忌，避忌"洋"字，"洋药局"改为"土药局"，"洋货"改为"广货"，"洋布"改为"细布"，凡卖洋货者均皆逃闭，否则团民进内，先将货物打碎，再将房屋焚毁。再由于煤油来自国外，各街巷抛之如泼脏水，各种煤油灯砸掷无数，家家户户尤恐弃之不及，致贻祸患。各处香烟缭绕，夜夜不安，每晚沿街亦喊烧香。尤其是凡与人稍有微嫌者，可能就被暗告于团中；或家资小康、略有名望者，即被指为在教之人，"聚集团民三五十人，声言焚烧房屋，捉杀教匪，轻则搜动洋货，勒捐巨款，重则拆毁房屋，掳掠人口。近日更有善取者，或在路遇，或自家中，将良民指为'二毛子'揪扭于坛上，强令烧香焚表，如纸灰习扬或可幸免。倘连焚三次，纸灰不起，即诬为教民，不容哀诉"。①

相比之下，联军虽是一种暴力统治，但在有政府状态下略显节制。这时人们常能看到被铁链缚两腿之间、长绳结发辫于一处的华人刑犯被联军士兵驱赶而行，基本社会秩序在其刺刀之下尚能保证。唯感不便的是，必须时刻扫除干净门前的尘沙败叶，否则遇洋人巡查，即遭威吓；还有炉灰秽土，不准街前堆积，家家无处可倒，只能存积院中，俟公捐土车，挨门装运。此外，洋人不许在街巷出大小恭泼倒净桶，大街以南美界内，各巷口皆设茅厕，任人方便，并设立除粪公司，挨户捐钱，专司其事。德界则无人倡办，家家颇为受难。男人出恭，或借空房，或在数里之外，或半夜乘隙方

---

① 仲芳氏：《庚子记事》，《庚子记事》，第 25 页。

便，赶紧扫除干净。女眷脏秽多在房中存积，无可如何。再加上"各街设立巡捕，有洋兵数名，身背洋枪，手执马棒，昼夜沿巷巡查。前后街晚间偶有未点灯者数家，竟被洋人将门窗砸碎，勒令点起"。① 这也难怪当时知识精英并不认为义和团的占领在道德上优于联军的占领。

虽则，随地吐痰、大小便、乱扔垃圾在当时中国社会习以为常，但当殖民统治者强行引入西方近代公共卫生理念之后，却被作为愚昧和落后的他者而被否定。这最早发生在一八六〇年的上海，租界当局成立了妨害处，职能是清扫街道、监督收集和处理垃圾与粪便，并随即颁布了一系列卫生管理措施，由武装巡捕负责卫生执法。一八七〇年代初，旅沪杭州士人葛元煦的《沪游杂志》记载，"租界例禁"二十条中，禁止随地便溺、乱倒垃圾等卫生方面的例禁至少有四条，违者将受到严惩。较早见于中文报端的一则消息是，一八七二年十一月八日一位来自广东的陶某在男女行人来往众多之时，在美国公馆门口小便，并脱去下衣，意将出恭。路过洋人以为殊无廉耻，大不雅观，指交巡捕，送究公堂会审。陶某以甫从东洋到埠，未知此地租界之规矩，叩求从宽。在场中国官员和知识精英颇为感慨的是，"既叹恨华人之时常犯事取辱，又怜若辈之无知"。②

二十世纪初，一位来访的日本游客在上海华界看到三三五五踞道上而溺者，所在皆是，当他掩鼻而过时，彼辈则笑之以鼻，衔烟筒而道家常，行若无事，毫无倦色。后来这位日本游客到了北京，

---

① 仲芳氏：《庚子记事》，《庚子记事》，第37~43页。
② 《作践租界荷枷》，《申报》1872年11月8日，第2页。

"所谓首善之区，风教道德之源也。巡警之制度取法日本，十年来一扫旧习，颇有文明之意，孰意隘巷内粪城山积，污水河洿，其踞于路而曝臀者，且相望也。甚至解衣而溲于巡警之前，毫无忌惮之色，而巡警亦睹焉。然而违警罪之文告，固俨然在上也。其词曰：禁遗物于道上，一若置大小便于污物范围之外也者"。① 这样的一种外人诸多负面观瞻，自然令其时知识精英感到颜惭心愧，更多抱怨不能变法自强胜过遭受异族侵凌之愤慨。一八九〇年代，先厕身洋行、后参与洋务的郑观应在影响广泛的《盛世危言》中写道："余见上海租界街道宽阔平整而洁净，一入中国地界则污秽不堪，非牛溲马勃即垃圾臭泥，甚至老幼随处可以便溺，疮毒恶疾之人无处不有，虽呻吟仆地皆置之不理，惟掩鼻过之而已。可见有司之失政，富室之无良，何怪乎外人轻侮也。"②

更在意西方（日本）的卫生观瞻，或者说对"帝国主义的真性质"有深一层认识，大概自一九二〇年代以后陶孟和这一批知识分子开始。陈独秀回忆少年在家里读书，天天只知道吃饭睡觉，就算奋发有为，也不过是念念文章，想骗几层功名、光耀门楣罢了。只是到了甲午战争，才听人说有什么日本国，把中国打败了；再到庚子之年，听说又有什么八国联军把中国打败了。带着"吾人中国何以不如外国，要被外国欺负"的问题，读了康梁变法著作，陈独秀说："始恍然于域外政教学术，粲然可观，茅塞顿开，觉昨非而今是。"与咸同或庚子年间比较，彼时鼓吹维新变法的精英对"中学为体，西学为用"的文化恪守，使之尚存相当的文化

---

① 北洋法政学会编纂《支那分割之运命驳议》，1912年12月，上海图书馆1962年重印，第24~26页。
② 夏东元编《郑观应集·修路》上册，上海人民出版社，1982，第663页。

优越感，在西方的卫生观瞻之下并没有太强烈的自卑情结；此时知识分子则多曾在外游学，或更为热情拥抱西方（日本）现代性，被视为（或在其卫生观瞻之下自视为）劣等民族的痛苦也就更为强烈。

一位曾在日本留学的知识精英写到，作为被压迫民族的一分子，体现在留学生活的一切方面。在操场上、教室内，乃至公共娱乐场中，常听到一句刺耳的骂语，Chiankoro——清国奴。"清国奴"的学业成绩，虽占第一名，仍不得担任正班长，最好也不过给个没有权限的副班长，尤其是作为被压迫民族的一分子和他们的大国民打架的时候，这种民族界限更加显明。无论留学生如何有理，结果还是被派个不是。闹到学校那里去，常听到的判词就是"清国奴"总喜捣闹打架。甚至对低级生，如果发生争执，也是"日本人是大国民，所以无论是怎样的低级生，还算是大哥，支那人是低等民族，所以不管是高级生，或班长，依然是小弟弟；小弟弟只能听从大哥的命令，不能管束大哥"。

让作者心灵更受挫的是，"留学十多年后，回到祖国，那时候在脑里所描想的祖国正是一个天堂，北京、上海等地方必定是极乐世界，同胞对人接物必很亲切而温存，尤其是对于从海外回来的同胞更加优待。然回来之后，所遇到的一切，所受到的一切，和脑中所描想的完全是两样，我的怀疑和失望从上陆的刹那即已开始。第一个映入眼帘的印象就是一个扰攘紊乱，没有秩序的社会，这不但是人群特别拥挤的码头如此，凡是公众集合的场所，几乎没有一处是例外。其次就是感受到嫉视和冷酷的人情，不管是新认识或是旧相知，不管是朋友，或是亲戚，不管是外人，或是家人，好像人与人相互之间毫无半点儿热气。据说山西大同人皆将自己庭院打扫得十分清洁而肮脏的东西则全部弃于大街上,这种大同式的社会现象,恐怕全国到处都是"。①

相对而言,"五四"这一代,或在其激进反传统风气浸润之下成长起来的以后几代知识精英,对中国普通民众的落后性有较多渲染。如在日本学医的鲁迅,见一批中国人对日军杀戮自己同胞的镜头无动于衷,故认为中国不仅有多病的身体,且有麻木的灵魂。在他笔下体现国民劣根性的众多人物,多有不洁的躯体和外观,如阿Q头上的癞痢、身上抓不完的虱子,站着喝酒的孔乙己,穿的虽然是长衫,却又脏又破,似乎十多年没有缝补,也没有洗。这些细致入微的描述无不反衬出这个社会或文明的颓败和没落。陈独秀也以讥笑嘲弄的口吻描述了传统知识精英的笨拙和愚顽。一八九七年他在南京参加科举考试,感到最难受的就是"解大手"。当时屋里没有厕所,男人又不习惯使用马桶,大门外路旁空地,便是"解大手"的处所。稍微偏僻一点的地方,差不多每个人家大门外两旁的空地上,都有一堆一堆大小"金字塔"。"不但我的大哥,就是吾人那位老夫子,本来是个道学先生,开口孔孟,闭口程朱,这位博学的老夫子不但读过几本宋儒的语录,并且还知道什么'男女有别'、'男女授受不亲'的礼教,他也是天天那样在路旁空地上解大手,有时妇女在路上走过,只好当作没看见。同寓的几个荒唐鬼,在高声朗诵那礼义廉耻、正心修身的八股文章之余暇,时到门前探望,远远发现有年轻的妇女姗姗而来,他便扯下裤子,蹲下去

---

① 宋斐如:《生活大转变期的片段回忆》,《东方杂志》第 32 卷第 1 期,1935 年,第 17 页。

解大手，好像急于献宝似的，虽然他并无大手可解。"①

从陈独秀思想的发展脉络来看，谈及"外人讥评吾族，曰：'老大病夫'、曰'不洁如豕'"，目的在于"欲图根本之救亡"，以做一个"持续的治本的爱国主义者"。② 由此再回到近来西方学者经常谈及的"移位策略"，作为在中国之外看中国，又主要是为西方读者的写作，这些研究确可不带任何感情因素，以追求一种鞭辟入里的片面深刻，为吾人研究中国现代性提供了极有意义的不同参照；但就在地中国学者的立场来看，斯地斯人斯事很难说不是自己生命的一部分，因而更希望对前人有如陶孟和那样同情式的解读，或从更多方面理解他们处境的尴尬和窘迫。毕竟，即使从学术的角度来看，这类"移位策略"固然可视为一种居高临下，或与殖民占领者的颐指气使同样傲慢；但回到当时那个历史场景，腐败、停滞、愚昧、封闭，确也让人为之愤怒和痛心，爱之愈深，责之愈切，作为前所未有的文化变革和思想解放，那个时代知识精英的相关应对当然也可视为义无反顾的反思和批判。虽说，在他们身上还可找出更多缺陷，但其改变历史、创造历史的勇气、激情和理想则让今天中国在地学者不敢怪慢。

原载《读书》2005 年第 12 期。

---

① 陈独秀：《实庵自传》，张永通、刘传学编《后期的陈独秀及其文章选编》，四川人民出版社，1980，第 150～111 页。
② 陈独秀：《我之爱国主义（1916 年 10 月 1 日）》，任建树、张统模编《陈独秀著作选》第 1 卷，上海人民出版社，1993，第 210 页。

端士习与正学风

民国初年,恐怕是中国历史上的士习与学风最为轻浮的时代之一,且不说清廷崩塌之后出现的战乱频仍和政象不宁,就以学术而论,也是士风日下,奄奄而无生气。时人以当时的出版物言之:"向者出版册籍,日新月异。虽漫无统系,徒以稗贩为能,顾别类分门,尚能各有进步;今则猥亵淫靡之书,盈目皆是。或摭拾巷里无稽琐谈,或剿袭报间断烂记载,羼以游词,饰为艳语,甚且悖伦蔑理,恣言渎乱家庭之风。积非成是,遂至淫靡之书,亦必扬言猥秽,冀得销售。以此论之,则增一新书,即多一诱惑青年陷溺社会之蟊贼,尚何有学术之足云。"①

士风的沦丧所来有自。所谓"私德不修,祸及社会",一个时代的百政俱废、风纪荡然当然是其衰朽政治所致。在清廷覆亡之后,袁世凯政府"收买议员,运动帝制,攫全国之公款,用之如泥沙,得之者无所顾惜,则狂赌狂嫖,一方面驱侥幸之心,一方面

---

① 李浩然:《新旧文学之冲突》,《新中国》第 1 卷第 1 期,1919 年,第 25 页。

且用为钻营之术。谬种流传，迄今未已"。① 这种风气波及士林，"笃旧之士，但知愁怨牢骚，不复为社会尽力；而新学者则十五之六，卷入政治涡漩，日奔走于达官武夫之侧，暇且放浪形骸，纵情歌舞……更何论疏瀹新知、启迪后进！"② 由此可见文人的无德无行与官吏的骄慢颟顸、政客的阴险奸诈、武人的专横误国之间存在着密切的共生关系。

在这功利所诱、学人争趋形势之途，或者说阉然媚世和风化沉沦之际，历史的真精神恰在于还有那么一批弘毅狷介、刚直介特之士愿与文化精神"共命而同尽"（陈寅恪先生语）。不过，倘若就明道淑人之心、拨乱反正之事而言之，蔡元培先生无疑是其中最为卓绝之士。或许因为这个时代的卑污和衰颓带给他太多的震惊和愤慨，他曾写有："往昔昏浊之世，必有一部分之清流与敝俗奋斗，如东汉之党人，南宋之道学，明季之东林。风雨如晦，鸡鸣不已。而今则众浊独清之士，亦且踽踽独行，不敢集同志以矫末俗，洵千古未有之现象也！"③

先不论蔡元培先生在这"昏浊之世"如何保持私德之淳净，历史留下太多他砥节砺行、贬斥势力的感人记载：他先后任过三年部长和大学院院长，十年大学校长和国民政府中央研究院院长，却没为自己殖半点私产。他在上海的住房还是朋友和学生们实在看不过去，凑款购赠；逝世时除了几千册图书外毫无金钱积蓄，丧葬费用乃为朋友接济和政府补助。在他传奇般的革命生涯中，最值浓墨重彩的当是其致力于在这昏浊之世端士习，正学风，挽狂澜于既倒

---

① 《北京大学之进德会》，《东方杂志》第15卷第3期，1918年，第158~160页。
② 李浩然：《新旧文学之冲突》，《新中国》第1卷第1期，1919年，第25~26页。
③ 《北京大学之进德会》，《东方杂志》第15卷第3期，1918年，第158~160页。

之际的宏大精神。

具体言之,此即是蔡先生重塑知识尊严的努力。在他看来,我国近年之所以士风日敝、民俗日偷者,其原因固甚复杂,而学术消沉实为其重要之一因。他说:"教者以沿袭塞责,而不知求新知;学者以资格为的,而不重心得。在教育界已奄奄无气如此,又安望其影响及于一般社会乎?"① 因此,士习之不端,乃是由于学风不正;学风之不正,又在于知识没有尊严。而知识没有尊严在当时主要体现在以下两个方面。

一是知识神圣的殿堂被视为竞争逐鹿的名利场,教师没有教的热情,学生没有学的兴趣。如当时的北大,学生期求的只是在学习期满后得到一张文凭。教员则又不用功,照样将第一次的讲义印出来,按期分发给学生,在讲坛上读一遍,学生觉得没有趣味,或瞌睡,或看杂书,下课时,再把讲义带回去堆在书架上,一直等到学期、常年或毕业的考试;也有教员认真的,学生就拼命地连夜阅读讲义,只要把考试对付过去,就永远不再翻一翻了。要是教员通融一点,学生就先期要求教员告知他出的题,至少要求表示一个出题目的范围。教员为避免学生的怀恨与顾全自身的体面起见,往往将题目或范围告知他们;于是他们不用功的习惯,就得到了一种保障。② 难怪当时的北大被人讥讽为探艳团也,赌窟也,捧坤角也,浮艳剧评花丛策源地也。

二是学校管理中强烈的反智倾向。教师在学校没有地位,校务

---

① 《为组织学术演讲会呈教育部文》;《学术讲演会启事》,《蔡元培全集》第3卷,浙江教育出版社,1997,第210、271页。
② 《我在北京大学的经历》,《蔡元培自述》,台北:传记文学出版社,1978,第12页。

为官僚垄断,极尽操纵倾轧之能事。从独裁者的个人秉性来看,执政袁世凯一向认为天下无难事,唯有金钱自能达到目的耳。而纵观袁氏一生,他能"处政海潮流中,事事能著先鞭者,固由于手腕敏活,其大半亦依赖黄金势力也"。① 时人记载袁世凯在清末眷遇优隆,投奔到他手下的各路英雄约有千人之多。除阮忠枢、梁士诒外,他一概不用读书人。在袁氏看来,下属只需坚决执行他的意志,不要通权达变。因此,每当有士人来投,即给月薪十金,置之闲散,并将此称谓"豢豚",以致有人来了数年还没见过他一面。一些耐不住终日无所事事,或稍有节介之气的士人,请求告辞,袁必视路程远近给予相当的资斧,并在账上记道:某日斩一豚。② 再就制度本身来说,民初教育沿袭的是清廷旧制,由长官负责。尽管民国元年颁布了大学校令,规定大学可以设置教授会,却并未明确教授会有参与学校决策和管理的权力,各大学也多无教授会。所以蔡先生写有:"我初到北京大学,就知道以前的办法,是一切学务都由校长与学监主任、庶务主任少数人办理,连学长也没有与闻的。"③

蔡元培执长北大之后,改革校务的重中之重是全力重塑知识的尊严。首先他强调,学校应以学术研究为其根本。他说:"大学者,研究高深学问者也。……入法科者,非为主做官;入商科者,非为主致富。宗旨既定,自趋正轨。"④ 蔡元培主张大学纯为研究

---

① 野史氏编辑《袁世凯轶事》,艺文编译社,1916,第 54 页。
② 野史氏编辑《袁世凯轶事续录》卷 3,艺文编译社,1917,第 18 页。
③ 蔡元培:《回任北大校长在欢迎会上演说》,《蔡元培先生全集》,商务印书馆,1977,第 779~780 页。
④ 蔡元培:《就任北京大学校长之演说》,《蔡元培选集》,中华书局,1959,第 23 页。

学问之机关，而不可视为养成资格之所，亦不可视为贩卖知识之所。与之相应学者当亦有研究学问之兴趣，尤当养成学问家之人格。在同周春岳君就大学性质的讨论中，他更明确地区分了"学"与"术"的不同。他说："鄙人以为治学者可以谓之'大学'；治术者可以为之'高等专门学校'，在大学则必择其以终身研究学问者为之师，而希望学生于研究学问之外，别无何等之目的。"所以，当时北大学制改革围绕的即是蔡先生"以学为基本，术为支干"，学应重于术的基本方针。①

其次，切实确立教授治校的原则。多年留学德国，给他留下深刻印象的是该国大学的管理体制。他说："德国在革命以前是很专制的，但是他们大学，是极端的平民主义。他的校长与各科的学长，都是每年更选一次，由教授会公举。他的校长，由四科（神学、医学、法学、哲学）教授轮值，周而复始。诸君试想：一科的教授，当然与他科的学生很少关系；至于神学科教授，尤为他科学生所讨厌的。但他们按年轮举，全校学生从没有为校长发生问题。"接任北大校长之初，蔡元培即着手组织评议会，给教授以学校代表、议决立法方面的权力；恢复学长的权限，给他们以分任行政的权力。鉴于校长与学长仍是少数，蔡元培先生又组织各门学科的教授会，由各教授与所公举的教授会主任分任教务，这也使得教师在学校实握最高之决定权。

知识活动原本是以真理的追求和把握为其终极目标，人们只有在这里才能真正领略到深藏在宇宙之中无限的和谐和完美，因而知

---

① 蔡元培：《读周春岳君〈大学改制之商榷〉》，《新青年》第4卷第5号，1918年5月，第92~97页。

识活动即为人类最高的尊严。在蔡元培看来，大学既然为研究学问的机构，知识的尊严就体现在这里遵奉的乃是其特有的价值准则和评估尺度，是非善恶的判别不能为任何学术之外的动机所左右，同时也不应在任何压力面前唯唯诺诺、屈从听命。因此，蔡元培先生在学术方面恪守"兼容并包""思想自由"的原则，坚持学术的分歧应由学术的争论来解决，因为知识有着最高的尊严！

既然坚信学术上的派别是相对的，不是绝对的，那么蔡元培强调："每一种学科的教员，即使主张不同，若都是'言之有理，持之有故'的，就让他们并存，令学生有自由选择的余地。"① 当一些稳健怀旧之士对《新青年》诸君的不满沸反盈天之时，他辩解道："对于教师，以学诣为主。在校讲授，以无背于第一种主张（"思想自由"）为界限。其在校外之言论，本校从不过问，亦不能代负责任。例如复辟主义，民国所排斥也，本校教员中，有拖长辫而持复辟论者，以其所授为英国文学，与政治无涉，则听之。筹安会之发起人，清议所指为罪人者也，本校教员中有其人，以其所授为古代文学，与政治无涉，则听之。嫖赌娶妾等事，本校进德会所戒也，教员中间有喜作侧艳之诗词，以纳妾挟妓为韵事，以赌为消遣者，苟其功课不荒，并不诱学生而与堕落，则姑听之。夫人才难得，若求全责备，则学校殆难成立。"②

对学者学术水平的判别——以学术为准，不唯名是举，尤其不挟洋人以自重，也是蔡元培一贯主张的。他初到北大，即发现几个外国教员，都是托中国驻外使馆或外国驻华使馆介绍而来的，学问

---

① 蔡元培：《我在北京大学的经历》，《蔡元培选集》，第289页。
② 周天度：《蔡元培传》，人民出版社，1984，第154页。

未必都好，而来北大既久，目睹中国教员的阑珊，也跟着阑珊起来。蔡元培先生辞退了几个，有一法国教员要控告，另一英国教员竟让英国公使朱尔典向之施压。蔡元培不为所动，以致这位公使先生愤愤地威胁道："蔡元培是不要再做校长的了。"① 对确有真才实学的，他又不拘一格聘请到北大。如陈独秀，就是他趁陈来北京为群益书局招股，亲往其下榻的旅馆延揽而来；梁漱溟则是考北大未被录取，但读到其研究印度哲学的一篇论文后，蔡元培写信给这位二十六岁的年轻人，请他来任教。

正如陈寅恪有"天其废我是耶非"的慨叹，蔡元培同样面临着"道之不行，已知之矣"的深刻窘境。中国历史早有一总被证明的规律：每当社会鲜廉寡耻之际，即为祸乱动荡到来之时，近代中国尤其如此。恰如龚自珍《尊隐》篇中的痛切告诫："灯烛无光，不闻余言，但闻鼾声。夜之漫漫，鹍旦不鸣，则山中之民，有大音声起，天地为之钟鼓，神人为之波涛矣。"② 逮至一九一九年，革命的暴风骤雨不期而至，校园风潮不断，蔡先生却仍在那里苦苦倡扬"共同尽瘁学术，使大学成为最高文化中心"，竭力反对学生参加各种政治运动。在他看来，"学生在学校里面，应以求学为最大目的，不应有何等政治的组织。其在二十岁以上，对于政治有特殊兴趣者，可以个人资格参加政治团体，不必牵涉学校"。更耐人寻味的是，在为当今史家誉为"新民主主义革命伟大开端"的一九一九年的五月四日那天，他竟站在北大门口，声嘶力竭地苦劝学生们不要上街游行。当学生一意孤行，他即决定引咎辞职。

---

① 蔡元培：《我在北京大学的经历》，《蔡元培选集》，第 290 页。
② 《龚自珍全集·尊隐》，第 88 页。

这并非由于蔡先生怯懦，也不是他已没有了参政的热情而认同于那衰朽的政治，曾为职业革命家的蔡元培先生也有过那激励亢奋的时代和出生入死的经历。与同时代那些一文不名的穷学生不同，他在旧制度中曾有一个平步青云的前程。旧例："在科场告捷，被点为翰林院庶吉士之后，循着一般封建士大夫的道路走下去，完全有可能跻身于达官显宦的先列。"在中举之后，他终为国势日危、民生益蹙所感，于一九〇二年投身推翻清廷的革命运动，且态度十分激进。他甚至一度主张："革命只有两途：一是暴动；一是暗杀。"

辛亥之后，他留学德国回来，深切体会到人格自立，政治清明，只能求之于学术。学术养成一贯，风气自然丕变，也就是孟子所说的"有七年之病，求三年之艾"，知识自有其最高的价值和尊严。在"五四"风潮平息之后，他告诫北大学生：自五月四日以来，诸君为唤醒全国国民爱国心起见，不惜牺牲神圣之学术，以从事于救国之运动；全国国民，既动于诸君之热诚而不敢自外，急起直追，各尽其分内之责任；即当局亦了然于爱国心之可以救国，而容纳国民之要求。在诸君唤醒国民之任务，至矣尽矣，无以复加矣。今若为永久唤醒，则非有以扩充其知识，高尚其志趣，纯洁其品性，必难幸致。因为在他看来："则推寻本始，仍不能不以研究学问为第一责任也。"① 无奈，他对未来寄予了太多的希望。早在到北大后同学生们的第一次谈话中，他即称："方今风俗是偷，道德沦丧；北京社会，尤为恶劣；败德毁行之事，触目皆是；非根基深固，鲜不为流俗所染。诸君肄业大学，当能束身自爱。然国家之兴

---

① 蔡元培：《告北京大学学生暨全国学生联合会书》，《蔡元培选集》，第99页。

替,视风俗之厚薄。流俗如此,前途何堪设想!故必有卓绝之士,以身作则,力矫颓俗。诸君为大学生,地位甚高,肩此重任,责无旁贷!故诸君不惟思所以感己,更必有以励人。檠德之不修,学之不讲,同乎流俗,合乎污世,己且为人轻视,更何足以感人?"[1]

尽管蔡元培先生竭力反对学生参加政治运动,但他却完全理解学生的满腔热忱,并对他们"与汝偕亡"的牺牲予以深切的同情。学生之所以牺牲其求学之时间与心力,而从事普通国民之业务,他说是"迫于爱国之心,不得已也。向使学生而外之国民,均能爱国,而尽力于救国之事业,使学生者专心求学,学成而后有以大于国,诚学生之幸也。而我国大多数之国民,方漠然于吾国之安危,若与己无关。而一部分有力者,乃日以椓丧国家为务。其能知国家主义而竭诚艰保护之者,至少数耳。求能助此少数爱国家,唤醒无意识之大多数国民,而抵制椓丧国家之行为,非学生而谁?"[2] 历史载有:"五四"当天,大批游行示威学生被拘捕,他亲向当局表示愿以一人抵罪,以保出被捕学生;而当被捕学生放出返校,他又率北大全体教职员在汉花园经红楼前面的广场上迎接。只见他"含着眼泪,强作笑容",然此时此刻他的内心有巨大痛楚,其中所蕴含着的深刻历史容量,也许只有到今天,在吾人经历了众多的苦难之后,或许多少方能有点理解。

原载《二十一世纪》1994 年第 12 期。

---

[1] 蔡元培:《就任北京大学校长之演说》,《蔡元培选集》,第 23 页。
[2] 孙德中编《国民杂志序》,《蔡元培先生遗文类钞》,台北:复兴书局,1961,第 493 页。

世间已无陈独秀

在学术思想发展史上,时代精神的嬗变兴递几乎都以一种震荡和摇摆的方式,并体现在世纪之交的起伏跌宕之中。十九世纪末与二十世纪初,中国学术思想史的切换是戊戌变法失败之后,由渐进改良转向激进革命。悲慨泣血,危亡痛觉;鼓吹解放,诋斥弊政;可以说是这一百年来最为重要的思想主题。不过,逮至二十世纪九十年代,这一转换似乎在于平息多年持续不断的喧嚣与浮躁,开始转向平静和沉思,学者们关注更多的是传统复归和文化建设,而不是昔日引以为荣的所谓陈涉、吴广式之文化破坏和文化批判。在这个意义上,以往只是在专业范围内被人了解、被人敬重的陈寅恪,也从文史的圈子推向了整个学术界,几乎成为今天中国文化中最受人尊礼的一个精神象征。

陈寅恪以中国文化为本位,在中国近代学术思想史上自有其不可动摇的地位,但作为一代史学大师和文化巨擘,存在的意义不仅在于继往,还应开来。中国传统学术向来强调:君子之道,弘传奕世,非徒以迹美而名高。而且,陈寅恪自己也有相关的认识。一九五一年,他在所著《论韩愈》一文中指出,韩愈之所以在唐代文化史上有一特殊地位，还因其特具承前启后一大运动领袖之气魄与人格，以致"身殁之后，继续其文学者不绝于世"。当然，观陈寅恪终生运命，恰如他浩叹的"天其废我是耶非"，一生屯蹇之日多，安舒之日少。尤其是在他晚年失明之后，继以膑足，终则被迫害致死。其时，门下之寥落孤寂，身边助手只有几位巾帼女性。据蒋天枢的《陈寅恪先生编年事辑》记，在他生命的最后时刻，他曾请女助手写篇论及自己研究方法的文章，最终却未能如愿，耐人寻味的是，当女助手很难过地说："陈先生，真对不起，您的东西，我实在没学到手。"大师则用很低沉的声音说："没有学到，那就好了，免得中我的毒。"其中的深切痛楚——究竟是对现实境遇的无奈，抑或意识到自己学术身后无人的绝望，实在令后人难以知晓。

　　有学者明确写到，即使今后中国学术思想界可能再出现一个在博学和天资上能与陈寅恪相埒的奇才，但由于近代中国那个新旧文化空前未有的冲突已一去不再，陈寅恪一生悲剧构成的文化意象犹如夕阳残照中历经兵燹的圆明园的断柱，就具有了一种永恒苍凉的审美价值。尤其是时下那些鲜有传统德性的人却在高倡文化道统，由此似可断言："文化巨人陈寅恪构建的文化意象也将是永远绝后的。"[①] 与今天相比，那个已逝去的时代倒可说百家争鸣、大师迭出，陈寅恪并非独一无二。具体言之，即使作为中国文化的托命之人，还有为文化衰亡而自沉于昆明湖的王国维；再从学术思想的演化来看，刚柔相摩，互为激荡，在思想另一极的还有全盘肯定西方近代文明、彻底否定中国传统文化的陈独秀。

[①] 虞云国：《世间已无陈寅恪》，〔日〕《中国研究》总第 18 期，1996 年 9 月号，第 40～49 页。

以二十世纪九十年代以后的标准言之,陈独秀在记诵名数、搜剔遗逸,即学术研究的各个具体问题方面,建树不多。一九一七年,蔡元培聘请他出任北大文科学长,出掌中国最高学府之文科,北大一些教授就以他学无专长、只写些策论式的时文而反对这一任命。后来蔡元培以其精通训诂音韵,并举出他有相关的文字学著作,终使风波渐渐平息。但那些文字学研究,如二十年代由上海亚东书局出版的《字义类例》,作为他的第一部学术专著,却是因为一九一三年二次革命被倪嗣冲追捕而蛰居上海时的杜门之作。以后的一些相关著作,包括三十年代初撰写的《中国音韵学》《连语汇编》及最终没有完稿的《小学识字课本》等,也都是在政治斗争中被排斥、被批判,至被诬陷的不得已之作。学术上的价值,可能如梁实秋所言,他只不过用科学方法将文字重新分类和以新的观点解释若干文字的意义,使内容简明扼要,易于了解。

作为思想界一时的领袖和新文化运动之主将,陈独秀却是以中西学术作为其思想的根基。陈独秀虽以极轻蔑的语气提及自己考中的"八股秀才"是用不通的文章蒙住了不通的大宗师,但自幼熟读经史,之后读《昭明文选》渐渐读出味道,其诗作思想高,气体称,胎息厚,颇有宋人气象,应当说"旧学"功底还是不错的。再至留学日本期间,他研习日文,并能用英文、法文看书;同时撰文介绍欧洲文学思潮,还与苏曼殊一起翻译英诗。据章士钊说,《神州日报》所载《论欧洲文学》等论文都是陈氏的作品。实际情况可能就是,一般意义上的学术非其心志所在,他矢志以求的是在思想层面上的扫霾拨雾,摧陷廓清。至于日常生活,更不是他的关心之所在。一九一四年,陈独秀曾在日本协助章士钊办《甲寅》杂志,足不出户,兴居无节,头面不洗,衣敝无以易。一天早上,章士钊见黑色衣衫满是星星白物，骇然曰："仲甫！是为何也？"他则徐徐自视，平然答曰："虱耳。"

一九一四年，他首次用"独秀"笔名发表的《爱国心与自觉心》一文，针对当时风行的爱国主义，提出"残民之国家，爱之何居"而遭人詈非。虽则李大钊说，读陈独秀之文，伤心不已，"有国如此，深思挚爱之士，苟一自反，更无不情智具穷"，[①] 这表明陈独秀所持的正是一种不愿与那些恶制度共立，则宁愿与之偕亡的极端心态，然而，就"五四"全盘反传统思潮来看，陈独秀的鼓吹无疑起了举足轻重的作用。处在这一激进思潮的另一端是后来陈寅恪为纪念王国维所说的："劫尽变穷，则文化精神所凝聚之人，安得不与之共命而同尽？"

陈独秀的激扬蹈厉，并非只是陈寅恪严正忠实的反衬，两人的精神或许也有同大于异的地方。一方面，纵观二十世纪初这一学术思想发展、陈独秀鼓吹新文化运动产生思想影响的时期，陈寅恪还在欧美游学。其时，袁世凯尊孔读经，实欲以帝制自为。所以，陈独秀不遗余力地批判传统中国文化，不是认为儒术孔道没有优点，而是强调其施之于现代社会，缺点正多。在他看来，中国传统社会的道德、礼教、生活、政治，其范围不越少数君主贵族之权利与名誉，于多数国民之幸福无于焉，故难与现代个人独立主义相融合。

同样，陈寅恪回国以后受聘于清华学校国学研究所之时，虽然袁世凯意义上的尊孔读经早已被中止，但统治者们几乎都在礼义廉耻的层面上露骨或隐晦地提倡和恢复中国传统文化。因此贯穿陈寅

[①] 李大钊：《厌世心与自觉心》，朱文通等整理编辑《李大钊全集》第2卷，河北教育出版社，1999，第313页。

恪终生的，是维护和开掘中国传统文化中的自由思想和独立精神。早年，他在王国维的碑铭中写道："思想若不自由，毋宁死耳。"五十年代的《论再生缘》又指出，六朝及宋代思想最为自由，故文章亦臻上乘。同时还称道端生对当时奉为金科玉律的君夫三纲，皆以摧破之。他说："此等自由及自尊即独立之思想，在当日及其后百余年间，俱足警世骇俗，自为一般人所非议。"晚年陈寅恪更是竭尽十年心血撰写《柳如是别传》，大力彰扬体现在那些婉娈倚门之少女、绸缪鼓瑟之小妇身上的"三户亡秦之志，九章哀郢之辞"。

另一方面，陈独秀认为中国社会的发展继学术觉悟、政治觉悟之后，已进入伦理觉悟的新时代。出自他伦理的觉悟为"吾人最后觉悟之最后觉悟"的认识，新文化运动强调的启蒙，实际上是刻意再造新时代社会伦理。因为在此之前，陈独秀就意识到今天之中国，人心散乱，感情智识，两无可言。中国之危，"固以迫于独夫与强敌；而所以迫于独夫与强敌者，乃民族之公德私德之堕落，有以召之耳"。① 新文化运动开创之时，他在《新青年》中提出新的时代精神应该是民主和科学，具体表述为：自主的而非奴隶的；进步的而非保守的；进取的而非退隐的；世界的而非锁国的；实利的而非虚文的；科学的而非想象的。

陈寅恪似也有此思考。他一向认为，自古世局之转移，往往起于前人一时学术趋向之细微。逮至后来，遂若警雷破柱、怒涛震海之不可御。就如前述《柳如是别传》，虽是他研究明清之际"红

---

① 陈独秀：《我之爱国主义（1916年10月1日）》，《陈独秀文集》第1卷，人民出版社，2013，第162页。

妆"的身世之著作,却借以察出当时政治(夷夏)道德(气节)之真实情况,著有深意存焉。陈寅恪终生服膺宋儒欧阳修少学韩昌黎之文,晚撰《五代史记》,作《义儿冯道传》,贬斥势力,崇尚气节,遂一医五代之浇漓,反之淳正。由是,孰不谓二人不是百虑一致,异轸同归?

中国近现代学术思想的发展向来存在着两个最为深刻的主题:一个是破坏,另一个就是建设。如梁启超所言,古今建设之伟业,莫不含有破坏之伟人,亦靡不饶有建设之精神,"实则破坏与建设,相倚而不可离,而其所需之能力,二者亦正相等"。再就两人精神指向而言,陈独秀之时,中国精神困顿委琐已久,所以他宁愿甘冒全国学究之大不韪,高张"文学革命"大旗,将胡适最早作为"文学改良"、所修也仅"八事"的通讯讨论,提高到关系文化兴废、民族生存的思想斗争。重要的是,在他看来,虽然容纳异议、自由讨论为学术发达之原则,但唯独改良中国文学,以白话为文学正宗说,是非甚明,"必不容为反对者讨论之余地,必以吾辈所主张者为绝对之是,而不容他人之匡正也"。

陈寅恪之时,新文化在某些方面已如梅光迪所言,"以推翻古人与一切固有制度为职志,诬本国无文化,旧文学为死文学。放言高论,以骇众而眩俗"。职是之故,陈寅恪坚持中国文化已不像与其识趣特契的王国维那样——理智是现代,情感却是古代;而是自我定位在"思想囿于咸丰、同治之世,议论近乎湘乡、南皮之间",并致力于中西文化的切实融合。在他看来,中国自今日以后,即使能忠实输入北美或东欧的思想,其真能思想上自成系统,有所创获者,"必须一方面吸收外来之学说,一方面不忘本来民族之地位"。①

在上述意义上,两人又可谓分途赴功,交相为用:作为思想的先驱,陈独秀以其大刀阔斧之力,冲荡和振刷了国人一切黄茅白苇之习,使思想精神顿换一新天地;作为学术的重镇,陈寅恪以其筚路蓝缕之功,转移一时之风气,而示来者以轨则。在他们两人之后,中国学术思想岂能再局促自缩,自诧升平之象,而縻天下于无实之虚文乎?

再从当时特定的历史场景而言,身处旧邦新命之际,恪守一种精神价值又远比推进一种学术研究更为艰难。如陈寅恪在《元白诗笺短稿》中所言:"道德标准社会风习纷乱变易之时,此转移升降之士大夫阶级之人,有贤不肖拙巧之分别,而其贤者拙者常感受痛苦,终于消灭而已。其不肖者巧者则多享受欢乐,往往富贵荣盛,身泰名遂。其故何也?由于善利用或不善利用此两种以上不同之标准及习俗以应付环境而已。"当然,对于陈寅恪来说,精神之弘毅,绝不随时俗而转移,确可认为"默念平生固未尝侮食自矜,曲学阿世,似可告慰友朋"。②本来,自志于立言不朽之域,持短笔,照孤灯,未尝一籍时会毫末之助,可能就是不可改变的恒常境遇。然对于陈独秀,则完全可以是另一种生活。王森然先生说,那些致力于新文化运动诸人,当时或居政治显要,或受社会崇拜;以陈独秀之学力,"苟求高名厚利,与世人争一日长短,将何往而不自得耶?"③

---

① 陈寅恪:《冯友兰〈中国哲学史〉下册审查报告》,《陈寅恪史学论文选集》,第511页。
② 陈寅恪:《赠蒋秉南序》,《寒柳堂集》,三联书店,2015,第182页。
③ 王森然:《近代二十家评传·陈独秀先生评传》,书目文献出版社,1987,第233页。

事实上，陈独秀晚年孤冷，惟同两三失意之人，相与论文以慰寂寞而已。

陈独秀的困厄与性格的过于清高有关。据说，在他最后的岁月里，生活非常窘迫，常常要进当铺。他的学生，时为国民党显要人物的罗家伦、傅斯年送来钱款，但都被拒绝。他说："你们做你们的大官，发你们的财去，我不要你们的救济。"① 更重要的还是他在自己认定的价值原则方面从不妥协。对他而言，这一价值原则是说老实话，所谓宁可让人们此时不相信我说的话，也不愿利用社会的弱点来迎合青年的心理，"使他们到了醒觉之时，怨我说谎话欺骗了他们！"

一九三二年十月，他在上海被捕，被押往南京监狱，受到国民党当局的特殊关押，国民党显要何应钦赴监狱探望，请他写字，得到的是"三军可以夺帅，匹夫不可以夺志"。在法庭上章士钊为他辩护，说其不反对国民政府，他则当场起来声明：本人的政治主张，不能以章律师之辩护为根据。出狱之后，虽然正值抗日战争国共两党合作之时，离新中国成立还有些时日，但为未来中国考虑，他一再强调无产阶级的民主不是一个空洞的名词，社会主义不应排斥资产阶级民主的某些成果。陈独秀一度也曾为时代的明星，登高一呼，从者如云，历史最终跨越了那个年代。与之相应，很自然的就是陈独秀在中国近现代学术思想史上被淡忘和被搁置。

在中国学术思想发史上，宽于责人，严于责君子，这种求全之毁，极易造成一个不黑不白、不痛不痒之混沌世界。毕竟，学术和功业，言论和行事，都可以比较衡量，并随时而兴亡，唯有其中更

---

① 王树棣等编《陈独秀评论选编》下册，河南人民出版社，1982，第198页。

为长远的文化精神，才真正不会被时间磨蚀而消亡。套用陈寅恪在王国维碑铭中的一段话：先生之著述，或有时而不章；先生之学说，或有时而可商，"惟此独立之精神，自由之思想，历千万祀，与天壤而同久，共三光而光"。由此，学术思想的发展就不是简单的线性进步。那些真正感受到一种文化衰落之时的苦痛并为之憔悴的历史人物，对后人来说，既不是被挟之以自重的文化偶像，也不是诋之以鸣高的过时英雄，而是力求在一个科学与民主意义上与其神理相接。否则，倘若"世间已无陈寅恪"，那么世间也一定不会再有陈独秀。

原载《民主与科学》1998年第2期，九三学社中央委员会。

"科学精神"与近代科学引进

对近代中国以来那些主张彻底变革的政治和文化精英来说，最让他们痛心疾首的，莫过于以经典力学、天文学和数学等构成的近代科学未发端于中国，致使近代以来一系列的落后挨打和任列强宰割。毕竟，第一次鸦片战争中，清军使用的十七世纪传自欧洲的红衣大炮、炮弹发射后，打到英舰板壁而被碰回；英方使用的新式爆炸弹则从泊在远处兵舰上发射，炸裂四出，进射数丈，炮台因此不守。再到此后同治初年胡林翼在安庆江边，见洋船逆水而上，疾如飙风，变色不语，途中呕血。洋务运动，即中国最早成规模地引进西方近代科学技术的历史进程遂被开启。

时至今日，经过高举"科学"旗帜的新文化运动及后来以科学理论为指导的近半个世纪的革命运动，形成不同于中国古代的文化传统——科学不仅是一种格致之学，而且是一种意识形态，一种信仰，一种生活动力、人生观和生命的意念。然而，眼见的事实却又有，在科学精神方面，即知识共同体对理性的强调，对真理无休止的探究，以及研究者对自身责任和使命的认定与自觉，吾人仍还有太多的缺憾和不足。对此，吾人在大学和研究机构里常听到所谓

"教者不教,学者不学"。在严肃的专业研究中,抄袭、重复、雷同、因循,屡见不鲜。尤其是有太多像投机商那样的钻营者,在原本无怨无悔的献身事业中仅谋求最直接的一己之小利。更有甚者,科学被妄借和滥用,刻意树立某些供人顶礼膜拜的权威。所以,有科学而无科学精神,徒有其名而无其实,就像梁启超先生在二十世纪二十年代所说的,有惊人的相似之处。于时,梁启超先生感愤科学精神而不立,认为在他那个时代爱说空话的人最受社会欢迎。他说:"做科学的既已不能如别种学问之可以速成,而又不为社会所尊重,谁肯埋头去学他呢?"①

奇怪的是,此时对中国文化精神已颇有好感的梁启超先生将之归结为中国传统思维,认为这是由中国传统学术的笼统、武断、虚伪、因袭、散失所致。进一步辨析,则不尽然。首先,毋庸否认中国传统文化偏重于人文伦理,在思维方法上强调直觉感悟,所谓"形而上者为之道,形而下者为之器",对自然的探索从来都被视为雕虫小技,长期以来数学、天文学只是为了举行祭祀、历法等礼仪大典而存在。就知识分子个体而言,大多数人自五六岁开蒙读书,所学不过识字、背书、习字、讲书、作对,然后进入八股考试,根本没有什么关于自然研究的基本训练,因而近代意义的科学难以有真正实质性的发展。一些士大夫甚至因孤陋寡闻而留下历史笑柄。明末杨光先对耶稣会士汤若望的活动就曾扬言:"宁可使中夏无好历法,不可使中夏有西洋人。"从科学要求的精确性来看,"传统"本身又具有复杂和多变性,难以一概而论。孔子讲损益,

---

① 《科学精神与东西文化(1922年8月20日)》,李华兴、吴嘉勋编《梁启超选集》,第793页。

主张行夏之时，乘殷之辂，服周之冕，将三代典章制度，斟酌折衷。而且，与杨氏同时代的徐光启、李之藻等人，对西学就十分热衷。徐光启对西方制炮术相当精通，曾多次上疏明廷，后虽有小人沮抑，不被见用。他所著《徐氏庖言》一书，存于钦天监局，后为清顺治帝得之，读不释手，叹曰："使明朝能尽用其书，则朕何以至此耶？"①

进而言之，今昔比较，现实社会中那些构成科学障碍的，反倒是吾人今天的发明和创造。例如，传统文化虽不重视对自然现象的研究，知识在社会上却有着崇高的地位。在特定的历史场景下，传统社会官方推崇的知识即为儒学。作为儒学的象征，孔子自汉初之后，先后经唐、宋、元等朝的追谥、改谥，至清顺治二年，孔子定谥号为"大成至圣文宣先师孔子"，顺治十四年又改为"至圣先师孔子"。清雍正二年，雍正帝将祭孔的规格再次抬高，称："朕览史册所称，多称'幸学'，近日奏章仪注，相沿未改，此臣下尊君之辞，朕心有所未安，今释奠伊迩，朕将亲诣行礼，以后奏章记注称'幸'非宜，应改为'诣'字。"② 不久（雍正四年八月），雍正帝亲行视学释奠礼，先期大内致斋，至文庙后，降舆而入。太常寺卿置仪注，献帛进酒皆不跪，雍正帝仍跪以将敬，命记档案。然后他命儒臣进讲经书，诸生环桥观听，正史记载："雍雍济济，典至盛也。"民国年间，传统文化风雨飘摇，消沉沦丧，但奉系军阀张作霖每逢孔子诞辰仍必到学校作揖行礼，说自己没有文化，将教育下一代的事拜托给各位教师。据说，蒋介石为排除异己，准备将山东军阀韩复榘处

---

① （清）张星曜：《徐光启行略》，《徐文定公逝世三百年纪念汇编》，圣教杂志社，1934，第5页。
② 《清世宗皇帝实录》第7册，中华书局，1985年影印本，第277页。

死之时，原以为这个土皇帝会克扣教育经费，由此而定其罪名。他问与韩不和的教育厅长何思源时，回答他的却是韩从来都按时发放教育经费。职是之故，所谓"知识贬值"就不能简单地归咎古人，而应反思吾人自己和近代以来形成的新的文化传统。

与之相关的另一思路是，自新文化运动之后，科学在中国的发展似乎已有了自己特定的模式。具体说来，当年陈独秀提出以"赛先生"再造中国社会伦理，科学实际上就成为一种意理的实体（ideological entity），直接导致了科学批判和方法论权威、科学客观性和绝对理性、科学法则和不容置疑的教条之间的对立。就其本意来说，科学是一种纯理性的工作，科学精神体现在研究主体尊重客观而不急功近利——这是维持其深入研究对象内部的重要动力。当科学作为意识形态，现实的实践大多只能是一种标签和口号，与无知和偏见同义。

就像法国大革命之时，著名化学家拉瓦锡就因政治态度而被处死。值得注意的是，当辩护律师吁请法官注意拉瓦锡的科学贡献时，得到的回答却是："革命不需要科学家，革命只需要正义。"这对科学造成的伤害，用一位科学史家的话说："砍掉他的脑袋只需要一刹那，可是，也许吾人要等一个世纪，才能有象他这样一个脑袋。"[①] 由此当可证明，正是近代以来科学被意识形态化，形成了愈演愈烈的泛政治化和泛道德化。对于中国的科学精神而言，摆脱现实的喧嚣和嘈杂，或可借鉴的有十七世纪后英国皇家学会的一条严格规定，即在它的会议上不允许关于政治、道德和神学问题的辩论。当然，如果要针对中国国情有所修改的话，那就是应加上在

---

① 亨利·托马斯、达纳·李·托马斯：《伟大科学家的生活传记》，陈仁炳译，江苏科技出版社，1980，第79页。

科学的殿堂里只谈义而不言利,否则,专心致志地沉思和迥想就永远只是句空话。

科学精神的形成还需要有相应的社会环境。从西方近代科学精神的形成来看,有助于构建科学的背景是多元和宽容,以及不可知的认识论。科学至此成了学者间充分的专业认同和纪律训练,在人生态度中确立了一种坚强的理性基础,并在这一基础上形塑了客观精神。具体说来,十七世纪依次展开的宗教改革、商品经济的发展和市场的开拓以及随之而来的民族国家的诞生、哲学上的怀疑主义和功利主义倾向,都使理性被赋予了至高无上的权威,专业科学研究也因此迅速跃升,在整个社会价值体系中最受尊重。"正是对科学价值的这种肯定评价,一种逐渐变得日益起促进作用的评价——引导更多的人们去从事科学研究。"[①] 再就目前中国的情况来看,与一九八〇年代相比,在社会的层面上最可能对新文化运动和革命时期形成的传统进行校正的,无疑是政府提出的"科教兴国"的施政目标。与之相应,一些以工程命名的"跨世纪人才"举措也相继出台。但在欣喜之中多少有些担心的是,倘若不对以往的思维进行认真清理,最终难道不会又演变为一种应急或应景之举?在这个意义上,吾人倒更希望科学研究只应是充分的专业认同和规范约束,以及与之相应的理性认识方法和客观精神。

原载《东方文化》2000年第4期,华南师范大学出版社。

---

① R. K. 默顿:《十七世纪英国的科学、技术与社会》,范岱年等译,四川人民出版社,1986,第38页。

"都市远去",何以"摩登犹存"?

不论是对于亲身经历者的怀旧来说,抑或着眼于后来之人的反思和铭记,一九四九年之后的共和国历史都是非常值得研究和书写的。令人遗憾的是,尽管《中国档案法》一九八七年由人大通过,一九九六年又经人大常委会修正颁发,规定档案自形成之日起满三十年就可向社会开放,但很多档案目前都不对公众开放。研究者们不辞辛苦地奔波于各地档案馆,能够看到的只是少量的不那么敏感的社会性档案资料。于是当下坊间热卖的那些书籍,但凡述及其时重大政治变故,只要看看文中所附的注释和参考文献,不难发现其中很多是在当事人事后回忆或他人追述的基础上演绎推想而成。

如果只图一时现实之投射,可矣;倘若要想成为屹立于后世的"信史",恐怕还需要取证(求证)于当时人、当事人的在场陈述——这自然包括第一手的原始档案。鉴于"一分材料出一分货"的史学纪律,当下小心谨慎的专业性学术研究,也就只能专注于"地方性""小人物"的微观史学。然而,这些边边角角、零零碎碎的记忆"碎片",如何对话于那个暴风骤雨般年代的"大事件"、"大过程"和"大结构",就是每位研究者必须面对的一个尴尬问题。

如果说学术无中西、古今，也无大小，关键在于能否恰当地揭示历史深层演化的机制，那么张济顺于二〇一五年出版的《远去的都市：1950年代的上海》一书，给了吾人颇多如何进行深入研究的启迪。是书将一九五〇年代中国的上海旋律概括为"都市迅速远去，摩登依旧在场"。[1] 以此为主轴，作者分别从"里弄"、"私营报业与出版"、"大学校园"和"电影院内外"四个向度，讲述了那个特定年代里普通上海人在"日常生活"（everyday life）中的各种生存故事。

正如研究的自觉首先在于"辨章学术，考镜源流"，这些故事的落脚虽小，着眼却甚大。原因或许在于，作为该书研究框架的"日常生活"，在二十世纪上半叶先受到胡塞尔、卢卡奇、海德格尔等人的关注；后至六七十年代再由埃利亚斯、布迪厄、福柯、吉登斯等人将之作为一个文化反省及社会批判的学术前沿。他们针对消费社会中的个人被权力高度异化，愈来愈多地丧失自我选择、自我创造和自我承担的能力，后来影响到那些希望更多关注在大动荡年代里行动者个人角色（actors）之主体感受的历史学研究及写作。

这些历史学家之所以对此概念情有独钟，是期望由此切入权力在私人空间层面上更微观、更隐秘的布控和运作。较之以往学者颇多关注的"国家/社会"，当年严复将"社会"译为"群"，指的是一个由共同利益而互相联系起来的整体。这表明此范式尚未抵达一个大结构的细微底部。"日常生活"关注的是个人性、个体性，

---

[1] 张济顺：《远去的都市：1950年代的上海》，社会科学文献出版社，2015，第17页。

聚焦于他人所无可替代的"衣、食、住、行",其重要性恰如卢卡奇在本体论意义上所强调的:"不论什么人都是从日常生活开始活动的。"社会、国家乃至人类整体的全部关系,在此基础之上方才得以建构成形。所以,作为联结宏观与微观的中介,"日常生活"可理解为人类实践活动最具生成力的场域。

由此反观二十世纪五十年代的上海,"都市远去"自然是其时国家意志的强力体现。一般说来,"都市"(urban)比"城市"(city)更为多元和复杂,差别不仅在于地理面积、人口规模,还有其特有的生活方式。尽管都可称为"都市",但十九世纪中叶至第二次世界大战前的巴黎,人口总数不如纽约,经济影响不如伦敦,工业产值不如柏林,却由于其特有的品位、时尚、格调之卓尔不凡而被公认为"都市"之最的"世界之都"。[1] 同样,二十世纪五十年代之前的上海,也是以灯红酒绿、纸醉金迷的"十里洋场"而闻名于世。

二十世纪五十年代之后,国家先是取缔、勒令停业舞厅、妓院、西装店、西餐馆、跑马场、咖啡店、古玩店等,将大批奢侈品行业的从业者界定为非生产性质的人口而动员回乡(或发配边远地区);接着投入大量资金,重工业、轻工业、纺工业并举,迅速竖立起一个个大烟囱,建设成一座座大工厂,修筑了一条条大马路。逮至二十世纪五十年代结束之时,上海人口从五百万人增至六百万(其中相当比重是产业工人),工业总产值一直居全国各城市之首。昔日被称为"远东巴黎"的上海,"都市"原有的富丽堂皇

---

[1] Creator Higonnet & Patrice L. R., *Paris: Capital of the World*, Translated by Arthur Goldhammer (Harvard University Press, 2002).

早已不再。

不同于红头文件、游行鼓吹、誓师动员和庆功表彰——这类斩钉截铁的"都市远去";"日常生活"层面上的家庭、小店、市场和里弄,为"摩登犹存"留下了太多回旋和缓冲空间。典型事例如一九五三至一九五四年的第一次普选运动,国家原本想兑现"工人阶级当家作主人"的承诺。仁德纺织厂的选举结果是,踏实肯干、安分守己的女工李小妹高票当选。她"因身体勿好,所以未曾很好参加运动",且平日从不得罪人。按照该书的说法,这位颇为普通、日常、一般的"老好人"的当选,再加上一些资方候选人的当选十分顺畅,以及有的选区的资产阶级得票数多于区级党员负责人,呈现出"主流意识形态试图建构着国家主人翁的形象,底层社会各种微观结构又推出形态各异的主人翁"。[1]

的确,就"日常生活"的运行逻辑来看,平凡的(mundane)、常规的(routine)、自然的(natural)乃至惯习的(habitual),是其中大多数人的行为方式和生存法则。就像那个火热年代一度热映的《李双双》,如果背后没有国家的支撑、力挺,在"日常生活"中谁会认可和接受这位"敢于斗争"的锋芒女性呢?

重要的是,在不那么刻板僵硬的"日常生活"环境之中,致使"摩登"不只是"犹存",且滋生蔓延而形成一时气候——这端赖于每个人与生俱在的"欲望"(desires)。按照弗洛伊德的《日常生活中的精神病学》(*The Psychopathology of Everyday Life*)之说法,这一层面上的"欲望",源自生物繁衍进化的本能("本我"),除了少数人能将之升华为"崇高"献身的"超我"

---

[1] 张济顺:《远去的都市:1950年代的上海》,第126页。

之外，大多数人只是在服从社会规范、不被群体剔除的"自我"层次上。

如果说"欲望"流动的方向总是从紧张到松弛，那么在其时"都市远去"的年代里，最能缓解物质生活相对匮乏的"摩登犹存"，就是在美国好莱坞电影被驱逐之后而低调登场的香港电影。总体说来，这些香港电影虽由受到国家支持的"左派"拍摄，但镜头则是"跳舞多、恋爱多、服装多、拥抱多、接吻多"，轻歌曼舞、风花雪月，很容易在其时的上海造成轰动。如《美人计》上映之时，门前排队六天六夜，设在文化广场的个别购票处排队竟达到三四千人。该书给出的数据对比是：一九五九至一九六二年，上海共放映香港影片二十九部，除少数戏曲片外，"几乎场场满座"。相比之下的国产电影，特别是反映"大跃进"的影片，"上座情形相形见绌"。①

虽则，"摩登犹存"作为"日常生活"中的个人审美志趣，主要是为了"放松"而没有多少政治色彩，但矢志于"都市远去"的国家为加强思想控制则试图将之政治化（politicizing）。本来，这些"左派"电影之所以被允许在内地上映，除了对海外爱国华侨的统战需要之外，目的还在于揭露资本主义的黑暗，让广大群众接受一次社会主义制度优越性的政治教育。但事与愿违，青年工人看过这些电影之后说："香港是不错的，住的洋房，吃的鱼肉，穿的西装，谁不愿过这种生活？"②

作为应对，一九六三年的一份政府文件提出：各级党团组织及

---

① 张济顺：《远去的都市：1950年代的上海》，第283页。
② 张济顺：《远去的都市：1950年代的上海》，第291页。

街道,应当"以各种方式座谈会、黑板报、影片分析等各种方式向群众进行教育,不去争看香港片和正确对待香港片"。① 毋庸赘述,这种一本正经的"正面说教",在平凡、琐碎的"日常生活"的层面上很难生效,原因或在于消费社会的"资本"是通过鼓吹"享乐"而对个人进行驯服,偏激暴戾、充满镇压肃杀之气的"专政",则只能通过煽动"仇恨"而让个人走向癫狂。正如无法在国家仪式的层面上像纳粹灭绝犹太种族,"文革"中无情地批斗"地、富、反、坏、右",是"日常生活"中实在没有那么多可以让普通民众感到不共戴天的"仇恨"。香港电影一九六三年后被全面禁映,而观看过八一电影厂拍摄的《英雄虎胆》的人最着迷的是女特务阿兰小姐,却非深入虎穴的解放军侦察英雄。"'阿兰小姐,来一个伦巴!'成为当年许多上海人茶余饭后谈论这部电影时脱口而出的一个台词。"②

大多数历史学家都会同意:每一个重大历史事件,都是累积了无数看上去微不足道、细碎的小事件。对于"日常生活"形塑历史的力量,二十世纪那些社会学以及文化批判理论的思想大师们坚信不疑、寄予厚望。在他们看来,虽然异化处心积虑地窒息"日常生活"中的"欲望",但这种胜利却是短暂和表面的。因为深含在人性之中的"欲望",每时每刻都会源源不断生成,暗流汹涌,变动无常,内含的冒险特质会将太多颠覆的可能性带入现实之中。

一个经典性的相关案例是,一九八九年十一月九日晚上,民主

---

① 张济顺:《远去的都市:1950年代的上海》,第285页。
② 张济顺:《远去的都市:1950年代的上海》,第293页。

德国政府新闻发言人不意走漏,贸然宣布即刻开放柏林墙。午夜之后,成千上万民主德国人民开着东德生产的耗油大、污染重、速度慢和噪声响的"特拉班特"(Trabant)轿车蜂拥进入联邦德国。次日早晨醒来的联邦德国人民惊讶地看到,这些欣喜若狂的民主德国民众满街抢购的资本主义最大宗的商品是香蕉。在以往民主德国"购买排队"(shopping queues)的"日常生活"中,香蕉是最紧俏的商品。一则生活笑话说香蕉在该国可以用来做指南针——傍晚放一根在柏林墙上,第二天哪边被吃过,哪边就是东方。

再到后来人们追问联邦德国著名左派政治人物、曾担任施罗德政府内政部长的奥托·舒利(Otto Schily),是什么原因促使民主德国迅速解体。舒利诡异地笑着,从公文包里掏出一根香蕉在眼前晃了晃,暗示"香蕉导致了柏林墙的坍塌"(The banana had brought down the Berlin Wall)。研究民主德国日常生活史的学者,也将这一翻天覆地的历史大事件称为"香蕉革命"(Banana Revolution)。[①]

实际上,在冷战时期的东欧诸国中,民主德国斯塔西(Stasi,国家安全部)的思想监控最有成效,再加上"铁饭碗"意义上的工作稳定,以及由于商品总是短缺,多数时间里老百姓的钱居然花不完。一般民众对昂纳克政权没有明显的不服从和反感,最终结果也是这个曾经产生过康德、席勒、歌德、费希特、马克思等为数众多的伟大诗人、伟大哲学家和伟大思想家的国度里,此时居然没有出现过一位如帕斯捷尔纳克、索尔仁尼琴、萨哈诺夫,以及哈维尔

---

① Paul Betts, "The Twilight of the Idols: East German Memory and Material Culture," *The Journal of Modern History*, Vol. 72, No. 3, September, 2000, pp. 731-765.

那样以社会文化批判为己任的著名知识分子。

由此，吾人自然没有必要做太多政治性的解读，上纲上线到一个制度的胜利和另一个制度的失败。说到底"香蕉革命"只不过是把"日常生活"中累积下来的"欲望"，通过以自由和解放的节日狂欢般的"抢购"而释放出来，并向世人宣示即使这个制度再优越，再完美，再无可挑剔，也不该建造一堵墙把自己的人民关在里面。

与之相同，虽然其时的上海"都市远去"，但正因为"摩登犹存"，更多人才能够意识到思想挣脱封闭、走向开放的重要性和必要性。在那个年代，典雅的风度、唯美的气质，乃至如何培育内心高贵的个人文化修养，仍是不可被完全扼杀的社会追求。亲身经历者大概都不会否认，正是在那些所谓的"批判电影"和"内部读物"中，人们知道了莎士比亚、弥尔顿、洛克、卢梭、伏尔泰、小仲马等人，并了解到什么是"自由"、"民主"、"正义"和"博爱"。由此也确实可以说："上海历史与上海经验并没有一九四九年这个历史转折点上戛然而止。"[1]

就历史学的发展脉络而言，二十世纪七十年代中期日常生活史的研究受到英国马克思主义史学家汤普森（E. P. Thompson）的深刻影响，首先在德国、意大利展开。[2] 不同于经典的狭隘"经济决定论"藐视工人群体的自发性反抗，汤普森对工人们的生活境遇及每一种斗争形式都充满了同情，不管它看起来是多么"混乱"、多么"涣散"、多么不合"情理"，都视之为一个被压

---

[1] 张济顺：《远去的都市：1950年代的上海》，第17页。
[2] Alf Ludtke, ed., *The History of Everyday Life: Reconstructing Historical Experiences and Ways of Life* (Princeton University Press, 1995), p.3.

迫、被剥削阶级从"自在"走向"自为"的历史性"生成"（making）。

再由此出发，汤普森还大力倡扬将社会底层从"后世的不屑一顾中解救出来"。[①] 值得注意的是，汤普森使用的"解救"（rescue）一词来自十三世纪的古法语。相对于另外一个"解救"（save），这个概念原有的"保护"（protect）、"保证平安"（keep safe）、"自由"（free）和"交付"（deliver）之意，又极大强调了历史学家对弱势、边缘群体义不容辞的道德责任和文化担当。

在汤普森看来，英国工人阶级争取自身权利的斗争没有一次成功过，可正是这些斗争为后来之人的选择提供了基本的物质环境和精神动力。他们屡战屡败，屡败屡战，虽不被看作英雄，却有着英雄般的崇高。同样的道理，面对上海的"都市远去"而"摩登犹存"，在"日常生活"中虽没有太多能够称得上"顶天立地""大义凛然"的英雄行为，却无法否认这是诸多个人行动者的自主选择，值得我们今天的衷心感谢和高度尊敬。

每个人的自由发展是一切人的自由发展的条件，无比坚韧性哺育着自由之树的茁壮成长。作为随后一系列改革开放的逻辑和历史起点，作者在该书出版之前刊发的一篇文字说得更为明确："若不是一九五〇年代的上海人保持着老上海的记忆，坚守着对生活品质和文化独特性的追求，当今上海街头的许多一九三〇年代上海文化的象征符号便很难激起人们的怀旧情绪和对老上海的认同。"[②] 在

[①] E. P. Thompson, *The Making of the English Working Class* (New York: Vintage, 1966), p. 12.
[②] 张济顺：《社会文化史的检视：1950 年代上海研究的再思考》，《华东师范大学学报》（哲学社会科学版）2012 年第 2 期。

这个意义上，吾人相信未来将会在当年奠定的传统之上，不断激活"日常生活"中内含的变革动力，在更多方面继续这种个体自主性的选择。

原载《社会科学报》2016年8月5日。

第三部分　学术制度

知识分子的责任、使命和视野

师道之不传也久矣

他没有"曲学阿世"

两岸能否撰作共同的中国近代史

超越"国族叙事"的"全球华人历史记忆"

留学大潮与百年学术振兴之梦

学术期刊处在危险之中

"音像学术"是否正在到来？

学术社群的自主与独立性

"共享权力"与"学术自治"

"罗斯事件"与大学的"言论边界"

"反共歇斯底里"与教授的"职业尊严"

"极端的年代"与学者的政治情怀

知识分子的责任、使命和视野

作为社会智慧和良心的知识分子,应对人类负有怎样的责任和使命,应具有怎样的襟怀和视野?汤因比和池田大作——这两位不同文化背景和学术专业的知识分子——提供了自己的回答,这对于在二十世纪末那些急切寻找新的文化类型的中国现代知识分子或许有所启发。

一 责任:维护人的尊严

知识分子的责任绝非仅仅是在他们选定的专业范围内发现、运用和传播真理,他们不是一种简单的学术存在。贝尔纳在《科学的社会功能》中写道,两次世界大战中科学和科学家们的灾难和痛苦已告诉人们,"把科学看作是一种纯粹的、超脱世俗的东西的传统观念,看起来在最好的情况下也只不过是一种逃避现实的幻想,而在最糟糕的情况下则是一种可耻的伪善"。[①] 知识分子是社

[①] J. D. 贝尔纳:《科学的社会功能》,陈体芳译,商务印书馆,1982,第28页。

会的智慧和良心,他们更负有不可推卸的社会责任。正因为如此,布鲁诺、伽利略、哥白尼、马克思、爱因斯坦等为社会进步和人类幸福的努力奋争在历史上留下了不朽的功绩。然而,知识分子的社会责任究竟意味着什么?

就知识分子整体而言,他们接受的特殊教育和工作性质使之能够较其他社会力量更敏锐、更准确地把握住现实尚在酝酿且体现未来发展趋势的若干潮流。他们的责任犹如古希腊哲学家泰利士所启示的:"去找出一件唯一智慧的东西吧,去选择一件唯一美好的东西吧。"这件唯一智慧美好的东西,在汤因比和池田大作看来,就是维护人的尊严、生命的尊严。"生命是尊严的,比它再高贵的价值是没有的。宗教也好,社会也好,若要设置比它更高的价值,最终会招致对人性的压迫。"[①] 以此作为思考的出发点,他们探讨了科学技术、国际政治、宗教价值、生命意义等一系列问题。

知识分子为什么应对维护人的尊严负有更多的责任?因为现代科学胜利大进军正日益改变着世界的面貌,造福于人类。诸如原子武器的不断增多,宇宙空间竞争的日益加剧,人体器官的移植,生态环境的破坏又加深了对人类尊严的威胁。与此相应的是现代社会注重实利和注重物质享受,科学正沦为政治和经济的工具。在科学思维和科学研究中,人成为物质,成为客观,同时也成为符号。汤因比和池田大作焦虑万分。因为知识在伦理上是中性的,作为一种力量有可能为邪恶所掌握,用以毁灭人类的尊严;发现知识、掌握

[①] 池田大作、阿·汤因比:《展望21世纪——汤因比与池田大作对话录》,荀春生等译,国际文化出版公司,1985,第428页。

知识、运用知识的知识分子就有着更严肃的道义责任。爱因斯坦曾对加利福尼亚理工学院的学生说过类似的话："如果你们想使你们一生的工作有益于人类,那么,你们只懂得应用科学本身是不够的。关心人的本身,应当始终成为一切技术上奋斗的主要目标;关心怎样组织人的劳动和产品分配这样一些尚未解决的重大问题,用以保证我们科学思想的成果会造福于人类,而不致成为祸害。在你们埋头图表和方程时,千万不要忘记这一点。"①

固然,在观念形态上中国知识分子的社会责任感与世界上任何一个民族的知识分子相比都不逊色。"天下有道,丘不与易也。""欲平治天下,舍我其谁也。""为天地立心,为生民立命,为往圣继绝学,为万世开太平。""天生豪杰,必有所任。……今日者,拯斯人于涂炭,为万世开太平,此吾辈之任也。仁以为己任,死而后已。"这种在漫长的封建社会里用血和泪凝成的中国知识分子的浩然之气,虽至今仍然惊天地、泣鬼神,反映在历史过程中,他们的社会责任却是那么的沉重——不胜枚举反传统最终回归传统,反专制者最终走向或皈依专制——犹如走不出的万世轮回。谁又能否认中国读书人传统的社会责任感不是专制传统长期延续最有效的稳定器,或者说是近代中国难以挣脱的历史羁绊之一?

或许,讲中庸,重恬静,信权威,尊经典,不惜以专制和愚昧为代价,也要回到根本不可能的"大道之行,天下为公"的梦幻世界,导致了中国知识分子在有些情况下会觉得目的高于一切,手段可以微不足道。谎言和盲从,如黄宗羲所指出的"三代以下,天下之是非一出于朝廷。

---

① 爱因斯坦:《要使科学造福于人类,而不成为祸害:对加利福尼亚理工学院学生的演讲》,《爱因斯坦文集》第3卷,许良英等编译,商务印书馆,1979,第73页。

天子荣之,则群趋以为是;天子辱之,则群擿以为非"。① 残杀和掳夺,如韩愈所鼓吹的:"民不出粟、米、麻丝、作器皿、通货财、以事其上,则诛。"(《原道》)在那些美妙的概念背后隐含着对人的尊严的蔑视和抹杀。这就不难理解从孔夫子、朱熹到曾国藩为君君、臣臣、父父、子子的等级秩序呕心沥血;锐意维新的康有为坚持君主制;立志共和的孙中山设定带有几分专制色彩的训政;然而,可悲的这一切不都是基于他们的社会责任感吗?

二 使命:开拓精神领域

怎样才能使生命具有真正事实上的尊严?汤因比和池田大作认为:"还需个人的努力,应该自己的尊严要自己负责。"② 为了使每个人都意识到自己的尊严,知识分子就必须不断地开拓人的精神领域,实现新的精神革命。

这是否意味着一头扎进政治活动中去?他们的学术使命与现实的历史运动究竟有什么关系?汤因比和池田大作的回答是:知识分子虽可以不是激昂的社会评论家,也可以不是热心的社会改革家,却不能只埋头于自己的专业领域而不关心那些普遍永恒的问题。二人认为:"他们如忽视这些普遍永恒的问题,这就暴露出这个人的愚蠢,忽视这些问题的理由如果是出于不关心或无知,那就说明这个人的精神还没有启蒙,因之他也就不能去启迪别人

---

① 黄宗羲:《明夷待访录·学校》,《黄宗羲全集》第 1 册,浙江古籍出版社,1985,第 10 页。
② 池田大作、阿·汤因比:《展望 21 世纪——汤因比与池田大作对话录》,第 431 页。

的心灵。"① 这些根本性的问题则是力图在更抽象、更概括,也是在更准确的高度思考人生的本原、生命的意义。尽管它不如直接的政治活动那么显露,却有效地揭示了历史的基本走向。苏格拉底、柏拉图、卢梭、歌德、马克思、列宁、陀思妥耶夫斯基等不正是以自己的思想和著作改变了人类史吗?"他们一面关心着自己生活的时代现状,一面批判当时的时代,并提出了超越时代的理念。"②

　　作为一个公民,知识分子又必须履行自己的义务。苏格拉底因投了反对票得罪了雅典人受到了审判,他宁可选择死也不违反自己的信仰和真理。汤因比说:"苏格拉底既不刻意参与政治,也不回避,我想他的这种实践表明了知识分子与艺术家应取的正确态度。"③ 正如倘若谁能像预报天气一样,不带任何感情色彩地报道纳粹对犹太人的大屠杀,他也就不可能正确地记载这一屠杀问题,就等于无视道义而默认了对犹太人的屠杀。既然知识分子无法游离于他的时代,他就不能仅仅停留在对他的时代抱怨和指责上,而应当在哲学和伦理学的层次上思考他那个时代所提出的,包括他专业领域的一系列问题,弄清"为什么"和回答"应该如何"。只有这样,他才能以理性和审慎去批判,去建树。他期望的绝不是一个白茫茫的大地真干净,而是比今天更合理的明天。正如汤因比在他的巨著《历史研究》中所说:"没有好奇心的鼓舞,任何人不能成为历史学家;但这还不够,因为好奇心如

---

① 池田大作、阿·汤因比:《展望21世纪——汤因比与池田大作对话录》,第84页。
② 池田大作、阿·汤因比:《展望21世纪——汤因比与池田大作对话录》,第84页。
③ 池田大作、阿·汤因比:《展望21世纪——汤因比与池田大作对话录》,第86页。

果没有目标,结果也只能成为一个盲目追求知识的博学者而已。每一个大历史学家的好奇心,总是要追求解答对于他那个时代具有实际意义的某种问题。"①

由此吾人观照中国传统知识分子,绝非否定王安石、李贽、龚自珍,甚至洪秀全等人为寻找引导中国社会走出迷途的精神之光的种种努力。中国封建时代的知识分子大多执着于"天下有道则见,无道则隐"。学术成为他们安心立命的净土,很多人可以为古人经典耗费毕生的精力,却不敢为解决现实问题冒半点儿风险,以致近代思想启蒙不得不在知识分子对自身的批判中拉开帷幕。魏源将中国学术史上硕果累累的乾嘉时期称为:"锢天下聪明智慧,使尽出于无用之途。"② 康有为也曾问道:"以考据家著书满家,如戴东原,究复何用?"③ 革命军中马前卒邹容更是咄咄逼人:"中国士子者,实奄奄之无生气之人也。何也?民之愚,不学而已,士之愚,则学非所学而益愚。"④ 鲁迅更是一针见血地指出:中国文人向来没有敢于面对惨淡人生的勇气。中国传统知识分子在精神领域的萎缩,显而易见的后果是中国社会丧失了正常思维的大脑——停滞就是必然的了。

三 视野:普遍的爱

具备了对人类普遍的爱,才能够站在精神之巅洞察与人类命运

---

① 汤因比:《历史研究》下册,上海人民出版社,1997,第426页。
② 魏源:《魏源集·武进李申耆先生传》上册,中华书局,1983,第359页。
③ 康有为:《我史〈康有为自编年谱〉》"光绪四年戊寅,二十一岁"条下,刘梦溪主编《中国现代学术经典·康有为卷》,河北教育出版社,1996,第820页。
④ 邹容:《革命军》,中华书局,1971,第8页。

相关的种种矛盾、冲突和激变,才可能为人的命运激动不安、殚精竭虑。这种博大的视野在于"爱自己不熟悉的他人,把普遍的爱落实到行动上,并满足这种伦理上的困难的要求,那才是现代的绝对要求"。[①] 中国传统思想虽倡扬"爱",但汤因比认为,这种爱,尤其是在儒家那里,犹如一同心圆,以自己为圆心,随着向外扩展,爱则逐步递减。因此儒家的"爱"并不给予异族和不同意见者。人们也许不会轻易忘记二十世纪的最初几年中,那场以孙中山为首的革命党人与以康梁为首的立宪派大论战,事实上双方在价值目标上,在民主、人民主权、工业化、社会主义等实质问题上并无分歧,不同点仅在于实施这些价值目标的方法和步骤。这本来可作为彼此克服自身局限、深化认识的参照,双方却都把对方看作不共戴天的殊死之敌。在论战中谁都不想看到对方主张中的积极部分,在评论对方思想时又常常有意加以简单化和歪曲。混战一场的结果是,无论是立宪派还是革命派,在武昌起义之后都对那些诸如共和政体、法律制度、农民土地、对外关系等紧迫而具体的问题束手无策,以至于袁世凯轻而易举地窃取了共和国的大权。

原载《思想家》1989年第1期,华东化工学院出版社。

[①] 池田大作、阿·汤因比:《展望21世纪——汤因比与池田大作对话录》,第426页。

师道之不传也久矣

如果校园确有一道风景线的话,那么将一九九〇年代与八〇年代相比,一个重要的变化是很多研究生将自己的导师称为"老板",一九八〇年代对导师的称呼一般为"先生"。从时代背景来看,这一商业性的称呼在校园叫响,很可能受到一九九〇年代初那个"全民皆商"大潮的影响。其时,各大学不都争先恐后地"破墙开店"吗?最初"老板"作为最被推崇和最值得炫耀的称呼,研究生们用来称呼自己的导师,或许还带有几分尊敬。问题在于,这种情况今天早已不在,但"老板"的称呼仍不绝于耳,原因不在于社会,而在于导师自身的角色出现了转换。毕竟,早已让人熟视无睹的是,今天学术界太多的课题和学术著作虽由导师署名,实际完成者却是研究生。于是乎,"老板"取代"先生"就不只是学生们的调侃戏谑,而在于宣示或命名师生关系中雇佣/被雇佣、购买/出售的性质。

一九二〇至一九三〇年代的教授虽也被学生们称为"老板",但那只是就在社会上有声望、有地位的少数几个大牌教授而言,如胡适、顾颉刚、傅斯年等人。王钟翰先生回忆,一九七〇年代初他被借调到中华书局参加整理标点《清史稿》，顾颉刚为"二十四史"总编，一次到书局看望大家，有人将其介绍给顾先生，顾先生则说："不用介绍，吾人是老伙计了！"意指王先生在三〇年代燕京大学就读时，上过顾先生开的春秋史和战国史两门课，有师生之谊。① 实际上，这里的"老伙计"一词，表明其时师生关系中虽然也有学生为先生搜集资料、做教辅工作，性质却如传统社会中的东伙——东家出资，伙计出力，一起做事，利益均沾。当年，罗尔纲从上海中国公学毕业后投到胡适门下，最初帮助抄录《铁花先生遗集》，吃住在胡适家里，受其教诲自不待言，最让罗氏感激涕零的是，胡适为维护一个青年人的自尊，每有客人来访时总要介绍他，并夸奖一两句，有时家中举行特别的宴会，则预先通知堂弟请他做客，让他在外高高兴兴地玩一天。② 这在今天早已如隔世之谈，此"老板"非彼"老板"，两者之间没有直接的传承关系。

不过，这一变化大概与现代性的发展相一致。欧洲中世纪末期建立起来的近代大学，从一开始就和同样进行知识活动的修道院有所不同，它不依靠信徒捐赠或地产来维持，而是按照市场经济的购买和出售原则运作，师生关系自然也不例外。就是到了亚当·斯密的那个年代，即十八世纪资本主义发展的初级阶段，大学教授的收入同听课学生人数的多少直接挂钩。据说，最使教授们烦心的是，太多学生以假币或分量不足的货币交付学费，致使每年蒙受巨大损失。为减少损失，就连伟大的化学家布莱克在爱丁堡大学讲授化学时，也不得不在讲台上置放一台天平，收到学费后逐一细称货币的

---

① 王钟翰：《我和〈清史稿〉与〈清史列传〉》，《学林春秋》初编下册，朝华出版社，1999，第502页。
② 罗尔纲：《师门五年记》，三联书店，1998，第18页。

分量。他一边称还一边解释:"对于新来的学生,我都要称他们交的钱币,因为拿分量不足的钱币来听讲学生很多,要是不这样对付他们,他们每年会骗走我很多的钱。"① 当然,今天发达国家的大学导师们已不像亚当·斯密那个年代对学费锱铢必较,但普遍实行课题制,研究生在实验室里做导师的课题,或在图书馆里为导师找资料,成果由导师署名,研究生获得助学金、奖学金和学位。这又更像现代企业,尤其是高科技企业中的老板和雇工,关系简单到双方都可以直接将对方当作达到自己目的的工具,而无须再通过交付假币或不足分量货币的欺骗手段,以及在讲台上置放一台天平,费心劳神。从这一点来看,"老板"取代"先生"体现的是市场经济重组一切人际关系的必然逻辑。

按照马克思的说法,当一切成为交换价值之后,历史上那些曾受人尊崇和令人敬畏的职业也必将失去昔日的灵光,导师自然也应包括在内。从中国传统的角度视之,这更意味着"师道之不传也久矣"。毕竟,历史上的中国,师生关系由"师道"定位和表述,意义在于,从师的方面来说,循循善诱,诲人不倦;从生的方面来说,不耻下问,笃志向学。先秦之时,汤师小臣,文王、武王师吕望、周公旦,孔子询官于郯子、访乐于苌弘、学琴于师襄、问礼于老聃,后退修《诗》《书》《礼》《乐》,弟子弥众,至自远方。这些在中国文化精神中都被作为尊师好学的典范,垂教后世。两汉之学最重"师道",若"斯文有传,学者有师"一定会被时誉推崇,师生关系也被赋予"守学而不失师法"的新意。宣帝时,以说《诗》时誉煊赫的匡衡,岁课策试不应令而被任命为掌故。后

---

① 约翰·雷:《亚当·斯密传》,胡企林等译,商务印书馆,1983,第20~22页。

来他从京师调补平原（今山东平原县西南）教官，京师的学者以为其离去将使学术蒙失损失，纷纷上书朝廷请求收回成命，理由是"衡经学精习，说有师道，可观览"。① 到了韩愈之时，虽然人益不事师，他却敢冒天下之大不韪，毅然撰写《师说》一文，强调"吾师道也"，将师生关系定位在文化精神的传承和发扬光大上。

　　韩愈的影响无疑是深远的。陈寅恪先生在《论韩愈》一文中将之与同时代的白居易、元稹进行比较，认为在当时白、元二人的著作传播之广胜过韩愈，韩愈之官阶低于元，寿短于白，然身殁之后，继续其文学者不绝于世，而元、白之风虽或尚流传，不至断绝，但与韩愈相较，不可同日而语。原因在于韩愈"平生奖掖后进，开启来学，为其他诸古文运动家所不为，或偶为之而不甚专意者，故'韩门'遂因此而建立，韩学亦更缘此而流传也"。② 不过，话又说回来，韩愈之所以能够如此，可能还在于他更相信学问之道非"授之书而习其句读者"。至于"学问"一词，一位曾试图理解钱穆内心世界的美国学者认为，在英文中没有相对的词。③ 实际上，在现代汉语中也没有确切的对应词。如果按照章学诚的说法，学问乃"上阐古人精微，下启后人津逮，其中隐微可独喻，而难为他人言者"，④ 那么它一定不会是今天课堂上的知识讲授，也绝不可能被化解为教学态度、教学方法、教学手段等诸多参数，打分

---

① 班固：《汉书》卷81《匡衡传》第3册，中华书局，1999，第2483页。
② 陈寅恪：《论韩愈》，《金明馆丛稿初编》，上海古籍出版社，1980，第296页。
③ 邓尔麟：《钱穆与七房桥世界》，蓝桦译，社会科学文献出版社，1989，第29页。
④ 章学诚：《又与正甫论文》，《文史通义新编》，上海古籍出版社，1993，第678页。

评比，上报专门机关，供评等评奖之用；它的基本意义在于师生间质疑问难中的思想和精神交流——用罗尔纲先生的话说，淳厚的犹如煦煦春阳。

值得一提的是，历史上中国的"师道"极注重"师道尊严"。宋儒胡瑗讲学之时，盛暑必公服堂上，严师弟子之礼，徐积初见，头的姿势没有挺直，先生厉声喝之曰："头容直！"积猛然自省。元延祐初年，许谦居东阳八华山（今浙江金华境内）讲授理学，远而幽、冀、齐、鲁，近而荆、扬、吴、越，学者翕然从之。史载，其教人也，至诚谆悉，内外殚尽，然独不以科举之术授人，他的解释是："此义、利之由分也。"正因为如此，谦虽不出闬者四十年，然"四方之士，以不及门为耻，缙绅先生之过其乡邦者，必即其家存问焉"。① 所以，"师严"更在于"道尊"。按照今天的理解，就是师生间除学术之外不应再附加任何关系，尤其是现实的利益关系。清乾嘉时的大考据学家钱大昕，中年后专心著述讲学，先后担任南京钟山书院、松江娄东书院、苏州紫阳书院院长，门下弟子两千余人。一天，某友人专程造访，希望作为学生而得到钱大昕的举荐，他的回复是："今之最无谓者，其投拜之师乎？外雅而内俗，名公而实私。师之所求于弟子者，利也；传道解惑，无有也。束修之问，朝至而夕忘之矣。弟子之所借于师者，势也；质疑问难，无有也，今日得志而明日背其师矣。"②

当然，传统文化精神中的"师道"有很多局限。范晔论及东汉学术时说得很清楚，一些学者就因为谨守师说而不求贯通，热衷

---

① 宋濂等：《元史》卷189《儒学一》第3册，中华书局，2000，第2887页。
② 钱大昕：《与友人论师书》，《潜研堂文集》卷33，陈文和主编《嘉定钱大昕全集》第9册，江苏古籍出版社，1997，第565页。

于以北门户、派别之争，致使"学徒劳而少功，后生疑而莫正"。①实际上，更严重的还有"师道"对异端思想的排斥，甚至像陈寅恪这样终生坚持学术自由的也不能免。据陆键东的《陈寅恪的最后二十年》中记载，一九五三年陈寅恪先生曾怒火正盛地对专程来穗劝其北返的汪篯说："你不是我的学生！"起因之一是汪篯在新中国成立后加入政治党派，并用当时通行的意识形态研究史学。从特定的历史语境来看，这固然反映陈寅恪作为一代国学大师贬斥势力、推崇气节的高情远致；但这种语气和意愿与当时的现实恐怕又无太多实质性的区别。不管怎么样，一种文化价值的崩圮，人性中一些美好的东西也将随之泯灭。《后汉书·儒林传》记载东汉经师欧阳歙因贪污受贿之罪下狱，诸生守阙为之求哀者千余人，至有自髡剔者（髡，剃去头发的刑罚）。其中还有年仅十七岁的平原礼震，闻狱当断，驰之京师，行到河内获嘉县（在今河南黄河以北、京汉铁路以西），"自系，上书求代歙死"。② 话说回来，这样的事例在中国历史上虽不胜枚举，但在"文革"中却只有陈寅恪的学生刘节一人。蒋天枢记载，当刘节代替老师被押到批斗大会上时，有人问其有何感想，答曰："我能代表老师挨批斗，感到很光荣。"③

中国文化精神的韧性举世周知。虽则"师道之不传也久矣"，但在历史中却不断被重新振起，薪尽火传，直到一九二〇至三〇年代仍绵绵无绝，甚至到了一九八〇年代或依稀可辨其流风余韵。至

---

① 范晔撰,李贤等注《后汉书》卷35《郑玄传》第2册，中华书局，2012，第959页。
② 《后汉书》卷79上《儒林传》第3册，第2052页。
③ 蒋天枢：《陈寅恪先生编年事辑》，上海古籍出版社，1981，第168页。

于一九九〇年代"老板"的称呼以及与之相应的师生关系，未必一定是传统"师道"的终结。况且，真正名副其实的"老板"只是那些手中掌握学术资源最多、学问做得最少的均衡者，对于大多一介书生的普通教师来说，"老板"的称呼有其名而无其实。作为一个例证，前时阅读某期刊的一篇论文，页下注中有对某老师提供的资料及某指导教师对文稿的指正和最后文字审订的感谢，而文章又是作者单独署名。[1] 这不禁使人感到学术在某些地方、某些学者那里仍是一项奕叶灯传、蝉联瓶泻的事业。

《读书》2000 年第 7 期。

---

[1] 杨兴梅：《南京政府禁止妇女缠足的努力及其成效》，《历史研究》1998 年第 3 期。

他没有"曲学阿世"

王国维说过：文学可爱，哲学可敬，史学可信。相对于同是人文学科的文学、哲学，史学犹如投入大、见效慢的重工业，必须经过长时间的资料搜集，充分阅读前人研究文献，方能做到"文章不落一字空"。作为一个不以岁月为功，而以终生为期的职业，历史上不乏青年时暴得大名的文学家、哲学家，却很难见到一位年轻时就已声名斐然的历史学家。台湾中研院院士、著名唐史学家严耕望就此告诫后来之人，说要想取得较大成就，史学家总得在五十岁以后，至少近五十岁，最好能活到七八十岁。他以陈寅恪大志不遂为例，说其"最基本的原因是身体健康太差"。[①]

因为疾病不仅向来凶狠，随时可能击倒一个强者，且十分阴险，总是埋伏在暗处，突如其来地向人发起猛烈攻击。不治之症带来的死亡，绝不会对那些年富力强、正处于事业巅峰状态的史学家稍赐恩典、网开一面。以美国史研究而享誉史学界的任东来，五十二岁刚过，被病痛不幸夺去生命。套用德国诗人席勒（Johann

---

① 严耕望：《治史三书》，辽宁教育出版社，1998，第104~105页。

Christoph Friedrich von Schiller, 1759 – 1805) 的话说，如果连美都必得死亡，那么智者更无法规避。东来英年早逝，令人唏嘘不已的正是生命残酷和冷峻的一面。

我认识东来是在一九八五年冬的哈尔滨。那是由教育部批准、北京大学和哈尔滨军工大学牵头举办的第一次也是最后一次全国各高校研究生会关于高等教育改革的讨论会。当时研究生数量不像今天这样成千上万，全国总数大概不会超过两千人，自我感觉大多甚好。在这次会议上，来自北京、上海、长春、广州、南京等重点高校的一批人，连续几天废寝忘食、通宵达旦地就中国未来高等教育的改革方向展开了激烈讨论和争辩，最终决议由中山大学哲学系研究生翟振明执笔写成了题为《教育改革应推进人的全面发展》（凭记忆，不一定是原题）的宣言。也许因振明本科毕业于北京钢铁学院，理工科出身，整篇文章全是重金属般的语言。开篇第一句"吾人不愿仅充当知识的存储器，而要做新时代的掘进机"，颇有舍我其谁的豪迈气概。

此时东来作为中国社会科学院研究生会代表，虽是宣言的签署人之一，却没有积极参与文稿讨论。这大概在于他是一九六一年生人，十七岁直接从高中上了大学，当时才二十四岁。相对而言，吾人这些热烈参加者，大多出生于一九五〇年代中后期，上大学之前有很长一段在农村、工厂或兵营风吹雨淋、摸爬滚打的经历。这里不敢说别人，我当时之所以那么热衷，除了启蒙理念的服膺之外，很难说潜意识里没有一种对声名的渴望，以及对一些莫可名状的权力压迫进行报复的念头。面对吾人这些颇多用世之心的老知青，东来看上去只是一个心地单纯、阳光灿烂的大男孩。

从史学追求"可信"的角度来看，这倒是东来作为一位史学家难能可贵的潜质。因为只有不太理会时下闹哄哄的各种论争，甚至包括那些最美丽动听的说辞和口号，研究者才可能像进入实验室那样，不带任何个人主观偏爱，全神贯注地观察研究对象。十九世纪中叶被誉为"科学史学"之父（The Father of Scientific History）的德意志历史学家兰克（Leopolde Von Ranke, 1795－1886）在《拉丁与日耳曼民族史》一书前言中有一句在世界范围内至今仍被引用的名言：历史学家的目的只不过是要说明事情的真实情况而已。作为一个具体事例，一八三四年至一八四〇年陆续出版三卷本的《美国史》，其作者也是美国史学开山之人乔治·班克罗夫特（George Bancroft, 1800－1891）。一八六七年，他被约翰逊总统任命为美国驻柏林公使，抵达柏林之后，他拜访兰克。兰克对他说："你知道我在上课时怎样对学生谈到你吗？我对他们说你写的历史是从民主观点写成的最好著作。"据说，班克罗夫特听了这句内藏批评的表面恭维稍稍吃了一惊，马上辩解道：如果他的书中真有民主思想，那主要是由于题材，即美国历史所具有的客观实在，而非著作者的主观臆造。

问题在于，东来的专业是美国史及当代美国研究，与美国在中国的形象关系密切，想做些客观研究并不容易。因为早在一九二〇年代初从俄国传入中国的马克思列宁主义，不仅视帝国主义为资本主义的最高阶段，且与当时中国日益高涨的民族主义情绪紧密结合，有力地形塑了左翼思想对美国的认识。最具有代表性的事例是一九二二年结束的华盛顿会议，在美国的推动下，列强达成了"尊重中国之主权与独立及领土与行政之完整"这类"门户开放""机会均等"协议。中国知识阶层中的领袖人物，尤其是那些开始在中国政治、经济和文化中扮演领袖角色的留美学生，如胡适等人，应声而起，提出了"与美国友善"的口号，遭到左翼宣传家们的迎头痛斥。

一九六〇年由美国国家档案馆出版的美国外交档案缩微胶片的第一百二十三卷有一封美国驻上海总领事于一九二五年一月九日致美国国务卿的机密信函，报告了当时中国风起云涌的"非基督教运动"（The Anti-Christian Movement），引述了蔡和森对美国在中国推行"门户开放"的评论。蔡和森说，美国"这样鬼巧的政策，一面不费一兵一矢得插足于宰制中国均势，别面又滥便宜博得中国人民的好感。从此更专用文化侵略的政策，退回赔款增加留美学生，广派教士，在中国内部遍设青年会与教会学校，造成几十百万的亲美派。换过说，无异造成几十百万的内应队，然后再临以可怕的经济侵略——即新银行团，以全世界债主资格（美国现在为全世界债主）号召华盛顿会议，一跃而为领袖列强宰制中国之主人"。[①]

再至一九四六年之后的中国内战和朝鲜战争，中美关系不断恶化，在接下来的知识分子思想改造运动中，很多被认为是"亲美"的知识分子受到无情批判和严厉整肃。美国史研究自然成了意识形态意义上的"美帝国主义侵华史"。不过，政治批判无法替代冷静的学术研究，一个伟大的民族需要通过"睁眼看世界"，去开拓新知、启迪心灵。这也使得近代中国还有另外一个对外开放的思想发展脉络，那是在一八四〇年代，即第一次中英鸦片战争之后，魏源编纂了国人第一部讲述外国史地的《海国图志》。他不仅指出了洋

---

① Records of The Department of State Relation to Internal Affairs of China, 1910 – 29, Roll 123, 893.40, Social Matters; 983.401.

人的"船坚炮利",还胪陈其政治制度和文化发展有很多高明之处,以推动中土"风气日开,智慧日出,方见东海之民,犹西海之民"。

学术化的说法是在一九三〇年代,针对国立大学很少开设外国历史的课程,时任清华大学历史系主任的蒋廷黻,以外国史与中国史并重。他声称闭关自守的时期早已过去了,"研究日本和西洋各国历史不过等于认为我们的邻舍而已,我们初见人必问他的履历,一国的履历就是他的历史。处今日之世界,这一点交邻的本分我们是不能不尽的,何况这些邻舍的物质和精神文明常在输入之列呢?这些外货的取舍,最好的凭断就是历史的"。① 甚至到了新中国成立之后,作为马克思主义史学一代领军人物的翦伯赞,步魏源、蒋廷黻之后,一九六三年前后也针对国内对外国史的研究水平不高的现状,在其担任主任的北京大学历史系率先成立世界史专业,招揽了一批从东欧各国回来留学生。不过,按照一九八二年十一月周一良在其学术纪念会上,以"纪念翦伯赞同志"为题做的开幕词中所说的:"不幸由于历次运动的冲击,他的主张没能实现。"②

一九七八年改革开放之后,美国史研究受到了高度重视,很快成为中国研究外国历史中人数最多的显学。作为第一位美国史博士学位获得者,东来于一九八九年有了正式教职,一九九〇年代开始出版学术论述。与他的老师那一代人相比,东来至少有两点不同。

首先,他的老师那一代人,基本上是一九七八年改革开放之

---

① 《历史学系概况》,《清华招生向导特刊》第41卷第13~14期,1934年,第22页。
② 周一良:《纪念翦伯赞同志》,《翦伯赞纪念文集》,人民教育出版社,1997,第13~14页。

后，在思想解放的旗帜之下，开始了美国史的研究。对那一代人来说，由于他们长期受马克思主义理论的熏陶，研究的目的在于拨乱反正，即"运用马克思主义的立场、观点、方法，鉴别、分析、判断、阐明美国历史中的许多重要史实和问题"。[①] 对于东来来说，最大的兴趣在于实证研究，通过收集和解读第一手档案，用资料说话，文章中很少有对马克思主义理论的引经据典。

其次，他的老师那一代人，生长在积贫、积弱的旧中国，大学期间有些就是进步左翼学生。再至一九四〇年代前后赴美留学，他（她）们目睹或经历了一些白人至上主义者明目张胆的种族歧视，有较强的爱国主义情结，研究中不乏对美国的批评。东来成长在中国日益成为一个地区性、世界性大国的时代。一九九〇年代他供职的单位又是中国当下最重要的中美合办的文化教育机构，双方的教授和学生在一个课堂里同声相应，同气相求，其乐也融融。再加上他多次荣获美国学术基金会，如富布赖特基金会资助，前往欧美等国进行访问或合作研究。尽管这些地方还有点种族歧视，但已不明显。这都让东来具有较多世界主义（cosmopolitism）情怀，更愿意从推进中美相互理解和全球化角度来解读美国历史，而非特别在意从民族主义的反抗意义上对其进行批评。

具体说来，东来最初的研究重心是在中美关系史，尤其是抗战期间中美同盟伙伴关系之形成和演变。由于查询过美国方面的档案资料，东来注意到美国当时"扶蒋反共"政策在形成和实施过程中的矛盾性、多面性和复杂性，而不大同于过去国内的一些学者所

[①] 黄绍湘：《加强马克思主义学习，重视美国史学史研究》，《世界历史》1983年第4期。

认为的美蒋之间从来都是铁板一块的沆瀣一气、狼狈为奸。在一篇谈及美援的文章中,东来指出美国虽由于帝国主义的本性,在对华政策有其利己和褊狭的一面,但从外交谋略的方面来看,此时的美国对华政策更多的还是被南京国民政府牵着鼻子走,不是一个精心策划的蓄意之所为。原因之一在于此时主持华盛顿远东事务的高级官员,没有一个能称得上"中国通",根本不清楚中国实际发生了些什么;相反,南京国民政府主持对美外交事务的高级官员,几乎都是留美学生,对美国有透彻的了解,并与国会中的一些政客有很密切的人脉关系,故能在相当程度上影响美国对华外交政策的制定。[①]

再从美国的帝国主义形成来看,东来的这一论点并非为其开脱,而是希望揭示事件背后诸多历史更为深层的演化机制。毕竟,不同于十八世纪已是日不落帝国的英国,在外交关系方面积累了丰厚的经验,每走一步都是老谋深算;美国作为二十世纪初形成的新帝国主义,对于突然到手的世界霸权,就像一个鲁莽的牛仔,年轻气盛,好勇斗狠。美国在第二次世界大战之后多次卷入世界热点地区的冲突,可能有被迫或"不情愿"(reluctant)的另一面,帝国的外交运作逻辑本来不就是"搬起石头砸自己的脚"损人也不利己吗?[②]

进入二十一世纪之后,东来转向研究美国宪政史,目的在于探讨致使美国社会持久繁荣的政治机制。由于有在美国大学合作研究的经历,东来既知道美国民主制度的虚伪性和不彻底性,同时也了

[①] 任东来:《抗战期间美援与中美外交研究》,《抗日战争研究》1996年第2期。
[②] Aron, Raymond, *The Imperial Republic: The United States and the World, 1945 - 1973* (Cambridge, Mass.: Winthrop Publishers, 1974).

解美国政治制度对宪法的高度尊敬。他山之石,可以攻玉,对于前者,他没有过分渲染;对于后者,他倒有认真研究。他认为美国的宪政,不只是依赖于那些法律精英——法官、律师、立法者和执法者的恪守,还离不开无数的芸芸众生,那些被压迫者、被歧视者甚至是罪犯为自己宪法权利的苦苦追求。用他的话说:"在一定程度上,一部美国的宪法史,正是这些勇敢的小人物不懈地争取自己权利和寻求社会正义的历史。"[①]

这种对美国政治制度中光明一面的关注,就像一八三一年,年仅二十五岁的托克维尔,随友人远涉重洋在美国生活了九个月后回到法国所撰写的《美国的民主》。贵族出身的托克维尔,相对于民主更热爱自由。他尽管认为民主带来的会是一个更加繁华但未必更加幸福的社会,却还是从展望人类共同命运的意义上,高度赞扬在宪法保护之下,每个人都可以自我奋斗是这块新大陆最令人向往之处。同样,东来也说:"作为身处一个法制远非健全、人治常常代替法治社会中的观察家,我将努力寻求一个法治相对健全、宪法为其立国之本社会的法治精粹和宪政经验。"[②]

遗憾的是,一九九〇年代之后中美关系严重恶化,且深刻影响到国人对美国的看法。按照北京大学美国问题研究专家王缉思一篇文章的说法,在其时政界、知识精英和公众心目中,"美国的形象基本上是负面的"。[③] 在这样一个大背景下,东来的美国宪政史研

[①] 《学术世界中的无限乐趣:青年学者任东来教授访谈录》,《历史教学》2006 年第 12 期。
[②] 任东来等:《美国宪政历程:影响美国的 25 个司法大案》,中国法制出版社,2004,第 607 页。
[③] 王缉思:《对美国研究的几点浅见》,《现代国际关系》2010 年第 7 期。

究就显得有些"不合时宜"。然而，东来对此虽有所感知，却没有丝毫想要"改弦易辙"或"随风起舞"之意。他在《美国宪政历程》后记中坦陈：在美国有不少对其宪政制度持批判态度的著述，这对于美国读者习以为常，并体现在法治保护之下他们的学术自由和言论自由。

如果将之移植到中国的语境中，就可能会出现误读。一些中国的批判家会振振有词地说："有必要强调美国宪政和法治的长处吗？美国人自己都说自己的法治问题成堆！"对此，东来的看法是：不同社会间的交往和交流，应该跟人与人之间的交往一样，尽量了解、借鉴甚至是学习对方的长处，取长补短，共同发展。过多纠缠于历史的纠葛和偶然的冲突，他担心将会"陷于某种受害者、胜利者或救世主的心态而不能自拔，绝非一个伟大民族自谦、自信和自强的表现。这绝非无的放矢，看看在过去的几年里，中美两国一些不负责任的媒体和学者，对相互嘲弄、彼此揭短甚至是攻击谩骂的热衷，就可见一斑"。当然，由于不盲目跟风，东来的美国史研究被认为具有"亲美"倾向，当时学术界真有这种在该领域里虽未撰写过一篇专题论文，却敢在公开场合批评东来"尽说美国好话"之人。

好在，这时已不是一个随意"折腾"的年代，虽说东来没有受到政治上的有形压力，但是否遭受到了一些无形的冷落、慢待，则很难说得清楚。毕竟，时下教授薪酬分为不同级差，定级尺度是看是否获奖、主持重点项目和担任行政职。像这种被认为不那么"与时俱进"的研究，在评奖、申请重点课题时既不讨喜，又不讨巧，难获通过。从学术成就来看，东来出版了近十部学术著作，一九九八年升为教授，二〇〇二年还被选为中国美国史研究会副理事长。他仙逝后的讣告、悼词也称其在美国史、中美外交史和国际关系史研究方面做出了"重要贡献""杰出贡献",并认为他的离世是一个"重大损失"。

在这个学术也像商品那样急于求售的浮躁年代,身上没有太多名不副实耀眼光环的东来,反倒能清醒地认识到自己实际做了些什么,也就没有太多对其研究的妄自尊大。在他临离开这个世界的前两天,我又一次去探访。那时他已经衰弱得连眼睛都睁不开了,只能我说他听。当我提及其著述时,他忽然睁开眼睛,用不太清楚的声音咕哝道:"那都是小东西。"这让我格外感动。

如果从学术史的角度来看,东来是实话实说,并非谦虚。因为美国作为唯一的超级大国,对全球影响太大,美国史研究也就是一个世界性的学问。在这一研究领域里载籍累累、大家众众,学术积累相当丰厚。平心而论,东来的研究在国内虽属一流,但要走向世界,与日本、欧美那些高水平研究同人进行平等学术对话,似还有相当一段距离。东来一篇题为《书写美国史:一个中国前景》(Writing American History: A Chinese Perspective)的英文讲稿,坦承他们这一代中国学者将更多关注"如何"(HOW)的问题,以代替以往更多关注"为何"(WHY)的问题。在没有弄清楚"如何"之前,不必匆忙回答那些大的"为何"(several big WHYs)。所以,相对于英语世界的美国史研究,东来认为自己只能做些基础性的"探微",而非对精深理论大问题的探讨。

这让吾人更能理解陈寅恪《赠蒋秉南序》的深刻寓意,就是学者为何要那样苦苦地恪守和坚持"贬斥势利,尊崇气节"。一九六四年,蒋秉南前往广州探望膑足瞽目、年老体衰的陈寅恪。此时离他辞世的一九六九年不过还有五年时间。陈寅恪谈及其学术时,并没有列举自己撰写了哪些著述,也没有谈到自己有何贡献,而是不无遗憾地说:"至若追踪前贤,幽居疏属之南、汾水之曲,守先哲之遗范,托末契于后生者,则有如方丈蓬莱,渺不可即,徒寄之梦寐,存乎遐想而已。"不过,他认为可以"告慰友朋"的,唯有自己终生"未尝侮食自矜,曲学阿世"。

这里"学"的辞源,虽可追溯至中国传统意义上儒家经典的"正学",但鉴于陈寅恪多年游学于日本、欧美,服膺"旧瓶装新酒",善于融会贯通而不露痕迹,故我更倾向这个"学"中还汇入了韦伯所说将"学术作为一种志业"(Wissnschaft als Beruf),即一种对学术神召(vocation, calling)的意义。正是因为充满敬畏和虔诚,爱因斯坦才自勉道:"我并不假装理解宇宙——它比我大得多。"的确,一个严肃认真的学者,在英雄末路之时一定能够意识到这种学术人生的无尽苍凉——即使投入再多心血的学术著述,在那个浩瀚无垠的未知世界里,以及在那个"江山代有才人出"的学术发展大潮中,充其量不过是在海边偶尔捡到了一个美丽贝壳,在巍峨知识大厦中增加了一块砖、一片瓦。重要的是,如果坚持不"曲学阿世",学术就有高昂的头颅、坚挺的脊梁,从而也有未来无限发展的希望。再由此反观东来的所有著述,尽管这个时代还有不少压力或太多诱惑,但他没有一篇对权力的蓄意迎合、谄媚、奉承和捧场之作。他没有"曲学阿世",这才是其一生最耀眼的亮点和最值得浓墨重彩之处。在这个意义上,我欣赏、敬重东来。

写于 2013 年 5 月 6 日。

两岸能否撰作共同的中国近代史

尽管相对于日本、韩国、美国乃至欧洲，台海两岸空间距离最近，正常学术交流却受到不少阻隔。一九八〇年代改革开放之初，争得面红耳赤的是国共两党争斗的意识形态，如对一九四九年以后中国历史的表述，大陆学者称为"解放"或"建国"，台湾学者则称为"沦陷"或"陆沉"；近来随着两岸独统之争的升温，新的意识形态缘于各自强烈的民族主义情结，并主要体现在对近代以来台湾及两岸关系的研究上。为解构这些意识形态赖以存在的迷思（myth），二〇〇二年，台北中研院近代史研究所林满红教授出版了论文集《晚近史学与两岸思维》，提出两岸宜共同推动以世界为框架的历史观，"以世界框架写的中国人的近代史，建构中国人恢宏的胸襟"。[①]

从中国框架出发，两岸各自认知的近代历史确有太多意识形态的构筑和个人、家庭恩怨的纠葛，致使两岸研究者多少有些尴尬的

[①] 《以世界框架写中国人的近代史》，林满红：《晚近史学与两岸思维》，台北：麦田出版有限公司，2002，第193页。

是，不同民族的中、日、韩三国能够编写共同的东亚近代史，血浓于水的手足同胞竟难以撰作共同的中国近代历史。一九九六年，有大陆学者抱怨，在国共关系研究方面，台湾有些研究者过于注重讲述中共历史的反面资料，内心深存一种老大心态，把中共推翻国民党的历史过程，"简单地看成中共以小欺大，以下犯上，玩弄阴谋诡计，欺骗和推翻合法政府的'叛乱'过程"。①

这个时间距今已过去了十多年，两岸亲历国共争斗的研究者多已退休；中青年研究者虽没有太多类似的政治情绪，但由于这段历史与现今关系过于密切，两岸交流仍很难摆脱动辄引入善恶评判或现实政治的僵局。据说，大陆某民国史研究中心希望像清史工程那样，将"中华民国史"列入国家重点资助项目，然难以处理的是新编撰的《中华民国史》，包不包括一九四九年播迁台湾后的国民党政权。答案是不论包括不包括，都将牵涉"两个中国"或"台独"这类高度敏感的政治议题。

回到林满红教授的构想，以世界为框架撰写两岸共同的中国近代史，有些争议可能较容易得到化解。如一八九五年甲午战争之后，台湾被日本占领，不论台湾人，抑或大陆人都将之归罪于李鸿章的丧权辱国。林满红教授则认为：主导因素是日本自德川末期以来，受中国鸦片战争战败的刺激，积极将日本对西方列强国防线外延。两岸研究者不能将十九世纪帝国主义造成的问题，"只想成是中国人自己的问题"。②

---

① 青石：《对两岸研究抗战期间国共关系史现状的省思》，《近代中国史研究通讯》第 21 期，1996 年 3 月，台北：中研院近代史研究所，第 121~123 页。
② 《与两岸问题相关的几个历史观》，林满红：《晚近史学与两岸思维》，第 196 页。

撤开意识形态纷争不谈，学术上若以此作为两岸交流的新格局，自然应有较为接近的学术水平和大致相同的学术理念。试较两岸学术发展，平心而论，目前台湾学术界有其值得敬重之处。首先，台湾学术界形成了较严格的学术纪律，并有相对客观和公正的评价标准。毕竟，自一九四九年以来的台湾近代史研究基本延续着传统治学路径，一九六〇年代后又受欧美史学理论和方法的影响，不但专业分工明确，且强调立论的坚实可信，或确凿无疑。

如林满红教授从以往研究的经贸关系切入，通过具体事例讨论"以世界框架写的中国人的近代史"的构想。在她的研究范围内，不同于政治、文化、社会的发展，经济拓展原本具有不受民族主义史观的国家疆界限制的更多可能。在批评"台湾独立"发展史观时，她根据的是自己以往多篇专题论文的细致研究，指出台湾的中国传统强力影响着后来台湾的发展，即同为日本的殖民地，台湾本土商人相对朝鲜的本土商人实力雄厚。"同为日本殖民的台湾与朝鲜不同，有一部分实即中国与朝鲜之不同。"① 即使讨论重大问题，也较为注意从专业角度出发，有一分证据说一分话，似乎已成为台湾学者的基本恪守。形成风气的还有，当研究著述和学术报告发表之后，常会受到四面八方的攻错纠谬，如果没有研究、没有证据，撰文或报告者自然不敢轻易放言高论，经虚涉旷。

其次，台湾学术界对外交流积极和主动，国际化程度相对较高。一九六三年三月，时任中研院近史所所长的郭廷以教授在出席

---

① 《与两岸问题相关的几个历史观》，林满红：《晚近史学与两岸思维》，第199页。

美国亚洲研究学会年会时，曾向与会者致辞："学术研究必须破除国界与主观，具有地域性的历史学更当如是。"① 此时，大陆学术界基本与外隔绝，而那个年代台湾近代史学界除得到包括福特基金等大量外国资助，还有一大批青年学人赴欧美留学或访问。对现今学术环境产生了重要影响，台北中研院近代史研究所四十余名研究人员中，一半多有留学背景（据说，整个台北中研院八百余人中，有五百余人取得美国的博士学位，二百余人取得欧洲和日本的博士学位）。

林满红教授本人也拿到哈佛大学的博士学位。本来，"转益多师"是现代教育的一个特点，台湾学者较多具有海外留学背景，至少使之与外部世界，尤其是与西方学者交往时，具有较便利的语言沟通能力，从而能够更好地展示台湾中国近代史研究者的观念和想法。当然，更重要的是广泛的国际交往能够开拓研究者的学术视野，避免闭门造车，自说自话。如林满红教授所言：在一九九〇年至二〇〇〇年的十年里，她出席了约三十次国际会议，不但有机会学习到更多国家的历史学，还有机会接触台湾与中国大陆官方或相关意见领袖的论述，并在海内外多次与台湾社会人士或中国大陆学者谈论两岸关系史，"由此更能体察各方观点"。②

鉴于近年来大陆学术的快速进步，在这两方面追上台湾似不需要太长的时间。先就专业化的发展而言，这体现在大陆学术主流对传统史学的回归和尊重。自一九九〇年代以来，大陆近代史研究从"革命范式"（一九五〇年代）、"启蒙范式"（一九八〇年代）渐

---

① 郭廷以：《台湾的近代中国史研究机会》，《近代中国史通讯》第36期，2003年12月，台北：中研院近代史研究所，第112页。
② 《自序》，林满红：《晚近史学与两岸思维》，第17页。

次转换到"现代化范式"及稍后的社会文化史研究。在此期间，引入西方当代社会科学或人文学科的理论，虽也是一个努力方向，但主流更力求重返中国史学原有的历史脉络。如果说在一九八〇年代，作为大陆学术典范的是马克思、恩格斯，乃至伏尔泰、狄德罗、韦伯和布罗代尔，那么到了一九九〇年代，学者们更多关注王国维、陈寅恪、胡适、钱穆等人的学术实践。

就一个大致估计数字来看，大陆主流学术期刊的《历史研究》《中国史研究》《近代史研究》一九八〇年代刊发讨论或纪念这些史家的专题论文不超过三篇，一九九〇年代刊发的数量恐怕超过了十篇。此外，长期被"革命史学"或"启蒙史学"贬损的乾嘉风格，此时也得到了正面弘扬，以致有些旨在启蒙的学者不满地指出，乾嘉传统此时已无可争议地成为史学研究的主流。① 不过，对于具体问题的研究者来说，"乾嘉风格正是后来王国维、陈寅恪再三强调的（疏离于政治的）学术独立精神的源头活水"。② 今非昔比，一九九五年七月，曾让林满红教授诧异的是，她参加大陆国台办赞助的台湾史学术讨论会之时，大陆学者慷慨激昂地宣读"台湾民主国"心系祖国的论文，由庐山到南昌机场的车上听到收音机里以优美的旋律唱出"我爱毛主席"。③ 如果今天林满红教授参加此类会议，不但能看到大陆学者不同观点的表达，且在开往机场的车上还可能听到周杰伦等台湾当红明星的歌声。

再就与外部世界的交往来看，大陆似已开始占据中国近代史

---

① 许纪霖：《没有过去的史学危机》，《读书》1999 年第 7 期。
② 罗志田：《"新史学"与民初考据史学》，《近代史研究》1998 年第 1 期。
③ 《与两岸问题相关的几个历史观》，林满红：《晚近史学与两岸思维》，第 197 页。

研究的地利之便。这是由于国外研究中国近代史，尤其是欧美学界现已较多转向内陆中国、边疆中国的研究，相关资料大都保存在大陆各图书馆、档案馆，而非台湾"国史馆"、中研院近代史研究所档案馆。国外研究者进行这些专题的研究时，更多会到大陆，而非到台湾收集资料和进行田野调查，大陆学者与外国研究者有着比过去更多的交往和沟通机会。一位台湾研究者曾告诉笔者，由于没有大陆研究中国历史的地利之便，台湾有些会议已难以请到国外学者参加。

为强加国际交往，他们在蒋经国基金会的资助下，将学术会议的地点定在能够邀请更多国外学者参加的哈佛大学。至于研究者的海外留学背景，自一九九〇年代以来，远渡重洋在大陆重点大学早已成为风气。笔者所在的历史系，近三五年里至少已有十几名学生在美国、英国等大学的研究院攻读博士学位。目前，在美国的中国近代史研究群中，大陆背景的教授和研究生已不在少数。当然，大陆现今研究条件和生活待遇尚不足以吸引人文学科的留学生们学成后回国，大部分人毕业后首选留在美国，即便如此，美国大学中讲授中国历史的一批人具有大陆背景，必将有力推动大陆与外部世界更加密切的交往。相比之下，笔者听到一位曾在一九八〇年代留学海外并担任台湾大学课程教授的学者不无担心地说：台湾今天的优越生活使很多年轻学生已不像他们那一代勤奋苦读，准备英文，以赴国外留学。

不同于凭借行政权力的意识形态宣传，作为学术上的立言立说，"以世界框架写的中国人的近代史"尚需进行长期研究和反复论证，并可能还会在两岸学者交流中引发更多争议，如什么是"中国"，可能就是一个颇多争议的问题。在林满红教授看来，就文化上的中国而言，是财产私有制、活络的市场经济、活泼的民间信仰、慎终追远的祭祖观念、以家庭企业为中心的生活活动、传统的人伦教育，以及与几千年中国文献相互衔接的繁体汉字等，"台湾人比中国大陆人更像中国人"。①

在笔者看来，近代历史中的"中国"当更为多面和复杂。林满红教授陈述的这一意象，可能只是都市的、上层的、中心的、精英的、富庶的"中国"，不一定包容了乡村的、底层的、边缘的、民众的、贫穷的"中国"。否则，近代中国历史就不会充满如此多的骚动不安、暴力流血。再如什么是"世界"，可能也是一个值得讨论的问题。近代中国幅员辽阔，社会经济发展极不平衡，台湾及两岸关系史上的大陆东南沿海地区，与亚太乃至欧美的经济、文化、社会交往十分密切，确能从地理意义上的"世界框架"进行观察，但如果撰写内陆和边远地区的中国近代史，地理意义上的"世界"影响就微乎其微。如果要编撰全体中国人的中国近代史，这一部分近代中国自然无法弃之不顾。这里似还可讨论的问题有，能否将此"世界"定义为具有精神意义的个人自由，以及与之相关的民主、人权、理性、法制等人类共同价值。虽则，内陆和边远地区的近代中国相对封闭，可能根本没有地理意义上"世界"的概念，但将自由这类永恒价值作为"世界精神"的展现，是职业历史学家的一个高贵梦想。十九世纪，英国著名史家阿克顿勋爵（Lord John Emerich Dalberg Acton, 1834 – 1902）的终生夙愿是撰写《自由的历史》(*History of Liberty*)。一

---

① 《台湾海峡两岸关系的误解与纾解》，林满红：《晚近史学与两岸思维》，第37页。

九五〇年代,瞽目膑足的陈寅恪撰写《论再生缘》《柳如是别传》,心中感慨向后世传递"独立自由之意志,非所论于一人之恩怨,一姓之兴亡"。

谈及两岸共同主题的学术交流,自然少不了双方学术机构的竞争。二〇〇二年,曾任台北中研院近代史研究所所长张玉法先生写到,一九九二年九月,他去北京中国社会科学院中国近代史研究所访问,专程探望了郭廷以先生的夫人。郭夫人问及此行目的,他回答道:"应邀来北京近史所访问。"郭夫人接下来问:"吾人能赢他们吗?"(即台北近史所能否赢北京近史所。)张先生说:"应该能赢他们。"张先生就此话题还写道:十年之后的台北近史所与北京近史所已成为共同推动中国近代史研究的伙伴。"吾人与世界所有研究近代史的学者都走在一条路上。虽然不一定能走在别人的前面,也决不要走在别人的后面。"[1] 至于台湾是否落在了"后面",这似乎已是台湾学界最近较多谈及的一个话题。

台湾一篇评述抗战文化史研究的文章说:一九九〇年代以前,大陆的研究不仅数量少,且绝大部分是介绍性和回忆性的文章;一九九〇年代中期,这种情形有了重大的转变,单是期刊论文部分,属于"抗战文化史"范畴者即多达数千篇以上,其中有些具有相当高的水平。比较过去被认为在抗战史研究工作上领先大陆甚多的台湾,则明显出现消退迹象。鉴于台湾大部分作品都是学术研究会上发表的论文,专书及学位论文并不多见,该文作

---

[1] 张玉法:《我对中国近代史研究的一些回忆》,《近代中国史研究通讯》第33期,2002年3月,台北:中研院近代史研究所,第62页。

者不无自嘲地说:"所谓'中国崛起'的现象,似乎也出现在抗战文化史的研究上。"①

当然,学术上的"中国崛起"不能只有一个"中国框架",同样应将之放在世界框架下进行参照和比较。就一般意义而言,两岸近代史研究似都存在着郭廷以先生所说的运用中国史料自较方便,对于中国历史背景亦较熟悉,颇能站稳脚步,实事求是。"不过,他们似乎过于史事本身的考证。"② 毋庸讳言,两岸学术目前在国际上的地位,据张光直先生观察,可用二十世纪中国史学被边缘化进行表述。张光直先生认为,原因在于没有一个中国历史学家在国际上成为有地位的历史理论家,如其在美国的学会中很少见到中国学者与西方学者在会场上辩论历史哲学、历史原则一类的一般问题。在他看来,中国史学走向世界必须体现在最终有一天英国的牛津大学经常从中国邀聘教授去教英国史、东欧文学和历史哲学,这一天中国的人文社会科学才能说是成熟,"而吾人才能肯定中国的中国研究是科学的研究了"。③

由此也可以确定,"以世界史框架写中国人的近代史",不应只是具体问题的研究,还应有整体性的研究成果和更具原创意义的思想贡献,这对两岸学者都将是严峻的挑战。至于学术竞争中的谁输谁赢,对于不负领导责任的布衣学者,恐怕没有太多实际意义。重要的是,研究者能够自觉超越地区或民族国家的狭隘视野,积极

---

① 冯启宏:《战争与文化:近十年抗战时期文化史的研究回顾》,《中央研究院近代史研究所集刊》第53期,2006年9月,第195~196页。
② 郭廷以:《台湾的近代中国史研究的机会》,《近代中国史研究通讯》第36期,2003年12月,台北:中研院近代史研究所,第112页。
③ 张光直:《中国人文社会科学该跻身世界主流》,《考古人类学随笔》,三联书店,1999,第81页。

参与国际性的学术对话,就可能提出更多新鲜的议题和思路,深入观察人类文明演化的巨流,反思个人安身立命的时空定位,进而涵泳世界公民之广阔胸襟。对此,孟子早就说过:"一乡之善士斯友一乡之善士,一国之善士斯友一国之善士,天下之善士斯友天下之善士。"

原载《读书》2007 年第 7 期。

超越"国族叙事"的"全球华人历史记忆"

在经济和资讯全球化快速发展的今天,只要"有海水的地方就有华人,有市场的地方就有华商",遍布世界各地的华人及华裔已经可以用亿来计数。如果追溯历史,这一持续不断的华人移民大潮,源自十五世纪末新航路的开辟以及欧洲人抵达东南亚之后。在接下来五百多年的时间里,华人不再是局隅华夏本土的一个族群(ethnic group),而是超越民族国家疆界的一个历史文化现象。他们在全球范围内影响着不同国家、不同地区的社会生活、文化形态、政治组织,还重构了在地的经济、生产与消费多重社会场域。

二〇〇八年,自费正清之后美国中国史研究的领军人物孔飞力出版了《他者中的华人:中国近现代移民史》(*Chinese Among Others: Emigration in Modern Times*)[1]。按照阿姆斯特丹研究华人史的 Pal Nyíri 教授的评论:是书的高明之处在于开创性地将华人移民视为

---

[1] Philip A. Kuhn, *Chinese Among Others: Emigration in Modern Times* (Bowman & Littlefield, 2008);《他者中的华人:中国近现代移民史》,李明欢译,江苏人民出版社,2016。

中国近代史，以及贸易、信息和人员的全球流动之必不可少一部分，从而有别于一九六〇年代英文世界只将其作为一个"世界史"（world history）的风行课题。①

历史研究不同于历史记忆。经过一九八〇年代"文化史转向"，以及后现代思潮的冲击，大多学者都同意对于一个族群、一个文化来说，最具沟通和对话意义的是以自我保存和自我实现为目的，且可用第一人称，即"我的"和"吾人的"进行指代的记忆；而非更多强调冷静思考，标榜客观实证，力求做到"局外旁边式"（outsideness）的历史研究。由此作为评判，孔飞力的这部著作大概可列入历史研究一类。就像孔飞力自己所言：英文"emigrant"指"从自己的所在地迁移并（永久性地）定居在另一个地方"；然中文"移民"虽然也指人员的流动，却并不包含"在另一地永久定居"的意思。②

这意味着英文作为一种外人的语言，不能过多指望可以被用来生动、鲜活地讲述非其族类的华人故事。毕竟，那些离开家乡的本土华人移民历经千辛万苦地融入移居地，形塑了诸如东南亚、美洲、非洲、欧洲和澳大利亚等地的华人移民社区；用华文母语书写的全球华人历史记忆，就不只是为了避免犹如"移民"/emigrant 那样词不达意的隔膜，更重要的还是为了心同此情、情同此理地确认他/她的"文化身份"，感同身受地分享那些值得保存、珍爱、缅怀和眷恋的往昔岁月。

遗憾的是，作为华文世界中资金最丰、机构最多、人数最众的

---

① Nyíri P., Kuhn P. A., "Chinese among Others: Emigration in Modern Times," *The China Journal*, No. 62, Jul., 2009, p. 223.
② 孔飞力：《他者中的华人：中国近现代移民史》，第4页。

中国大陆学术社群,却没有积极参与到这样一个颇富建设性的文化创造之中。孔飞力这部著作中文版的《译后记》写到,二〇〇一年孔飞力应邀访问中国社科院,该院的中国同行问其近年来做什么研究。孔飞力答曰:"海外华人,中国移民史。"听到这样的答复之后,陪同之人竟一时无以应对。过了好一会儿,才有人说:"啊,这个问题很重要,他们以前给孙中山很大的支持,给他很多钱……"该书的中文译者说:"国内学界对于'海外华人研究'的狭隘视界,给孔教授留下深刻印象,也更促使他在那以后的许多场合,反复重申他对'海外华人研究'之意义的认识。"①

如果检索二〇〇〇年至二〇一五年国内顶尖史学专业期刊《历史研究》的目录,这十多年刊发的近千篇文章中,确实没有一篇国内学人撰写的相关专题研究。该刊只刊登过两篇关于美国学界对"海外华人"及"亚洲移民"的介绍性文字。倘若再回顾这些年来国家社科基金的立项及其设立的各种国家级的重点学术研究机构,很少有投入或致力于海外华人研究的。这也不奇怪国内得知孔飞力离开清史领域而转向海外华人史的研究,"一时引起许多中国同行的惊诧,因为在中国,'华侨华人研究'长期处于没有明确学科归属的边缘地位"。②

吾人为何将"海外华人研究"视为近现代中国史的一个延伸,更多看到的只是他们对国家的效忠,而不太能够设身处地从华人移民的角度,身临其境地去关注其与在地"他者"文化之间的互动与融和?原因恐怕还在于吾人多年来的思维定势,只有一个民族国

---

① 孔飞力:《他者中的华人:中国近现代移民史》,第 438~439 页。
② 孔飞力:《他者中的华人:中国近现代移民史》,第 438 页。

家的向度并习惯于把诸多丰富多彩的文化现象，窄化为谋求统一意志而必须高度政治化的"国族叙事"。这种研究取向的内在缺陷，并非出自吾人固有的学术传统。

就其历史源头来看，"国族叙事"脱胎于十六世纪之后欧洲民族国家的兴起。其始作俑者，即历史上第一部民族国家的"国族叙事"，是出生于苏格兰贵族之家、毕业于剑桥大学并于一八三九年担任陆军大臣的麦考莱（Thomas Babington Macaulay, 1800 – 1859）撰写的。一八四八年十二月，即在欧洲各重要城市爆发革命之际，麦考莱出版了这部竭尽全力美化、维护一个政党、一种信条和一个时代的《英国史》（History of England）。作者毫不讳言只关注政治和战争，重点讲述名为英格兰（England）的不列颠联合王国（United Kingdom of Britain）的形成故事，矢志于让此书成为每个英国国民的必读之物。在他颇具绚丽夸饰的文字中，那些原本拥有各自文化特质的撒克逊人（Saxon）、诺曼人（Norman）和原住不列颠人（aboriginal Briton），均被这个伟大英吉利国族同化而融为一体，并随即成为人类各种族的公认领导者（acknowledged leaders of the human race）。

英国社会向来有自由的传统，不太可能接受将叙述定格在"国族"为一尊的叙事模板上，麦考莱的《英国史》并没有对此后英国历史书写产生多大影响。真正继承他的衣钵并将之发扬光大的是十九世纪以降的德意志和后来的法国。不同于那时只有私立大学的英、美，十八世纪后期德意志各国立大学历史系的专任教授，都是得到官方正式任命的"国家公务人员"。进入十九世纪以后，包括兰克在内的德意志历史学家，鼓吹民族历史发展独一无二的"历史主义"，否认普遍人性而固执地排除探讨人类永恒价值和原则,趋向强调德意志民族统一的重要性和正当性。

按照美国著名德国史研究专家格奥尔格·G.伊格尔斯(Georg G. Iggers,1926-)的说法:这种"历史主义"虽不能说直接导向了纳粹主义,但在很重要的方面为一九三三年"德国彻底抛弃民主制度和确立权威主义的恐怖统治扫清了道路"。[①] 同样,一九〇三年至一九二二年间,法国历史学家艾尔奈斯特·拉维斯(Ernest Lavisse,1842-1922)出版的《法国史》 (*Histoire de France*),也以建构"国族叙事"的帝国、战争和革命为书写主轴,强调了"法国从史前便存在于当前的地理范围内",并认为其"国族气质"始终不变而将自己特性永恒化、神圣化。[②]

二十世纪中叶以后,西方各民族国家的"国族叙事"受到彻底的质疑和批判。在经历纳粹暴政血与火劫难的德国,战前力挺大德意志帝国的历史学家无不声名狼藉,致使战后没有哪位主流历史学家还敢倡言德国的"国族叙事"。再看受到兰克史学深刻影响的美国,随着一九六〇年代末期风起云涌的民权运动,以及一九八〇年代新文化史的兴起,风起云涌的"非白人"(non-whites)、"女性"(women)、"劳工"(labor)、"通俗文化"(popular culture)乃至"性"(sexuality)研究,解构了基于所谓"条顿生源说"(Teutonic germ theory)的种族理论,片面强调"白人"(White)、"盎格鲁-撒克逊人"(Anglo-Saxon)、"新教徒"(Protestant),即所谓"WASP"的美国之"国族叙事"。

[①] 格奥尔格·G.伊格尔斯:《德国的历史观》,彭刚、顾杭译,译林出版社,2006,第8~9页。
[②] 《拉维斯的〈法国史〉:对祖国的热爱》,皮埃·诺哈(Pierre Nora)编《历史所系之处Ⅲ》,戴丽娟译,台北:行人出版社,2012,第105~173页。

至于法国，一九八四年至一九九二年期间，时任法国高等社会科学院当代史研究所负责人的皮埃尔·诺拉（Pierre Nora, 1931 - ）组织近一百二十名学者，编撰和出版了七卷本、共六千多页的《记忆所系之处》。编纂者的目的是以碎片化、情感性、主观色彩浓郁的"记忆"，折中变通地再现"法兰西的荣耀"。然而，著名美国历史学家托尼·朱特（Tony Judt, 1948 - 2010）则评论道："在诺拉的这本大部头的书中，基督教的精神——基督教的思想、基督教的建筑、基督教的实践和标志——浓墨重彩，占据主要地位，关于'犹太人'只有简短的一个章节，而且大多作为被同化、排外或迫害的对象出现的，而对'穆斯林'却只字未提。这就非常说明问题。"[1]

二十世纪初"国族叙事"自日本引入中国，也由于过分强调统一意志而被强行意识形态化。一九〇三年前后，清末之时的第一代民族主义者倡扬排满兴汉，急于否定"大清"王朝，并无太多审视地捡起了日本称呼的"支那"，并直接从日文翻译了《支那三百年史》（上海开明书店）、《支那史要》（上海广智书局）、《支那四千年开化史》（上海支那翻译社）等历史著述。接下来的民国仁人志士，面对"支那"一词被日本人愈来愈多地歧视性运用，将传统作为文化概念的"中国"，转换为在领土疆域主权意义上的效忠符号，旨在鼓铸政治认同、提升国族意识。

一九三八年，因躲避日本侵华而栖居在云南大学的顾颉刚，在昆明《益世报》上创办《边疆》周刊，期望研究边疆的民族问题。不料，遭到时任中央研究院历史语言研究所所长傅斯年的严厉批

---

[1] 托尼·朱特：《战后欧洲史》下册，2010，第715页。

评，称这种巧立民族之名，"以招分化之实，似非学人爱国之忠也"。① 实际上，更让傅斯年愤怒不已的是吴文藻、费孝通在云南大学社会学系创办的"民族学会"。他敦促国民政府的学术当权者："若以一种无聊之学问，其恶影响及于政治，自当在取缔之例。"②

然而，顾颉刚很快刊发了《中华民族是一个》之文，同意在中华民族之内绝不该再析出什么民族；但在日记中写下了对"国族叙事"的政治正确性之惶惑。他认为："史料大都是言分化则有余，言团结则不足，用这种材料来做吾人的中国史，岂不使边地同胞永与内地隔离？"③ 再至一九八〇年末，费孝通提出了中华民族是"多元一体"的概念，认为中国共同民族形成的主流是由许许多多分散孤立存在的民族单位，"经过接触，混杂，联结和融合，同时也有分裂和消亡，形成一个你来我去，我来你去，我中有你、你中有我，而又各具个性的多元统一体"。④

揆诸时人观察，如一九一一年的一项田野考察也表明在蒙、汉杂居的河套地区，当地人蒙、汉语皆互能相通。这些人有时自称为汉人（"蛮子"）、蒙人（"鞑子"），"犹之各称其乡贯略，不含有侮意也"。⑤ 另外，一九四六年在甘肃南部洮河流域的社会调查也表明当地藏人家庭只留一个儿子在家里劳动，其余的儿子被送到寺

---

① 《傅斯年致顾颉刚（1939 年 2 月 1 日）》，王汎森、潘光哲、吴政上主编《傅斯年遗札》第 2 卷，台北：中研院历史语言研究所，2011，第953~954 页。
② 《傅斯年致朱家骅、杭立武（1939 年 7 月 7 日）》，王汎森、潘光哲、吴政上主编《傅斯年遗札》第 2 卷，第 1012 页。
③ 《顾颉刚日记》第 4 卷上册，台北：联经出版事业公司，2007，第 197 页。
④ 费孝通等：《中华民族的多元一体格局》，中央民族学院出版社，1989，第 2 页。
⑤ 张相文：《塞北纪行》，《大中华杂志》第 1 卷第 6 期，1915，第 17 页。

院出家当喇嘛，留在家里的人口女多于男。不少藏族姑娘与到藏地谋生的汉人结婚，所生子女就被视为藏人，儿时就说藏语，生活完全遵从藏人的风俗习惯。①

作为后来之人，吾人自然应同情式地理解傅斯年等人的刻意坚持，原因在于那是一个国土沦丧、民族危亡的特定年代——绝不可与十八世纪以后鼓吹对外扩张的欧洲列强以及后来日本帝国的"国族叙事"相提并论。然而，今非昔比的是当下中国被视为世界第二大经济体，军事力量业已让全球不敢轻视，如果吾人仍然执迷于过往的救亡心态，一味强调只应书写高度统一的中国史，多少有些不合时宜，难免不让他人感到"狭隘"。因为"华人"早已经是一个全球性的文化纽带，比"中国"更弗远无届，无所不及。

作为以华文为书写载体的研究者，看重的就不能只是单一政治性的"国族叙事"，还应当努力拓展更为包容性的文化关注和思想维度。毕竟，遍布世界各地的移民群体，面对原乡/在地、迁移/定居、融和/分离，他们并不都只是经历了令人焦虑和紧张的相互对立、相互排斥，其中还有各种适应、转换、突变和混杂。如孔飞力的书中所言：一方面，这些不同样式的华人在地文化，极大地丰富了这个族群的生命力和适应性；另一方面，在地华人移民通过凝聚"华人性"（Chineseness）的各种社会活动——创立华文学校，出版华文报刊，组织华人社团和举办各种礼仪祭祀，使这个外来族群能够从殖民社会的最底层和在充满敌意的"他者"肆意打压之中脱颖而出。②

---

① 谷苞：《论中华民族的共同性》，费孝通等：《中华民族的多元一体格局》，第42页。
② 孔飞力：《他者中的华人：中国近现代移民史》，第260页。

一个开放、包容的社会，肯定要比一个封闭、单一的国族有更多的创造性、能动性。认识这个族群的"自我"（self），目的在于更好地与其他族群和谐相处，共利共赢，进一步拓展在地文化的多元性、多样性。孔飞力和此前所有关于华人移民的研究都表明，数百年来华人作为移居世界各地最多的族群，勤勤恳恳、刻苦耐劳、守法忠诚，最具在地合作性、建设性和发展性。时下几乎所有的华人移民都已从当年的"叶落归根"转到"落地生根"——只要有可能一定会归化为在地公民。

　　以华人数量最多、经济实力最雄厚的东南亚为例，自摆脱欧洲殖民统治之后，作为这些新兴民族国家的忠诚国民，几乎没有一个当地华人不自认为是百分之百的新加坡人、泰国人、马来西亚人、印尼人和菲律宾人。他们之所以坚持自己文化的能见度，特别在意丰富和传承族群的历史文化记忆，最初固然是为了不再因为委身于傲慢自大的欧洲人之下而感到羞愧。因为"他们虽然是少数族裔，但是，他们将因为拥有令人景仰的优秀文化传统而受到尊重"。[①]再至今天，则可以用海外华人移民史的开创者、现任新加坡国立大学华裔资深教授王赓武的话进行概括：是为了让"华人必须了解过去华人在东南亚的历史，这就是鉴往知来。不然的话，就不能了解华人今后在东南亚的发展方向，不能明白华人与东南亚应有的关系，以及华人对中国应有的态度"。[②]

　　顺着这样一个研究脉络来看，孔飞力的这部 Chinese Among Others: Emigration in Modern Times 刊行的中文版书名是《他者中的

[①] 孔飞力：《他者中的华人：中国近现代移民史》，第 257 页。
[②] 王赓武：《华人、华侨与东南亚史》，《王赓武自选集》，上海教育出版社，2002，第 237 页。

华人：中国近现代移民史》，未必符合作者的本意。这倒不是说英文书名中本没有"中国"一词，而是说这可能给读者，尤其可能会让海外读者产生一种"中国中心主义"（sinocentrism）的不当联想。

因为早在一九九〇年初，所谓"文化中国"试图囊括中国大陆、港、澳、台，新加坡乃至所有海外华人，且一时喧腾。王赓武则不以为然，担心这样"会不会将文化中国演变成为支配性的东亚文明？"① 此外，主流学术多年来津津乐道关于清末东南亚华人大力支持康有为、孙中山等人的改良和革命，以及积极参与抵制美货这类的爱国救亡抗争运动。按照对此历史研究卓有成就、现任教于新加坡国立大学中文系的黄贤强博士的说法：一方面，这是由于华人文化中源远流长的"维桑与梓，必恭敬止"的乡土情结；另一方面，在于这些华人以此反抗当地殖民统治，或白人种族主义的歧视和压迫，并不一定义无反顾地热衷于"国族叙事"的中国政治。黄博士强调，对此研究应当避免陷入以"中国"为中心的历史叙述，"多注重海外华人的想法和处境"。②

虽然孔飞力在很多文字和访谈中表示过对"中国历史"的欣赏，但作为一位非华裔的中国研究者，自然会更注意避免身陷"方法论的民族主义"（methodological nationalism）之"国族叙事"。该书很多地方明确表明，对这些海外移民来说，本土只是一个培养平台，家家户户在这里学习到如何把握商机和了解到相关资讯，再按照收益最大化原则，将其人力与资本投向最可能获利的地区。孔

---

① 《海外华人的民族主义（1996 年）》、黄贤强主编《汉学名家论集：吴德耀文化讲座演讲录》，新加坡：八方文化创作室，2011，第 203 页。
② 黄贤强：《近代中国与海外华人》，见氏著《跨域史学：近代中国与南洋华人研究的新视野》，厦门大学出版社，2008，第 71 页。

飞力还认为：方言与亲情联系在一起，远比身为同是一个国家的国族情感更为恒久、炽热，也更为可靠、可行。

海外移民最关心的是自身和家庭的安全、成功与社会地位。至于对那些最激进的海外中国民族主义，即在清末支持康有为的维新运动、孙中山革命乃至抗日战争时对国共两党的声援和支持，根基也仍然是建立于地缘或方言之上。孔飞力说："'中国'的核心所在，是他们的家乡，进而再以此为圆心一层层向外伸展。"① 再看同是美国著名中国史研究者顾德曼教授（Bryna Goodman, University of Oregon）的书评，也认为此书不是一部局隅于"中国史"的研究，而是重新确认了关于中国、华人和华人性的认知。② 鉴于"中国"不是此书的论述中心和主轴，而只是一个环节、一个面相，或者干脆说一个背景，如果此书的中文本将来再版，建议还是按照英文原名译出——这样可能会更贴切于近来学术发展走势和未来趋向。当然，最重要的还是吾人应当努力用母语讲述全球华人的诸多历史记忆，从而逐渐涵泳出这个文化较"国族叙事"更为开阔、更为博大的格局和器识。

写于 2016 年 7 月。

---

① 孔飞力：《他者中的华人：中国近现代移民史》，第 263 页。
② Goodman B., "Chinese Among Others: Emigration in Modern Times (review)," *Harvard Journal of Asiatic Studies*, Vol. 71, No. 2, December, 2011, pp. 422–432.

留学大潮与百年学术振兴之梦

自二十世纪八十年代以来，国人赴欧美留学者不下数百万，在国外学术机构任教和从事研究之人也超过万人，这是中国当代社会和学术的一项重要发展。二〇一〇年，北京大学出版社出版了《在美国发现历史：留美历史学人反思录》一书，汇集了三十一位现在美国任教或担当行政事务的历史学人的回忆。就是书出版的意义而言，此前虽也有一些留学生单个之人的回忆，但留学作为其人生经历的一个部分，并没有谈及太多留学受到的专业训练及其学术研究。此书作者都毕业于国内大学本科，后因不同机缘而赴美攻读中国史、东亚史和中美关系史博士学位。

作为同一专业留学生的集体著作，该书没有太多着墨于个人生活，而是重点从专业角度讲述了其留学体验和学术感悟——包括美国教授们一丝不苟的专业精神、严格的学术研究规范、透明和颇具公信力的学术评价制度，以及各种学术资源（包括档案在内）充分开放和较易利用的良好学术环境。令人颇有所感的是，相对于那些较易拿到全额奖学金且毕业后较易在美国找到工作的理科、工科留学生来说，这批中国历史学留美之人的人数比例不太高,然唯独他们用中文出版了自己的留学经历,表明其与国内学术的密切关联和对国内学术充满更多殷切期待。其款款之情,如是书序中所言:除了作为对当代中国留学生进行学术研究的口述史料之外,希望"也可能为正在国内求学的年轻学子送去一份思考"。①

如果放眼中国学术百年振兴之路,赴国外留学进行中国史研究,怕是一个让国人感到有点儿尴尬,且是一个有更多思考的话题。毕竟,在近代以来欧风美雨的强力冲击之下,读书人虽总长叹"百事不如人",但对国人的中国史研究,则还有相当的自信。一九二一年,梁启超在南开大学讲授《中国历史研究法》,称:"中国于各种学问中,唯史学为最发达;史学在世界各国中,惟中国为最发达。"②那个时代的自然科学,在中国还只处在一个创始阶段,主持者多是些自幼熟读儒家经典,少年就读于各省创办的格致书院或自强学校,然后去日本大学(很多只是师范学院)速成回国的留日学生。

这一时期不要说整个中国没有需要大量投入的实验室,就连一些近代以来重要的西方自然科学经典,如哥白尼、伽利略、牛顿和麦克斯韦尔等人的主要著作,也没有一部被完整地译成中文,较能说明此时自然科学的实际水准。如一九二二年十一月至一九二三年一月,爱因斯坦偕夫人爱尔莎(Elsa)前往日本讲学,在上海两次短暂停留。第一次是十一月十三日,爱因斯坦在香港乘坐日本邮轮"北野丸"路过上海,停留了一天。爱因斯坦先在著名的"一品

---

① 王希、姚平编《在美国发现历史:留美历史学人反思录》,北京大学出版社,2010,第6页。
② 梁启超:《梁启超史学论著四种》,岳麓书社,1985,第116页。

香"餐馆用午餐，随后到"小世界"剧场欣赏昆曲，接着前往邑庙豫园游览。晚上，他在一位中国画家那里观赏了金石书画。第二次是十二月三十一日，爱因斯坦结束了日本讲学，前往耶路撒冷，路过上海而停留了两天。一九二三年的元旦傍晚，已获得一九二二年诺贝尔物理学奖的爱因斯坦应邀在租界工部局大讲堂做讲演，在三四百名听众中，只有四五位中国人。这也意味着爱因斯坦在上海停留期间，领略的只是中国美食、戏剧、园林和书画，而没有一位中国学者能够与之进行学术对话。报告结束之后，爱因斯坦在日记中写道，这次集会是"一场充满愚蠢问题的滑稽戏"。[1]

相对而言，中国人治中国历史，有着语言、文字和文化的天然优势，国人普遍相信是可以与外国学者一较高下的。一九二二年，胡适、顾颉刚等人成立北京大学研究所国学门，认为对于从外国输入之新学，曰我固不如人，犹可说也，"以中国古物典籍如此之宏富，国人竟不能发挥光大，于世界学术中争一立脚地，此非极可痛心之事耶！"[2] 此后，即使最赶西方史学新潮、热衷服膺马克思主义史学研究方法的郭沫若，于一九二八年前后撰写《中国古代社会研究》时也说，中国的鼓睛暴眼的文字实在是比穿山甲、猬毛还要难以接近的逆鳞。外国学者对于东方情形不甚明了，那是情理之中的事。

郭沫若的研究期许是以恩格斯的《家庭、私有制和国家的起源》为思想向导，而于其所知道的美洲的印第安人、欧洲的古代

---

[1] 胡大年：《爱因斯坦在中国》，上海科技教育出版社，2006，第 72~76 页。
[2] 《国立北京大学研究所国学门重要纪事》，《国学季刊》第 1 卷第 3 号，1923 年 7 月，第 561 页。

希腊、罗马之外,"提供出来了他未曾提及一字的中国的古代"。①大概出自同样认知,一九二九年陈寅恪赠言于北大学院己巳级史学系毕业生,称:"群趋东邻受国史,神州士夫羞欲死。"鉴于当时没有多少国人在国外留学从事中国史研究,陈寅恪所指大概是日本学者的东洋史乃至中国史研究,被世界学术更多认可和接受,并尤体现在作为当时的显学即语言——种族意义上中外交往的历史研究。

陈寅恪长期游学于日本和欧美,自然知道留学对于中国现代学术振兴的重要意义。一九三五年二月,陈寅恪在《陈垣元西域人华化考序》一文中写道:有清一代经学号称极盛,而史学则远不逮宋人。在他看来,当时虽有研治史学之人,但大抵于宦成以后,休退之时,始以余力肄及,殆视为文儒老病销愁送日之具。由此,他的推论是:"当时史学地位之卑下若此。由今思之,诚可哀矣!"②

就实际历史来看,有清一代学术最高成就的乾嘉学派之几位领军人物,如王鸣盛(1722~1797)、钱大昕(1728~1804)、赵翼(1727~1814)等人,的确都是年轻致仕,到了中年或晚年,方告假回乡,潜心著述课徒。陈寅恪强调"当时史学地位之卑下若此",正是基于近代学术专业化的认知,应该与其长期游学欧美的经历相关。毕竟,十八世纪的剑桥、牛津虽设有近代史讲座,但附属于神学而非独立的历史学科。担任教职的教授们,包括诗人托马斯·格雷(Thomas Gray, 1716-1771)在内,很少讲课或从来不

---

① 《中国古代社会研究·自序》,《郭沫若全集·历史编》第 1 卷,人民出版社,1982,第 9 页。
② 《陈寅恪史学论文选集》,第 506 页。

讲。同样，法国学院虽于一七六九年首次设立历史和伦理学讲座，但占据主导地位的是藐视史学的笛卡尔派，认为形而上学中的一项原则比一切历史书所包含的真理还多。①

这不奇怪，十八世纪的欧洲大学，不只是历史学作为宗教、哲学的附属，就连物理、化学也没有什么专业地位。因为其时高等教育的重点是培养神职人员、法律人士，以及实用的医生，而非专业学术研究人才。在大学任职者，大多数人的自我定位首先是绅士，其次是教师，最后才是专业研究者。就历史学而言，率先走出学术地位"卑下若此"的是曾在陈寅恪长期游学的柏林大学任教的兰克。一八二五年，兰克因出版《拉丁与日耳曼民族史》而声名鹊起，从法兰克福的一名中学教师，被聘为柏林大学近代史讲席。

不过，即使在当时欧陆最富有活力的柏林大学，史学仍然不是一门专业学科，兰克作为学校的一名编外教师，尽管他信心满满，但听课之人寥寥无几，令其十分沮丧。一八三三年，兰克召集最亲近的一批学生，在家中创办学术研讨班（seminar），以问答和辩诘的形式，讨论具体学术问题。大概是置身于这些对纯净学术更有兴趣的学生之中，学术研讨班上的兰克一反在教室里呆板、木讷和乏味，充满了激情、活力与热忱。兰克坚持不理会当下各种政治争论，在研究中也不带有浪漫主义的热情，而是力求客观地追索历史真实。正是兰克及其门生恪守这种在研究工作中近乎苛刻的严谨性和一丝不苟的态度，史学方能成为独立于宗教和哲学的一门专业学科，并有了自己的学术尊严和学术声誉。

---

① 乔治·皮博迪·古奇：《十九世纪历史学与历史学家》上册，耿淡如译，商务印书馆，1998，第89页。

在兰克学派的影响之下,美国史学通过大批留学生的推动,不久也走向了现代学术振兴之路。最初,美国没有像样的专业研究人员培养和教育体系,英国大学的重心是培养绅士,而非学者,法国的学位相当难取得,并且令笃信宗教、崇尚自由的美国学生面对"无神论"和"教皇论"的双重危险。相对而言,德国的留学费用不高,在十九世纪八十年代,留学生一年的花费,包括交通费用,比在美国著名大学学习一年的费用少三分之一,故有成千上万名美国学生来到德国。令这些美国留学生感到震撼的是,相对于其时美国教授的衣衫褴褛、萎靡不振,德国大学教授除收入不菲、享有很高的社会地位之外,还有其执着追求历史真相,全身心地投入研究工作,就像修道士那样忘我的敬业。①

一八五七年,美国只有十二名大学历史教师;一八九五年增加到百名左右,其中近一半在德国大学学习过。一八八〇年,曾在德国海德堡大学获得博士学位的亚当斯(Herbert Baxter Adams, 1850 - 1901)在约翰·霍普金斯大学创办学术研讨班。其历史影响,用一九六四年担任美国历史协会主义的博伊德教授(Julian P. Boyd, 1903 - 1980)的话说:"在这短暂的岁月里,他的研究班向全国各地输送了一批又一批善于运用原始资料的研究生,他们准备根据理性和真理,来对抗那些肤浅的、虔诚的、褊狭的、很长时期以来滥用史学这面旗帜的各种的势力。"② 大致说来,在美国现代学术发展史上,这个过程只有三十多年。到了一九一〇年前后,美国形成了高水准的专业学术人才培养体系,再也没有大批漂洋过海、前往

---

① 彼得·诺维克:《那高尚的梦想》,杨豫译,三联书店,2009,第28~29页。
② 朱利安·P. 博伊德:《应急浅见》,《现代史学的挑战——美国历史协会主席演说集(1961~1988)》,王建华等译,上海人民出版社,1990,第64~65页。

欧洲留学的现象。

与之相似，日本史学的学术振兴也深受德国影响，并通过留学推动。其时，日本除派遣大量留学生之外，还聘请欧洲教授直接担任日本重要大学的教职。一八七七年四月，日本第一所现代大学——东京大学创办时，在校学生一千六百余人，日本教师虽有六十九名，但整个研究与教学实际上由来自英国、美国、德国、法国的三十多名外国教师承担。一八八七年，兰克的学生利斯（Ludwig Riess，1861-1928）担任成立不久的史学科讲座。在此后长达十五年的教授生涯中，他培养了在日本学术振兴一批重要领军人物——日本史学理论、日本经济史的开创人内田银藏（1872~1919），日本古代史、民俗学的开创人喜田贞吉（1871~1939），日本古代史、日本古文书学的开创人黑板胜美（1874~1946），以及被视为日本东洋史开创人之一的白鸟库吉（1865~1942）。其中白鸟库吉的影响力最大。一八九九年，万国东方学会在罗马召开，白鸟库吉虽因故未能参加会议，但提交了《突厥阙特勤碑铭考》一文，以考证翔实、分析精确引起了欧洲汉学家们的高度关注，成为在学术领域里最先得到欧者学术界尊重的亚洲人。

在接下来三十多年的教学和研究生涯里，白鸟利用所掌握多种语言能力，通过对塞外地名、族名的考证，重点关注了塞外史、东西交涉史，以及东洋各民族的兴亡和交替，将内地亚洲的历史与中国中原乃至东亚和世界历史联系在了一起，被认为是在日本最先具有国际意识，也是"日本东洋史开拓的第一人"。[①] 同样，在二十世纪最初的十年，日本已能培养高水准的专业研究人

---

① 五井直弘：《近代日本与东洋史学》，东京：青木书店，1976，第12页。

才，再也没有潮水般地涌向国外。就如在二十世纪乃至二十一世纪里的日本物理、化学的诺贝尔奖十多位获得者，几乎都在国内接受的教育；在日本顶尖大学任教的历史教授也几乎都是日本国内培养的。

近代中国学术振兴的一个重要里程碑是一九二八年由蔡元培等人成立中央研究院，并由曾在欧洲游学七年的傅斯年担任史语所的所长。一九二九年九月，傅斯年在致第一历史研究组负责人陈寅恪的信中，期望展开对宋学这样一个比较纯粹中国学问的研究，以与外国学者相竞争。谈到人员构成，傅斯年的意见是"此时修史，非留学生不可"。① 现存史语所的档案也表明傅斯年不遗余力地奖掖留学。一九三二年五月，傅斯年致函国民政府教育部，请与山东省教育厅接洽资助吴金鼎赴英国留学。

吴金鼎一九二六年考入清华学校，一九三〇年到史语所考古组任职，傅斯年的评价是：此人乃本所最有成绩之助理，已刊著作甚受国内外专家学者称许。"似此专家人才，苟得再在国外先进的学术团体中加以培植，后来成绩必更无限量。惟在本院限于经费，无派送留学机会，而该员籍隶山东省，近闻颇有公费留学缺额待补，如能由院函致教育部转饬山东教育厅查照情形，酌量办理，亦助成人才之道也。"结果是吴金鼎于一九三三年前往剑桥专修考古学、人类学。再至一九三六年一月，山东省教育厅致电中研院，问吴氏留学期限已届三年，是否按期回国。傅斯年的回复是：该员迭经参加各地田野考古工作，并从英国历史民族考古等专门学者从事探讨，"两年以来，卓有成绩，现正继续做各项专科研究，未便令其

---

① 王汎森、潘光哲、吴政上主编《傅斯年遗札》第1卷，第227页。

中道而废，请延长留学一年。"①

值得一提的是，在傅斯年看来，就中国史研究而言，留学欧美，"无非开开眼界（此事极要紧），带点工具回来"。② 这是由于那个时代欧美的中国史研究还没有展开，几乎没有一个大学开设中国史课程。以斯坦福大学为例，坐落在西海岸，与太平洋亚洲事务联系最密切，一九三〇年代开设东方学课程虽然最多，但在一百三十余种历史学课程中，远东史有九种，其中日本史居其四，其余则是包括菲律宾、中国、交趾支那在内的远东史。一九三九年，赴美国哈佛大学东亚系留学的周一良在给傅斯年的信中称美国的中国史研究，乏善可陈。周一良写道：该系诸公尚有自知之明，对中国学生之选课，有相当之自由，盖本系内原无可谈之课也。教授们利用中国学生增加本系在学校中的声望，而中国同学则利用此奖学金选习本系之外的课程，所谓"挂羊头卖狗肉"。

周一良自叹道：在美国大学之中文系作学生，细思之终可耻耳。此间中文教授，有 G. R. Wau 研究过中国的佛教、道教，"一良曾为文评之，错误百出。其他洋人，亦多一知半解，即不可一世，以为中国学问非待本辈研究，永无结果，可恼亦复可笑。同学者每有喜于洋人辩论者，一良大抵一笑置之，不屑与之论短长也"。③ 再说到这封信的产生，是傅斯年先来函询问周一良毕业之后的打算，有劝其返国后到史语所任职之美意。几十年后，周一良

---

① 《中央研究院关于历史语言研究所吴金鼎公费留英一案与教育部及山东省教育厅来往文书（1932 年 5 月~1936 年 2 月）》，南京第二历史档案馆、中研院档案，全宗号 393，案卷号 83。
② 《致杨铨（1932 年 10 月 12 日）》，《傅斯年遗札》第 1 卷，第 427 页。
③ 《周一良函（1940 年 11 月 13 日）》，《傅斯年档案》，台北中研院历史语言研究所档案馆，李 15-3-4。

说看到傅斯年致时任北大校长胡适的信中提到他的名字,并说:"恐怕要给他教授的名义,给教授也值得。"①

傅斯年矢志于振兴中国学术,"要科学的东方学之正统在中国",举才自然不能唯留学生是用。他对于毕业于本土新俊,只要潜心向学,同样热情延纳。如没有喝过一天"洋墨水",但后来成为台湾中研院院士的严耕望,在到史语所工作之前与傅斯年没有任何交情,并且还是与之有不同学术取向的钱穆的学生。一九四五年七月,当他申请史语所工作时,自以为"异想天开",只有一线希望。他没有想到申请书和研究论文递交之后,立刻得到傅斯年的积极回应。台湾史语所现存档案保留了这些来往信件。

一九四五年八月二十日,在重庆的傅斯年,致函在李庄史语所暂代所务的董作宾,称是年请求入所之人甚多,凡无著作者,都被他谢绝了。有著作的三人中只有严耕望,似是难得之一人才,拟提议任其为助理研究员,请董作宾召集所务会议讨论。傅斯年写道:"严耕望之作为弟之提议,惟一切均请会中决定。"② 几天后,傅斯年又致函董作宾,询问是年请求入所各人之文件早经寄上,未知已开过会否?傅斯年的意见是:"严耕望君应可通过。彼在此守候已久,弟嘱其即赴李庄。水涨消息阻隔,未得兄示意,因其不能久待,乞谅之。"③ 所以,当晚年严耕望回想起傅斯年对他的关切时说:"总是寄予永恒的无限的感念"。④

关于留学大潮,其时并非没有批评。一九三〇年代,南京国民

---

① 周一良:《毕竟是书生》,十月文艺出版社,1998,第42页。
② 《傅斯年函董作宾》,《傅斯年档案》,杂 23-13-8。
③ 《傅斯年函董作宾》,《傅斯年档案》,杂 23-13-9。
④ 严耕望:《治史三书》,第295页。

政府大力推进工业化，努力提升教育和科技水平，派出了大批留学生。一九三六年前后，胡适等留欧美学人主编的《独立评论》就此展开了讨论，焦点之一就是中国何时才能培养出自己的专业学术研究人才。一九三一年毕业于燕京大学历史系、一九三五年获美国哈佛大学哲学博士学位的齐思和撰文指出：在国内一个大学生一年开销五百元，已经绰绰有余；欧美贵一点的大学一年要用五千至六千元。即使最便宜的日本，一年也要上千元左右。一九三四年，教育部统计在国外留学人数约五千人，年费约国币二千万元。按照齐思和的计算：留美学生共有一千二百人，再加以其他各国的留学生，总数应不下八千人，用费绝不下三千万。这足与全国公私立大学经费相等。"在山穷水尽的中国，每年又有大量金钱的外流，又是何等的损失！"①

同样也是留学出身的蒋廷黻、任鸿隽提出一个替代方案，即聘请外国专家和学者到中国大学任教，不必每年耗费若干万元送少数人到外国去受训练。在他们看来，"过去六十年选派留学生的历史，告诉吾人这是一种极少效果极不经济的办法。吾人最近二十年来的努力，关于各种设备，已和外国的大学，相去不远。有的时候吾人的房子还要比外国大学来得高大、来得漂亮。所缺乏的只不过是良好的导师而已。"② 另一种稍显偏激的意见认为，在吾人不能自信能独立建设新中国以前，留学当然有它存在的必要。这种制度只能当作过渡的桥梁，而不是康庄大道。该文作者进一步指出，日本和中国选派出洋留学生大概是同时的。一个是利用留学政策，树

---

① 《选派国外留学生问题》，《独立评论》第244期，1937年，第6页。
② 薛容：《关于选派留学生》，《独立评论》第150期，1935年，第17~18页。

立一个现代的国家；一个是利用留学政策，造就了大批的高等华人。这篇文章还不客气地说："现在日本留学生在欧美各国是为数极少；而中国留学生的足迹几乎普遍了欧美各国。这种如疯若狂的留学风气的确是中国最大的羞耻。"①

顺着齐思和等先辈的思路，吾人反观今天的留学大潮。最新的发展是随着近年来人民币升值和极少数富庶阶层的崛起，留学人数之多和所学专业之广，与二十世纪三十年代乃至八十年代早已不可同日而语。尤其是作为目前方兴未艾且愈演愈烈的一个趋势，谁能说得清这其中到底流失了多少国民财富。当然，不同于中学、本科留学国外，以及学习法律、经济、统计等实用专业，需要交纳高昂学费和承担在地生活费，撰写《在美国发现历史：留美历史学人反思录》的那些在美历史学人，以及今天在美国顶尖大学的东亚系、历史系学习中国史的众多留学生，大多都能够申请到美国的全额奖学金。虽然这一类留学没有太多带动国民财富的流失，却在更深层面上标示出当今中国培养和训练专业研究人才的窘迫。这就有点儿像十九世纪的美国——尽管一八八四年对外贸易进入顺差，以后每年出口达到十亿美元，那个世纪末更是扩大到五十亿美元。然而，这个向世界出口了最多数量的小麦、棉花、机械和其他产品的国家，唯独学术和思想还需要进口，这也是其时美国学术界无法忍受之轻。②

今天中国作为世界第二大经济体，除高科技产品之外，几乎制造了全球所需的所有日用消费品，却无法有效地培养出自己的学术

---

① 李宗羲：《关于留学的几个先决问题》，《独立评论》第213期，1936年，第11~17页。

② 彼得·诺维克：《那高尚的梦想》，第21页。

专业研究人才。甚至相当多就读于"211"重点大学的年轻学子，即使兴趣在于研究中国，却仍梦想"在美国发现历史"。好在政府近来陆续出台了一些被称为"千人计划"的招聘举措，针对大批留学生毕业之后滞留不归，不惜斥资百万乃至千万人民币，专门延揽那些能更快带来经济或展示性效益的理工科留学生。虽然包括中国史在内的人文和社会科学的留学生，不在政策规定的范围之内，但这些举措清楚表明政府急于振兴当今中国学术和高等教育。

再揆诸近代历史，十九世纪末至二十世纪初的美国、日本乃至二十世纪三十年代的中国，政府都未曾采行特殊的高薪延聘制度，而最大多数留学生却能学成之后，随即归国，并在各自学术领域里发挥重要作用。究其原因，除个人才智和学术素养之外，关键在于其所处的学术制度，无一例外都能够自由创办和出版学术刊物、自由组织专业学会，并有能够通过与学校行政部门及政府进行集体谈判的完整机制，以维护和争取自己作为专业研究者的基本学术权益。因此，要想让"楚才"不至于都被"晋用"，留学人员和本土新俊均能为国内学术振兴而自由挥洒才情，最重要的还是确立良好学术制度和培育良好学术环境。否则，只用重金在海外招聘一流人才，而学术制度仍是二流、三流，再以负责学术的官员是四流、五流，那么学术环境就一定是不入流，所谓振兴学术并最终结束这一曾让百年来中国学术英雄气短的留学大潮，恐怕又是一个新的天方夜谭。

原载《读书》2012 年第 8 期。

学术期刊处在危险之中

在这个特别注重行政考评的年代,"核心期刊"是目前国内学术社会的一道亮丽风景线,尤其是对那些不担任领导职务的布衣学者来说,升等、评级乃至申报项目,都要求在核心期刊上发表一篇或若干篇论文。与之相应,很多学术杂志以被列入"核心期刊"为荣,在封面或封底的显要位置上闪亮标明甚至进一步区分"国家级""省部级"。就像到处能听到的"争创世界高水平大学"说辞,"核心期刊"之滥,已很难找到一份不是"核心期刊"的学术杂志。同样是一种行政行为,欧盟委员会(European Commission)也想对欧洲一百六十六种科学史、技术史和医学史学术杂志进行评定,编一份能为欧洲科学基金会(The European Science Foundation, ESF)参照的"核心期刊"目录,即欧洲人文学科期刊索引(European Reference Index for the Humanities, ERIH)。

初选目录(initial lists)一经提出,立即遭到六十三种杂志编辑部的联名抵制。在以《处在威胁之中的杂志》(Journals under Threat)为题的公开信中,编辑们写道:这份目录没有经过充分协商,只是由一些武断、不负责任的机构编制出来的。然而,伟大的学术著作可能在任何地方、以任何语言发表。真正具有原创性的研究往往来自边缘、异端或名不见经传的角落，而非早已固定和格式化了的主流学术期刊上。他们强调，杂志应是多样性、不同种类和各具特色的，编制这样一个目录将使得杂志内容和读者的意见变得无关紧要，故商定除不参与这一危险和被误导的运作之外，还要在科学史和科学研究领域里反对和拒绝这种"时尚"的管理和评介。公开信最后写道："吾人恳求欧洲人文学科期刊索引将吾人这些杂志的名字从目录中去除。"①

数量如此之多的科学史、技术史和医学史学术杂志的集体抵制，自然使二〇〇九年欧洲人文学科期刊索引的编辑难产。然而，就欧洲学术史发展来看，这种捍卫学术研究的多样性和追求学术研究的多样化，为那些边缘、异端和不合时宜的研究提供出版平台的理念，正是各种学术期刊赖以存在的根本原因。西方最早的科学期刊英国《皇家学会哲学学报》(Philosophical Transactions of the Royal Society) 就是学术团体刊发原创研究（original research）、论文评论（review articles）和书评（book reviews）的论坛（forums）。针对当时英国学术主流注重古典语文而轻视数学，保守和呆板，并大大落后于意大利、法国、荷兰等其他欧洲国家的现状，一六六〇年，酝酿二十年之久的英国皇家学会宣告成立，以求推动英国的自然科学的发展。

六年后，即一六六五年三月，第一任秘书奥登伯格（Henry Oldenburg）出版了这份英语世界里的第一份专业学术期刊，法文

---

① "Journals under Threat: A Joint Response form History of Science, Technology and Medicine Editors," *International Journal of the History of Science Society of Japan*, Vol. 19, No. 1, July 2009, pp. 78 – 80.

《学者杂志》(Journal Des Savans) 已于三个月前先期出版。最初，奥登伯格没有明确创办学术期刊的意识，每月印刷这样一份杂志，只是为了让英国国内和欧洲的会员们更容易了解到学会的事务及其他会员的最新科学发现。当然，曾是职业外交官的奥登伯格，就像当年打探外交情报那样，对新科学的发展颇为敏感。一六六五年八月二十九日，在致英国化学家、物理学家波义耳（Boyle, 1627 - 1691）的信中，奥登伯格强调，为了让更多的人关注学会的工作，杂志将更多刊发最具原创性的研究。具体的做法是在文稿发表之前，奥登伯格通常都要交由一些专家研读，以判定是否有学术的原创力。一六七二年，牛顿当选为皇家学会会员，遂寄给《皇家学会哲学学报》一篇有关光与颜色实验的论文（New Theory about Light and Colors），迅速获得了各方的高度评价。此后，《皇家学会哲学学报》还发表了法拉第（Michael Faraday）、达尔文（Charles Darwin）等众多科学伟人的研究成果，因此成为世界上最有影响的学术期刊。①

不同于西方学术史的重心在科学史、技术史和医学史，中国古代凡百学术，皆出自史学，是一时重心之所在。就像司马迁在《史记》撰写完成之后，不是立刻付之竹帛，而是"藏之名山，副在京师，俟后世圣人君子"。在那个没有学术期刊的年代里，学术多样性的维系和学术多样化的实现及一些边缘、异端和不合时宜的学说之所以未被全部湮没，关键就在于学者的这种自信和代际间的薪火相传。感人肺腑的事例莫过于清代乾嘉学人崔述在两百年来学

---

① Dorothy Stimson, *Scientists and Amateurs: A History of the Royal Societ* (London: Sigma Books), pp. 65 - 69.

术隆替过程中的沉浮。虽然在一九二〇年代,崔述在清代乾嘉学派中最受日本东洋史研究者和中国新知识分子推崇,被视为"科学的古史家",但崔述生前很不走运:二十四岁中举,此后五次赴京会试,不中,五十七岁时方在福建、浙江两地做过几年知县,后回到家乡的直隶大名府专注于古文献的考证辨伪,仕途和学业都不显达,倾注毕生心血、花二十二年时间完成的《考信录》也不为时代看重。

崔述多少有些自我解嘲,又不乏自信地写道,世之论者都认为经济应显名于当时,著述当传于后世;他则以为治学惟胸有所见,茹之而不能茹,故不得已假纸笔以抒之;犹蚕食叶,既老,丝在腹中,欲不能不吐之耳。他自勉道:"传与不传,听之时命,非我所能预计者矣。"一七九一年,当崔述应礼部试至京师,与年轻他二十二岁的云南举人陈履和遇之逆旅。陈履和读崔述所著之书《上古》《洙泗考信录》,北面请以师事之,两月后而别去,自此不复相见。二十五年之后,陈履和来到崔述家乡,拜见老师。不料,崔述已于五个月之前辞世。临终前,崔述留下遗嘱,曰:"吾生平著书三十四种,八十八卷,俟滇南陈履和来亲授之。"当家人闻叩门之声,即知云南陈举人到来。陈履和再拜柩前,捧全书去,如京师,遂次第付梓焉。一八二四年,即崔述死后第九年,《东壁遗书》刊出一年之后,陈履和卒于浙江东阳知县任上。其时,他宦囊萧然,且有负累,一子甫五龄,无以为归计,只是在友人接济之下,方得以归土安葬。就此,钱穆先生写道:"当是时,世稍知有大名崔东壁也。呜呼,学术之精微,其相契于心髓,要以生死,有如是哉。"①

---

① 《钱穆序》,顾颉刚编订《崔东壁遗书》,上海古籍出版社,1983,第1046页。

中国近代学术全面体制化（institutelization）或可以一九二七年国民政府定鼎南京，议决成立中央研究院为标志。从这百年来学术发展史来看，一九三〇年代是一个学术最为多样化的时期。其时，自然科学的物理、化学、数学以及社会科学的社会学、经济学、人类学方从西方引入，多在开创之际，没有太多边缘、异端和不合时宜之说；学术重心在最为悠久、积累也最厚的史学领域。作为主流和核心的是有所谓"天下第一所"之称的中央研究院历史语言研究所。不同于此前提倡以科学方法"整理国故"的胡适，史语所的创办人和主持者傅斯年全然反对"国故"的观念，大力鼓吹按照西方近代科学的方法，强调重点研究语言、种族，"要科学的东方学之正统在中国"。正如王汎森等研究者早已指出的，傅斯年揭橥的史语所工作这一旨趣，深受德国兰克（Ranke）实证史学影响。

兰克对史料的开掘所以如此坚定不移、义无反顾，恰在于矢志于撰作德意志统一民族国家的历史。一八二四年，兰克出版了第一部名为《拉丁与日耳曼民族史》的历史专著，关注十六世纪转折期近代国家体系的形成，此后研究重心都围绕主要欧洲民族国家的形成，晚年更想写一部关于民族国家兴起的世界通史。毕竟，兰克的时代，德意志各邦在政治上是四分五裂的，是欧洲现代性滞后发展的国家。痛定思痛，从洪堡特（Wilhelm von Humboldt, 1767 – 1835）开始，格林兄弟（Jacob Grimm, 1785 – 1862; Wilhelm Grimm, 1786 – 1859）、赫德（Johann Gottfried Herder, 1744 – 1803）等一批德国民族主义知识分子都鼓吹从语言——种族意义上展开对德意志民族文化的研究，以求为德意志民族国家的形成提供至高无上的历史精神依据。

到了一九三〇年代，兰克学派即使在德国业已风光不再。对学术最重大的冲击是，第一次世界资本主义经济危机和苏联逐渐站稳脚跟。新一代历史学家们由此转向社会科学和接受了马克思主义，注重思考社会结构和历史变迁模式，以求更为有效地理解和诠释眼前这个剧烈变动的工业社会。这股思潮从日本影响到了中国，两个最具代表性的人物：一是一九二八年至一九二九年期间，因大革命失败而亡命日本的郭沫若；另一个是在一九二〇年代末参加中国社会性质大讨论，矢志于"把唯物史观的中国史在学术界打一个强固根基"的陶希圣。前者，在中国马克思主义史学创世纪的《中国古代社会》一书的"序言"中称：对于未来社会的期望，迫使他生出清算过往社会的要求。"目前虽然是'风雨如晦'之时，然而也正是吾人'鸡鸣不已'的时候。"后者于一九三四年十一月创办《食货》半月刊，在创刊号封底的"编辑的话"中写道："这个半月刊出版的意思，在集合正在研究中国经济社会史，尤其是正在搜集这种史料的人，把他们的心得、见解、方法，以及随手所得的问题、材料，披露出来。大家可以互相指点，切实讨论，并且进一步可以分工进行。"

虽然这两人在政治效忠上截然对立，但在学术上都认为自己处于异端和边缘，是主流学术的挑战者和批判者。郭沫若写到，胡适对于中国古代的实际情形，"几曾摸着了一些儿边际？社会的来源既未认清，思想的发生自无从说。所以吾人对于他所'整理'过的一些过程，全部都有从新'批判'的必要。"陶希圣也在晚年回忆，那时他在北平各大学和天津、济南、太原、南京、武昌的讲课和演说，"全是以社会史观为研究古来历史及考察现代问题之论点与方法。在正统历史学者心目中，我是旁门左道。正统历史学可以说是考据学，亦即由清代考据与美国实证主义之结晶。我所持社会史观可以说是社会观点、历史观点与唯物观点之合体。两者格格不入"。①

就在《食货》半月刊酝酿过程中，顾颉刚也着手创办《禹贡》半月刊。作为"古史辨"运动的中坚人物，顾颉刚在一九二〇年代举世瞩目并得到同是北大《新潮》领袖人物傅斯年的高度赞扬。一九二七年十月，中央研究院在广州设立史语所筹备处，顾颉刚是被蔡元培聘定的三位筹办人之一。然而，二人终因个性或学术信念上的不同，顾颉刚遭到傅斯年的斥责，私交断绝，不得不离开了广州中山大学，前往北平燕京大学任教，从此不涉史语所事。虽不能说二人当年的面对面相骂时，傅斯年一气之下所说"你若脱离中大，我便到处毁坏你，使得你无处去"在此时顾颉刚心中犹存芥蒂，但可以肯定的是，顾颉刚着手创办《禹贡》半月刊矢志于破除当时学术上的定为一尊。基于在北京大学、燕京大学、辅仁大学讲授的中国地理沿革史，《禹贡》半月刊最初设想以三校学生为基本作者，以此造就一批能够与史语所抗衡的新生代学者。

在《发刊词》中，顾颉刚有所指地写道：以前研究学问，总要承认几个权威者做他的信仰的对象。好像研究《毛诗》的，就自居于毛老爷的奴仆。在这种观念之下，要彻底破除这种英雄思想，既不承认别人有绝对之是，也不承认自己有绝对之是。顾颉刚说："吾人不希望出来几个天才，把所有的问题解决了，而只希望能聚集若干肯作苦工的人，穷年累月去钻研，用平凡的力量，合作的精神，造成伟大的事业。因为惟有这样才有切实的结果，正如砖

---

① 陶希圣：《夏虫语冰录》1637 条，台北：法令月刊社，1980，第 344 页。

石建筑的胜于蜃气楼台。吾人确实承认，在这个团体中的个人是平等的，吾人的团体和其它的团体也是平等的，吾人大家站在学术之神的前面，为她而工作，而辩论，而庆贺新境界的开展，而纠正自己一时的错误。"①

比郭沫若、陶希圣、顾颉刚还不在学术中心的，是一九三二年受聘于广州中山大学，随即组织史学研究会和提倡现代史学运动的朱谦之。作为那个时代最早接受马克思主义的学者之一，朱谦之在政治上崇尚无政府主义，学术上则是虚无主义，其《革命哲学》思想之激进，除了与郭沫若等人关系密切的泰东图书局之外，其他所有书店均不敢承印。朱谦之此时任中山大学历史系主任，以提倡"民族的无产阶级文化"自居，主张摆脱过去史学的束缚，不断地以现代精神来扫荡黑暗，示人以历史光明的前路。朱谦之认为以广州为中心的南方文化最富有活力，北平则老到好比一座"死城"，在当时日本占据东北、国难当头之际，充满着安静寂然的乐趣，凝结成封建势力之无抵抗的策略和学术上的考古倾向。

朱谦之批评占据学术主流的史语所诸君，专注于考古及考证派，不谈思想，不顾将来，不认为历史进化法则之存在；这样以历史事实为特殊的孤立的东西，正是其个人主义特性之充分的表现，并强调他们"是资产阶级社会之御用的史家"。一九三三年五月，朱谦之的得意门生，也是《现代史学》月刊主要编辑人的陈啸江，针对傅斯年关于"历史本是一个破罐子，缺边、掉底、折把、残嘴，果真由吾人一整齐了，便有吾人主观的分数加进了"②的说

---

① 顾颉刚：《〈禹贡〉发刊词（1934年2月22日）》第1卷第1期，第5页。
② 傅斯年：《谈两件努力周报上的事情》，《古史辨》第2册，上海古籍出版社，1982，第243~294页。

法，在该刊"中国经济史研究专号"的"编后语"中写道，历史学家们始终跳不出考古学、考据学底圈子，把历史看作"破罐子"，大做特做其补"边"、修"底"、添"把"、增"嘴"一类的工作而无已时，"现在'古墓底门'终算被吾人这一班急进的先锋们一脚踢破了，此后他们若再不睁睁眼看世界，恐怕连'金字塔'里都不能容他们久居呵！"①

更为激进的是一九三三年一月以国立北平师范大学研究院历史科学研究会名义而创刊的《历史科学》杂志。这一期刊的主要编辑人，如丁迪豪、郭昭文、萧桑，当时都是名不见经传，也许只是一些初入文史殿堂的大学生。这批人的年轻气盛反映在雄心勃勃地欲以"科学的历史理论"和"唤起民族精神"为己任，计划分期出版"科学的历史理论""历史与各种科学的关系""世界史学界鸟瞰""现代中国各派历史方法论批判"等专号，以及重点研究亚细亚生产方法、东方专制主义、郑和下南洋与商业资本及殖民、中国资本主义发展史等专题。此外，他们还拟定刊行《中国农业发达史》《近代中国工业发达史》《中国商业资本主义之史的研究》《中国历代发明史要》《历史教育研究》《中国古代社会史论丛》六种丛书。

作为其时的学术边缘、异端和不合时宜者，他们的态度和立场格外偏激、叛逆。在《发刊词》中，编辑批评了当时主流学术的考据学派和在青年知识分子中不断走红的马克思主义史学家。他们称前者把古书当作历史，寻章摘句地埋头做考证，结果，距离历史

---

① 《中国经济史研究专号》，《现代史学月刊》第 1 卷第 3~4 期，1933 年 5 月 20 日，第 367~368 页。

本身十万八千里；后者，把历史当作玄想的注脚，拾来一些江湖卖艺的通行题语，也拿来比喻中国历史的发展过程。他们说："在那种机械的脑袋里，凡是马克思恩格斯的文献中有着的历史发展阶段的名词，中国便就有了。所以各人都努力向这里找，找着一个时髦的名词便划分一下历史发展的阶段。"一封署名"次晨"的读者来信，居然称"陈垣老狗""美帝国主义骄养惯的小宝贝胡适"，并大骂那些"整天抬着王国维死骸念经的遗少们也在高谈历史，其实是历史被他们侮辱不堪，以及那些一窍不通而只知用锄掘地的考古学大博士和牛毛般的小卒子，也都在一心一意的涂改历史"。①尽管态度极不恭敬，批评十分粗糙，用语更为顽劣，但不难看出那个时代对异端、偏激和多样性的容忍程度。

　　与当时和现今欧美、日本的学术期刊相同，一九三〇年代的中国学术期刊均由学者充任编辑，故能毫不动摇地实践着自己的学术理想，从而在中国学术界也发展出了各具特色的研究取向和品质。就时居主流地位的《中央研究院历史语言研究所集刊》来看，傅斯年早就宣称：那些传统或自造的"仁义礼智"和其他主观同历史学和语言学混在一气的人，绝对不是同志，"要把历史学语言学建设得和生物学地质学等同样，乃是吾人的同志！"的确，该刊不仅没有刊登过那些没有什么名气也不在史语所学术圈子里的年青学者的文章，就连那个时代享有盛名的钱穆、柳诒徵、蒙文通等人的文字也未被眷顾。相比之下，《食货》《禹贡》《现代史学》这些边缘、异端和不合时宜的学术杂志，尽管刊登大部分文章的学术水准，尤其是在最初与《中央研究院历史语言研究所集刊》有相当

---

① 《历史科学》第5期，第3页。

差距，然而，讨论的问题却是当时中国学术界的全新和最有发展可能的领域，如经济史、社会史和历史地理。顾颉刚在《禹贡》第一卷第二期（一九三四年三月一日）的"编后语"写道，这是一班刚入门的同志的练习作品，说不上成绩和贡献，绝没有受人称赞的资格。"同样，吾人正在开始的工作，只要道路不走错，勇气不消失，又永远能合作下去，吾人的前途自然有无限的光明，也没有受人菲薄或妄自菲薄的理由。"

这就有点儿像一九二九年一月，当费弗尔与布洛赫共同创办《经济与社会史年鉴》杂志，由于地处远离学术中心巴黎的斯特拉斯堡大学，又重点刊登代表史学新方向的"经济的和社会的历史"，最初百分之六十左右的文章没有注解和参考文献（同时期的主流史学刊物中，这类文章的比例通常在百分之六至百分之十），故被当时主流学术蔑视和忽略。然而，正是该刊持之以恒地鼓励年青学者在经济史、人口史、人文地理、社会史钻研，使年鉴学派在战后法国史坛一跃成为主流，并深刻影响到一九八〇年代之前的世界史学的发展走向。① 同样，今天谁还能否认，当年《食货》《禹贡》《现代史学》在历史地理、经济史和社会史领域里，不遗余力地推出了谭其骧、韩儒林、许道龄、杨向奎、李文治、王毓铨、杨联陞、傅衣凌、齐思和、何兹全等青年学人不都是那个时代最有成就的历史学家？

当然，那个时代也为学者创办学术期刊提供了不少了便利条件。除了主流期刊有政府财政拨款之外，《食货》《禹贡》《现代史

---

① Carole Fink, *Marc Bloch, A Life in History* (Cambridge University Press, 1989), pp. 177–183.

学》《历史科学》等边缘、异端和不合时宜的学术期刊都需要自己筹款。好在那个年代的人文学科教授是一个高收入阶层，月薪约在二百至四百银圆。当时，北平的生活水准是每个月花费二十至三十元，就能租一套有二十几间房子的四合院，并雇佣一名厨子、一名仆人和一名人力车夫；如果每天再花上一元菜钱（一桌鱼唇席，十元；一桌海参席，八元；一桌鱼翅席，十二元；酒水小费合起来近二十元），就可以过很宽裕的生活。陶希圣每月给《食货》补贴一百元，顾颉刚和谭其骧每月给《禹贡》分别补贴二十至四十元不等，朱谦之给每期《现代史学》补贴一百元，这些期刊就办起来了。

需要说明的是，与所有的学术期刊一样，这些杂志都没有盈利。《食货》由上海新生命书局负责出版，每月销量约在四千份，一律照价八折，并随书赠优待券一张，得享八折购买该书局书籍之权利。《禹贡》的发行量从来没有超过一千五百份。《禹贡》创刊半年发行十二期之后，顾颉刚坦承曾请求通都大邑中几家著名的书铺代售该刊，遭到拒绝，理由是"性质太专门，恐不易销卖"；他再劝些朋友售买，得到的回复是"看不懂"。[1] 不过，《禹贡》很快得到了张国淦捐赠的小红罗厂房屋，以及国民政府教育部、中英庚款的补助，办公条件和经费得到了很大改善。此外，这些学术期刊之所以能够顺利出版，还因那个时代的南京国民政府对学术活动还没有太多猜忌和防范。《禹贡》的审批程序是：二月四日议定后，在燕京大学东门外成府蒋家胡同三号顾颉刚寓所门口挂上了"禹贡学会筹备处"的牌子，三月一日编辑发行《禹贡》半月刊创

---

[1] 《禹贡·编后语》第 1 卷第 12 期，1934 年 8 月 16 日，第 36 页。

刊号，并遵章呈请内务部及国民党北平特别市党务整理委员会登记，四月二十八日得到内政部颁发登记"警字第三四六一号"的许可，七月十七日由中华邮政特准挂号认为新闻纸类，可谓一路绿灯。在这个意义上，黑格尔的话发人深省："爱奥尼亚的明媚的天空固然大大地有助于荷马诗的优美，但是这个明媚的天空不能单独产生荷马。而且事实上，它也并没有继续产生其他的荷马；在土耳其统治下，就没有出过诗人了。"[1]

原题《万山应许一溪奔》，载《读书》2010年第5期。

---

[1] 黑格尔：《历史哲学》，王造时译，商务印书馆，1963，第123~124页。

"音像学术"是否正在到来？

关于"人文学科的衰落"，正被全球人文学科的学者们广泛讨论。与欧美、日本等发达社会相比，吾人在体制、理念和待遇方面虽有所不同，但也遭逢了一个与之相同的境遇——人文学科受到网络、电视和音像媒体的巨大挑战。即使是在笔者所在的"985"大学，"九〇后"的人文学科学生可谓千里挑一，然其对文字表达并非娴熟，尚有相当隔膜之处。毕竟，他们是伴随着日本动漫、各种游戏成长起来的新一代，对知识和外在世界的了解，相当部分是通过各种各样的音像——即使是对传统意义上的文化经典的了解也是如此。与之相应，人文学科的专业著作不再洛阳纸贵，专业学术期刊受到冷遇，毕业学生也难以找到合适的工作和获得理想的薪酬，自然无法吸引更多优秀人才而颇显衰落之象。

当然，吾人可以对这一愈演愈烈的"心灵灾难"进行严厉批评，痛责沉溺于"触屏"而不太愿意通过文字阅读思考内涵深刻的学术理念，抽象思维能力普遍下降；但谁都知道，随着数字化图像的拍摄、编辑、存储和播放技术的日新月异，这个浩浩荡荡的发展大潮是任何人都无法阻挡的。再设身处地为人着想，如果对人文感兴趣,坐在电脑前或面对"触屏"的阅读、观看和欣赏,肯定要比穿梭奔波于图书馆、书店更为便捷、经济、舒心和高效。吾人既然不得已身处这个对文字不那么热情、不那么向往自然也不那么投入的时代,与其逆向痛斥拒绝,莫如顺势利导。反思人文学科自身的不足,吾人或可找到更多化解途径和可能的方法。

仅就学术表达而言,不同于自然科学注重数据完整、逻辑合理、实验精准,研究成果主要是与科学共同体内的专业同行共享;人文学科在于提升整个社会的教养和文化,研究成果要想能够被更多人接受、理解和欣赏,不仅需要"晓之以理",更重要的还在于"动之以情"。以最应打动人们心灵的史学为例,当年王安石曾嗟叹:"糟粕所传非粹美,丹青难写是精神。"后来钱锺书先生将之引申为学术写作,称"非传真之难,而传神之难,遗其神即亦失其真"。不过,对于传统史家来说,这倒不难应对。钱先生说其可以"追叙真人实事,每须遥体人情,悬想事势,设身局中,潜心腔内,忖之度之"。

经过十九世纪科学革命的洗礼,尤其是在兰克之后,职业史家笃信有一分证据说一分话,没有证据就不说话,哪里再敢像传统人文那样"奇思妙想"呢?一九五九年,尼文斯曾在就任美国历史学会主席的讲演词中举例说,对于一五八八年西班牙无敌舰队的失败,大多数学院历史学家连几尊大炮都要考察得非常精确,却把舰队描写得那么模糊,以致大批不详的帆船汇集在英吉利海峡时,"读者也不会打个寒噤"。① 由此或可稍做推论:愈能让读者感动的

---

① 尼文斯:《不做卡彪雷特家的人,也不做蒙塔求家的人》,《美国历史协会主席演说集(1949~1960)》,何新等译,商务印书馆,1963,第267页。

研究，或愈接近历史之真精神。

　　说到让人感动的学术表达，对于那些"究天人之际，通古今之变"的大师来说，才、学、识到了一定的高度，自然不难做到著述时历历如睹、心领神会；然对于一般人来说，利用当下数字音像提供的技术手段，怕就是一项值得进行的尝试。这就好像读任何一篇批判专制统治或讨论命运的文字，绝不会比观看籍里柯的《梅杜萨之筏》或聆听贝多芬的《第五交响曲》那样让吾人热血沸腾、心潮澎湃。毕竟，图像、画面和声音，比文字有更多的思想感染力和心灵震撼力。由此吾人或可思考的是：将精深和专门的学术研究，通过纪录片和在网络平台上传播的音像表达和呈现，是否可视为化解当下"人文学科衰落"的一种尝试？

　　不同于"纪实""新闻"，更不同于"娱乐"，这种立足于学术研究意义上的追根溯源、旁征博引，自然应将这归类于表达或呈现人文学科研究成果的"音像学术"。与当下一个重学术发展相契合的是早在一九八〇年代，全球人文学科经历了最为深刻的"文化转向"（cultural turn）。学者们由以往对人物、事件、过程的关注，转向探讨文本、话语、权力，乃至更难以用文字表达的历史幽深之处的情绪、精神、理念和欲望，一个重要预期是将学术表达由以往的"知识"升华为"感受"。比较而言，两者的区别或在于：前者是居高临下的研究，需要读者领会和理解，其中难免单向度地强迫、灌输和宰制；后者是身临其境的讲述，更在于营造或烘托一种历史的现场感受，强调理解的多元性、多样性、开放性、互动性和自主性。更重要的是："知识"是外在的，接受者随时有可能被剥离或被摒弃、失落；"感受"是内在的，多少都会触及接受者的精神和灵魂，故很可能就是刻骨铭心的。

马克思早就说过:"人们自己创造自己的历史。"与之相应的历史认识、历史判断就不应总由少数人把持。毕竟,在过去十多年里,海量的人文历史数据、影音、文字被数字化,并不断由很多海内外公私典藏机构、大学图书馆在网络平台上开放,登录之后较容易下载,从而给更多非专业人士提供了参与人文学科的学术研究之便利,自然大大拓展了人文学科知识建构的公共性及合法性。一个最为成功的案例,是二〇〇一年横空出世的维基百科,鼓励所有人参与编撰和修订,不到十年就让包括美国的《大英百科全书》、法国的《环球百科全书》在内的一些世界著名百科全书宣布停止发行印刷版。

国外一些顶尖人文学科的专业研究已不乏类似的尝试。二〇一四年,剑桥大学出版社出版了美国布朗大学历史系助教授乔·古尔丁(Jo Guldi)与哈佛大学历史学教授大卫·阿米蒂奇(David Armitage)合著的《历史学宣言》(The History Manifesto),主旨是通过反思当下各种文化和文明的危机,讨论作为人文学科的历史学当怎样回应,以及如何提供只有历史学能贡献出的解决方案。值得一提的是,出版社在该书出版之后,随即设立了全书下载的网页,并开辟了能让更多人自由参与的讨论区。[1] 编辑的欢迎辞还吁请那些非专业的读者积极参与,写下他/她如何理解历史学,以及如何设定自己的"历史学宣言"(your own "History Manifesto")。这是期望通过向大众开放的"辩护/讨论"(defense/discussion),使相关论述能够比在专业学术期刊上的"文字表达"遇到更为多向的碰撞、交锋中受到洗礼和淬炼。

至于人文学科的专业学术研究者个人,尤其对于那些进入专业

---

[1] http://historymanifesto.cambridge.org.

领域不久的年轻学者来说，化解"人文学科的衰落"还需要找到可以发表，或能够更多发表研究成果的选择。当下如果想发表研究成果，学者必须投寄给某一"文字学术"意义上的人文学科专业学术期刊。国际学术界目前的通行法则是所有高质量的学术专业刊物，都实行了同行专家的匿名评审制度（peer review）。这也是学术专业刊物为维持学术水准的不得已之举，难免有些评审专家，或专注于自己的研究，或有更多事务需要处理，可能敷衍随意地进行评审。最常见的是他们对评审论著，有可能只是大致看看，没有做进一步的查对核实，随手写几段所谓泛泛而论、不着边际的评审意见。

然而，更多情况下是随着人文学科的学术研究日益专门化和精致化，同行专家可能并非真正意义上的同行。他们不熟悉评审论文的研究状况，无法对评审著述的学术水准做出恰如其分的评估，故英语世界中有一个万般无奈的专用词汇"peerless"（"难得同行""不太同行"）。又由于在人文学科的同行专家匿名评审中，由于不能像自然科学那样进行实验检测，更多需要凭经验、资历和素养，故统计数字表明如果是熟知的议题，稍微有些渐进性的提法较易得到肯定；相反，如果是不太了解、再论证迥异于此前的研究，则往往容易受到否决和排斥。

由于只可能刊发评审专家熟悉的研究成果，一个最严重的后果是主流学术无不具有高度一致性、趋同性和封闭性，从而造成缺乏生机和活力的沉闷局面。如果在学术制度较为完备的社会里，那些矢志创新又身处边缘的研究者，则可以从推进人文学科多样化的愿望出发，创办属于自己学派独树一帜的同人期刊。如一九二九年法国年鉴学派的创始人费弗尔和布洛赫创办的《经济与社会史年鉴》、一九五一年英国的马克思主义知识分子创办的《过去与现代》，都是拒绝遵守现行历史学设置（refused to conform to the historical establishment）的范例。针对其时各自学术社会里一统天下的政治史、上层精英史，他们之所以要创办自己的学术期刊，目的在于迥异主流、另辟蹊径地研究社会经济史和普通劳工史。①

回到当下中国，学者自主或独立创办一份专业性期刊并不容易，故最方便的通道可能就是利用有更多可能性、选择性和不确定性的"音像学术"，人文学科研究者上传自己的学术研究成果，接受更多人点击、播放、评论、转发的审查和检验。当然，由此带来学术发表门槛的降低，虽可能导致一些粗制滥造的垃圾盛行，却也有可能催生若干极具创新意义的研究脱颖而出。正如人们不能因为担心"病从口入"而不饮食，如果能够涌现出更多的学术创新，即使有不少学术垃圾出现，但仍然是一个社会、一个文化和文明可以承受也应当承受的"利大于弊"。尚可不必过度忧虑的是，古人早已说过："君子之泽，五世而斩"，学术从来都是在竞争充分的大浪淘沙中薪火相传、绵延不绝。那些缺乏学术含金量的华丽表达，虽然可以震烁一时，却无法在历史长河中留存久远。所以，人文学科研究成果在"音像学术"意义上的传播和表达，带来的将不只是权力解构，还有更多建设性的学术自由和民主化的意义。

正是大数据（Big Data）和数字科技的迅速进步，使"每个人都是自己的历史学家"成为可能。从历史的角度来看，这就有点像欧洲当年宗教改革时的印刷术革命，将原来只是拉丁文且只由少数天主教神父解释的《圣经》，翻译成那时被视为粗俗鄙陋的德

---

① Margaret E. Stieg, *Origin and Development of Scholarly Historical Periodicals* (The University of Alabama Press, 1986), p. 68.

文、英文、捷克文等地方文字，让更多人挣脱了天主教会的管控而走向了自我救赎的思想解放运动。吾人或还可以将之比作国人更为熟悉的"五四"时期白话运动，通过对那些"引车卖浆之徒所操之语"的提倡，自由、民主、科学、平等、博爱等人类永恒价值观方被更多国人了解和接受。

老子曾经说过："有名万物之母。"当代西方著名哲学家海德格尔更是认为："语言是存有之屋。"相对于"文字"而言，即使音像再情深意切、璀璨绚丽，然更为深刻、精准、持久的学术理念，仍需倚赖语言和文字来诠释、分梳和整理。正所谓"物有所不足，智有所不明"；吾人倡扬的"音像"相对于"文字"，虽各有强项，却自有其限制，应当互为补充而相得益彰。如果有更多人文学者愿意尝试，吾人或可做点大胆想象，即这种"音像学术"的表达将不再只是少数人探究的"知识"，与之并列的还有更多人自愿参与的学术研究和学术"感受"。毕竟，各种音响、画面加上图像，构成眼观、耳听、心悟的三位一体接受，似更容易让那些还暂时无暇参与学术研究但对人文感兴趣之人获得更多现场的心灵"感受"。至少就史学来说，用"音像"呈现以往历史的纪录片，相对"文字"更能让公众身临其境地进入那个历史时代和感受历史真精神。这自然就会更多一些"心同此心，情同此理"的理解；更少一些当下置身历史之外的恍惚和木然。由此吾人可以相信：当学术研究的智慧之光照亮更多人的心灵，或者说更多年轻研究者能够轻松上传研究成果，人文学科就会更为多样性和多元化，那么所谓"人文学科的衰落"或许能够得到某种程度的化解。

原载《社会科学报》2015年9月25日，第5版。

学术社群的自主与独立性

近代科学之所以能够日新月异地发展,自然有多方面的原因,但如果就学术内部运作机制来看,关键还在于高度自主和独立的学术社群之形成。如傅斯年于一九二八年撰写的《历史语言研究所工作之旨趣》所言:"集众的工作渐渐的成一切工作的模式了。"其时,蔡元培等一批留学欧美且与南京国民政府关系密切的学术领袖,为推进中国的科学和学术研究,鼓吹效仿法国法兰西学院、德国科学院和苏联国家科学院,成立一个由政府提供财政支持、学者们进行自主和独立研究的中央研究院。

在得到中央政治会议允准之后,傅斯年受蔡元培所托,负责筹建和主持了历史语言研究所。有着在英国、德国游学七年的经历,且旁听过实验心理学、量子力学,后对德国历史语言学研究感兴趣的傅斯年,自然十分了解近代学术体制化(institutionalization)的重要意义,称:"历史学和语言学发展到今天,已经不容易由个人作孤立的研究了,他既靠图书馆或学会供给他材料,靠团体为他寻材料,并且须得在一个研究的环境中,才能大家互相补其所不能,互相引会,互相订正,于是乎孤立的制作渐渐的难,渐渐的无意谓。"

的确,在西欧历史演进中,商品经济繁荣和城市化发展全在于自主和独立的市民社会之形成,学术研究体制化推进了各种学术社群(learned societies)的创设,同样也将学术自主与独立性作为核心追求。十一至十三世纪,西班牙的阿拉伯学者将亚里士多德、欧几里得、托勒密等一批学者的希腊哲学和罗马法律著作翻译出来,先传到意大利,后遍及整个西欧。此时西欧商品经济日趋复苏,人口增长迅速,不仅教皇需要神职人员和教会管理人士,国王需要行政和司法官员,逐渐兴起的城市也需要繁荣城市文化的诗人、作家和通晓法律、医学和经济事务的专业人士。

一二〇〇年前后,在意大利的萨莱诺(Salerno)、博洛尼亚(Bologna)和法国巴黎出现了最早的大学。来自拉丁文的"大学"(university)一词,最初只是指一些人群的总和(totality of group),既可指理发师、木匠,也可指大学生,没有后人所赋予的"普遍万物"(universe)或"普世性知识"(universality of learning)的意涵。博洛尼亚的学生来自意大利各地甚至远至阿尔卑斯以南,即今法国南部、瑞士和奥地利等地。他们组织起被称为"大学"的团体,首先是要对付那些看到学生人数增加、房源紧张,处心积虑提高房租的房东。为了得到合理的价格,学生们派出代表与房东交涉,声称如果房租上涨太快,他们将集体离开。

接着,"大学"还要对付学生们的"其他敌人"(other enemies),即传授知识的教授们。"大学"要确保教授们不得随意增加学费,学生们付出学费之后,能够得到物有所值的知识传授。与之相应,教授们也组织了类似行会(gild)的"学院"(college),以避免同行间为争夺生源的恶性竞争,并阻止那些没有经过同行投票评议,或未能通过"硕士""博士"学位答辩,擅自开设课程,与之争抢饭碗的外来者。再至十四世纪至十五世纪前后,这些在意大利、法国的最早大学,以及英国的牛津、剑桥大学先后得到教皇或国王的特许,拥有了免受任何行政权力无端干涉的自主和独立办学权。①

有形大学的出现只是其时学术社群追求学术自主和独立性的第一步。因为不论对于大学生、教授,抑或教皇、国王来说,组成和给予大学、学院特许状的动机,都在于最大限度地谋取自身利益。大学本是一个有着各种等级制度及复杂人际关系的名利场,常常发生以假乱真或劣币驱逐良币之事,学者们难以远离尘嚣、自主和独立地进行精深的专业研究。至少在洪堡(Friedrich Wilhelm Christian Carl Ferdnant von Humboldt, 1767 – 1835)大力倡导学术自主和学术自由理念或德国的研究性大学兴起之前,包括牛津、剑桥在内的欧洲大学校园,充满了尔虞我诈、投机钻营的市侩气息。一七四〇年至一七四六年,亚当·斯密在牛津就学。他说该校大多数老师如同南洋土人,不懂得什么是自然科学的研究程序和意义,课堂里净是些"低劣的讲解"和"毫无意义的讨论"。

一七八八年,一位外国旅游者参加了牛津公开讨论会,看到的也是充当主席的提案辩护人和三个反对提案的人,根本不发言,只是专心阅读流行小说。亚当·斯密在《国富论》中写道,这里的"教授,简直连表面上装作教师,也不装了"。斯密离开不久,后来撰写不朽的《罗马帝国的衰亡史》的吉本也到牛津住读,其指导教师除规定的一门课程外,一点儿也不多教。作为乡绅出身的自

---

① Charles Homer Haskins, *The Rise of Universities* (New York: Henry Holt and Company, 1923), pp. 14 – 16.

费生,吉本有权在教员公用休息室里喝茶,从而可以听到教师的谈话。然而,他说自己从来没有听到教师们谈论文学和科学方面的事情,听到的"只是谈论大学杂务,托利党的内部斗争、个人轶事、私人丑闻等等"。晚于吉本几年,边沁也说过类似的话,即若想在牛津治学是不可能的,那几年是他一生中最为徒劳无益的岁月。这也难怪斯密在牛津的六年时间里,所有的时间都用于自己的阅读和思考,并称:"就这点来说,当时教师们懒惰散漫、无所用心,也许倒是件好事。"①

学术社群进一步追求学术自主和独立的里程碑式发展是与这些有形学院相对的专业学会或被称为"无形学院"(invisible college)的创建。一六四五年前后,十多位年轻的科学爱好者聚会伦敦,成立一个午餐俱乐部。他们决议每人出一先令作为会议费用,每周讨论一次当时被称为"新哲学"(new philosophy)即今天所说的"科学"(science)。一六六〇年,英国内战结束,这些新哲学的研究者们恢复了中断已久的聚会,集中讨论那些在当时大学里被视为雕虫小技或被视为不务正业的物理、数学、化学和天文等实验哲学。十一月二十八日,在出席格雷沙姆学院天文学教授克里斯托弗·雷恩(Christopher Wren)的演讲会之后,十二位有志于促进新哲学的积极分子,拟定了四十人的一份名单,宣布将成立一个促进物理、数学的实验科学学会,并商定每周三下午三点集会。

一六六二年,国王给他们颁发了皇家特许状,将之定名为"皇家学会"。翌年,国王再赐给学会一根镀金执权杖,每当召开学会理事会或学术会议时,摆在主席面前,以示郑重和高贵。一六

---

① 约翰·雷:《亚当·斯密传》,第 20~22 页。

六三年，国王第二张特许状又赐给皇家学会纹章，上面刻有霍拉斯的一句格言："我不追随任何权威，也不要求上帝保佑。我不需要尊敬任何大师的言语。"这就是说学会不盲目承认由古至今任何哲学家们提出的假设、自然哲学的规律与学说；不盲目承认任何现象的解释；更不会武断地给科学事物的规律下定义。作为国王特许的独立法人，学会由会员组织，会员每年交纳会费，无须任何形式上的政府批准，就可制定章程、选举学会领导和管理人员。为了避免无谓的意志争执，学会决议不得在聚会时讨论政治问题和宗教事务，专心致志于纯粹的学术问题。用著名科学史家迈克尔·亨特（Michael Hunter）教授的话说：如果要讨论"新哲学"之所以被"确立"，不能仅注意早期皇家学会的运作，还应思考这一科学研究体制化的影响。[1]

此后的发展证明，不同于当时各大学推崇权威、迷信教条、注重等级与资历；专业学会则是专业研究者们面对面或以通信进行平等学术交流的平台，不分阶级、年龄、种族、性别和国籍，唯在于能让同行信服的研究能力和水平。一六六二年加入皇家学会的胡克（Robert Hooke）学术地位低下，曾给波义耳（Robert Boyle, 1627－1691）担任过八年实验助手，证实了著名的"波义耳定律"。一六六七年，这位虽没有大学学历，却有着惊人的实验能力和科学探索热情的胡克，被皇家学会聘为秘书，任职近二十年。正是他对牛顿光学理论的严格挑剔，迫使牛顿后来做了大量在原始论文中没有做的考察，并不得不以补充实验去检验此前没有考虑到的一些理论问

---

[1] Michael C. W. Hunter, *Establishing the New Science: The Experience of the Early Royal Society* (The Boydell Press, 1989), p. 42.

题。

　　学会鼓励原创性研究，在同行严格评议之下，最重要的研究成果总是能被及时发现和承认。一八二八年，达尔文转入剑桥大学基督学院。由于他不专心致志地学习神学，只对收集昆虫标本感兴趣，被导师视为"懒惰和游手好闲"，没有获得学位。一八三九年，达尔文以杰出的生物学才能，被选为皇家学会会员。一八五三年，作为被承认的生物学家，他获得了学会颁发的皇家奖章（Royal Medal）。一八五九年，达尔文出版了《物种起源》（Origin of Species），得到了学术界高度关注。作为比较，美国哲学联合会（American Philosophical Society）于一八六九年授予达尔文名誉会员，其母校剑桥大学则在《物种起源》出版二十年后，方授予他一个名誉学位。

　　尤其是在那个民族国家形成的年代里，学会始终坚持学术无国界的原则，矢志于"同世界各地所能找到的最富有哲学思想和好奇的人物进行交往"。在美国独立战争之时，两国处在敌对状态，皇家学会仍然保留了一七五六年被选为会员的富兰克林的会籍，并支持他关于闪电争论的观点。第一次世界大战时，学会否决了从会员名单中清除"敌对外国人的动议"。第一次世界大战乃至第二次世界大战结束时，所有德国的外籍会员都保留着会籍。会员们坚信：促进科学发展的是实验和观测，而不是权威，这都有赖于不分种族和信仰的学者之间的交流。[①]

　　反观这种专业学会在中国的发展，如果仅就学术自主和独立性

[①] 安德拉德：《英国皇家学会简史：1660～1960年》，中国科学院图书馆情报室译，中国科学院计划局，1979，第18页。

之追求而言，恐怕非如梁启超在戊戌前夕为动员士人参政撰写的《变法通议》中所言：是中国二千年之成法也。原因或在于历史上中国学术的重心在文献，或文本意义上的经史之学。学者研究经史，大抵二三素心之人，独处一室，覃思史事，参伍错综，比物连类，以相参照；不一定非要像自然科学研究，尤其如近代意义上的物理学、解剖学、几何学、天文学、航海术、静力学、磁学、化学、机械学等研究那样，除研究对象的内在要求之外，还必须考虑到对其他研究者可以推知的批判态度或实际批评的反应的影响，通过各种能被他人反复检验的实验，以证明结论的真理性。

历史上的中国学人也有互出所学以相质者，但那多是个人间的交流，从未形成类似欧洲近代学术体制化的创设。明末清初著名学者顾炎武，四十五岁后以二马二骡载书北游，先在莱州、青州、邹平等地会见诸位北方鸿学大儒，后又在太原会见考据学大师阎若璩。顾氏以所撰《日知录》相质，阎氏为其改订五十余条，顾氏虚心从之。此外，中国历史上虽有读书人结社，如梁启超所举明末的东林、复社，但这就像戊戌之时的保国会，更多的还是一个抨击时政、臧否人物的政治或道德社团，而非近代集众的专业学术研究。

至于一些地方草根性的读书人会社，更只是唤群氓、挽颓波，绝无自主和独立地推进专业学术研究之考量。一八五五年，上海盘龙镇读书人成立戒淫会，约定入会之人，择一吉日，恭祀文武帝君，并将乡贯姓名填在戒淫单上，签押焚化，以期不负此盟；家中一切淫书小说，搜出焚化，地方上或有淫戏及弹唱淫词者，尽力加以劝止；每日清晨将劝诫格言，庄诵几章，凡动静之断，务必战战兢兢；同人会晤，须谈去邪归上之方，而非秽事；至帝君诞日，各备香烛，亲至座前，虔诚上告，于众人聚集之时，宣讲格言教条，俾乡里有所观感。这些读书人相信："我等既设此举，必有人指为迂腐者，抑知古圣贤于淫恶，垂训谆谆，岂名训不足法耶？抑岂今人高出古人上耶？凡志士当坚持久远，以祈转移流俗，毋反为流俗所转移。"①

　　近代中国最早的专业学会可能是一八八七年由在华医务传教士于上海成立的博医协会（China Medical Missionary Association），目的在于解决当时在华外国医务传教士普遍面临的传教与行医的两难尴尬，使之更专注于疾病疗治和医学研究。其时，随着欧陆细菌学、解剖学、公共卫生事务，以及化学医药工业的飞速兴起和发展，医学与以往密不可分的宗教事务分离，成为近代科学的一个重要部分。同时，在华医疗传教士的教会医院、诊所也从十九世纪中叶的珠江三角洲、长江三角洲，开始向内陆、边疆省份扩展。教会诊所和医院每人每天诊疗数以百计的华人病患，再加上在欧美受过高度专业化的教育，这些医务传教士们无暇或没有兴趣在传教和医学方面一心二用，自发地组合了这一能够超越各自分属的不同差会、不同种族和不同国籍的专业交往平台。

　　那个年代虽然有些中国医生参加了欧洲国家的专业学会，但由于没有学术社群的建制，故也没有追求学术自主和独立性的进一步发展。总理各国事务衙门档案记载，一八九七年三月，荷兰驻北京公使转来该国医会公函，邀请中国医士参加该会并问每年能

---

　　① 金惟鳌纂《盘龙镇志》，《中国地方志集成》（2），上海书店，1999，第661~662页。

否予以资助。总理衙门遂咨行各省酌量办理，几个月后收到福州将军禀报，称侯官县城医士郭永淦与同县举人林菁素精岐黄，著有医书，今经禀请，列名入会。与此同时，上海道代南洋大臣刘坤一也捐款四百元，送至荷兰驻沪总领馆，并将上海一些华人医生列名于会。

不久，荷兰使馆寄来学会新出的《荷兰文学报》，称按医会规定，凡入会者每人每年须出银钱一镑，请总理衙门令该医生等将此款共十五镑寄来，由其转交该国医会。总理衙门很快回复，称此前允准列名学会的福州医士郭永淦因年老多病，举人林菁出外，另图生业，两人请求辞去会员身份，以免纳会银。荷兰公使的答复是：学会章程规定，凡医士出会，须待西历年终方可，故还须按章交纳是年会费。总理衙门又回复道：闽浙总督已饬福州府徐兆丰、闽县陈督促二人交纳会费，共计银八两，"不敷之数，由总理衙门支付"。①

中国人最早创设并将自主和独立性作为一项重要追求的近代学会，大概可追溯到一九一五年成立的中华医学联合会（National Medical Association）。其时，中国虽已有了博医协会，但会员是洋人医务传教士，华人医生被排除在外。于是，三十余名留学日本、欧洲、北美的华人医生自发会聚上海，决议成立华人医学会。那个年代尚没有行政权力的干预，他们则将会名的英文标以"National"，以强调自主与独立于洋人们的博医协会。到了一九一九年前后，该学会有四百五十名男女会员，定期出版了中、英文

---

① 《各国赛会公集》，《总理各国事务衙门》第40册，台北中研院近代史研究所郭廷以档案馆，索卷号 01-27-015-01。

《中华医学杂志》(*National Medical Journal of China*),召开了每年一次的学术年会,受到世界医学界的关注。

再至一九三〇年代前后,留学生回国人数日益增加,并多占据了各学术机构的领导职位。一大批自主和独立的专业学会,如地质学会(1922)、天文学会(1922)、物理学会(1932)、化学会(1932)、地理学会(1933)、数学会(1935)、哲学会(1936),都是在这一时期创设的。就这些学会的组织结构和运作形式来看,参照和吸纳了欧美专业学会的模式,作为自由人的学术自由联合体,鲜有行政权力的介入和控制。例如一九三二年八月二十五日,新成立的中国物理学会在北平研究院物理研究所召开第一次年会,出席会议的都是从事一线教学和研究的专业学者,不见国民政府官员煞有介事的君临指导。

见诸报端的新闻也志在彰显专业学术研究之率性之真,而无意识形态化的空话、套话或商业化的矫情炒作和包装。闭幕晚宴上,哈佛大学博士、时任清华大学理学院院长、被选为该会副会长的叶企孙教授,向与会者敬酒,旁边之人则劝其先将杯中之酒饮尽。叶以牙签量酒杯圆径,笑语众人曰:"吾杯之圆径,容酒亦多,饮之,吾必吃亏。"众谓:"叶博士既无美国太太,又无中国爱人,当然无人禁酒,不妨痛饮三巡,以尽豪兴。"叶闻是语,微笑不答,举杯一饮而尽。当时,有人问叶贵庚几何?叶答以五十岁,众大笑。有人谓叶系三十五岁,又有人谓叶不及三十岁。叶氏严守秘密,正确年龄,尚在调查。又有人向主席建议:"博士现尚未娶,即请作媒,以尽友谊。"主席笑云:"此事大家均应负责。"正笑语间,有杨博士代为解释道:"叶博士对于女性,感情尚浅;而研究科学兴趣甚浓,正将全付精神,牺牲于学问之中。

故在科学立场上，足以救中国，但在民族主义上着想，则未免少有逊色。"①

在一个权势集团得到充分制衡的社会里，学会的功能自然不能只限于提供平等交流的学术平台，还需要在学会及成员进行专业学术研究承受外在权力干预时，勇于维护和捍卫专业学术研究的自由和独立性。一九一五年成立的美国教授联合会（American Association of University Professors，AAUP）就是一个典范。一九〇〇年前后，斯坦福大学经济学教授、社会学家罗斯（Edward A. Ross）着手调查修筑西部铁路时雇用包括大批华工在内的外籍劳工问题。这条铁路（南太平洋公司，Southern Pacific Company）的投资方和运营者是斯坦福大学赞助人斯坦福（Leland Stanford），因此受到了斯坦福遗孀简·斯坦福（Jane Stanford）的干预，罗斯最终被迫离职，从而引发了诸多抗议。

一九一三年，美国经济学协会（American Economic Association）、美国社会学学会（American Sociological Society）和美国政治科学学会（American Political Science Association）成立了为维护学术自由和争取教师们的永久教职（tenure）的联合委员会。也正是在这一年，在拉法耶特学院（Lafayette College）任教的自由主义哲学家约翰·M. 梅克林（John M. Mecklin）教授，由于讲授实用主义、相对主义和进化论，被信奉正统加尔文教义的校方解雇。梅克林是美国哲学学会（American Philosophical Society）和心理学会（American Psychological Association）的会员，两个学会虽组织了专门的调查委员会，发表了措辞强硬的声明，却未能说服校方收回成命。

---

① 《严济慈谈国际物理协会内容》，《全民报》1932 年 8 月 26 日，第 2 版。

于是，霍浦金斯大学的十八位全职教授，率先倡导成立美国大学教授联合会（AAUP），立刻得到了来自哥伦比亚大学、康奈尔大学、哈佛大学、普林斯顿大学、耶鲁大学教授们的响应，并在霍浦金斯大学俱乐部召开了成立大会。最初会员是来自六十个学术机构的八百六十七名教授，六个月之后，协会会员增至一千三百六十二人，来自七十五个学术机构；至一九二二年一月，协会会员增至四千〇四十六人，来自一百八十三个学术机构。作为职业防护机构（organization of professional defense），协会最关心教授们在大学里的学术自由和教职。为了确保教授们的权益，协会最初制定章程之时，一个反复争论的问题是：校长或担任学校重要行政职务之人可否入会。反对者强调：这是吾人第一次成为吾人自己；折中意见则认为校长可以投票但不能发言；反对者担心行政人员的票数肯定会超过教授们的票数，因为教授可能无法承担参加会议的费用而不能如期与会，行政人员的费用则可由机构报销——教授们需要一个能够充分表达自己观点的会场、一份能够充分表达自己意愿的杂志，以及一个可以由自己完全掌控的机构。①

这种矢志维护学术独立进而争取学者权益的学术自由联合体是否符合中国国情？答案是肯定的。因为一九三〇年代就已有了这样的学术机构，并运作得虎虎而有生气。一九三二年九月二十五日，平津国立院校教职员联合会在驸马大街北师大文学院办公处召开了常务委员会例会。由于国民政府没有向北平各国立大学拨发足额经费，教师们只能领到五成薪水，会议决定集体向政府索取。此外，

---

① Richard Hofstadter and Walter P. Metzger, *The Development of Academic Freedom in the United States*（New York：Columbia University Press, 1955）, pp. 471 – 506.

会议还讨论了当年七月教育部召开国立专科以上校长会议，就教职员竭诚与校长合作、整顿学风做出决议。会议认为教育部决议案中列入此条是教育当局及校长们认为教职员不合作，亦为学风败坏之一重大原因。一校之内，校长与教职员应协同处理校务，自是要图，合作是相互的，非片面的，不能仅责备教职员一方。教职员联合会常委会决议办法的第三条是，校务应公开讨论，征集全体教职员意见；教职员之进退，不得以校长及学生喜怒为衡，"校长聘请或辞退教职员，应说明理由，公开全校"。①

如果进一步追问：一九三〇年代之后，这些自主和独立的学术设置何以如黄鹤西去，杳然不见踪影？原因或先在于抗日战争爆发，国难当头，学者多为民族主义或爱国主义战士，以国家利益为重，不再奢谈学术自主和研究者个人的正当权益；后由于一九四九年南京国民政府败退台湾，实行军事戒严，钳制言论、集会和结社；大陆留存的学术机构迅速被国有化、单位化，并大力推进知识分子的思想改造运动，致使学术社群荡然无存。到了今天，台湾随着民主化的大潮，解禁了公共舆论，切实推进了教授治校、研究员治所的学术原则，较为独立和自主的专业学会业已形成。

一九八〇年代之后的改革开放使各专业学会虽渐次恢复了活动，然此专业学会已非一九三〇年代的彼专业学会，几乎都是科学院、社科院的附属机构，经费来自国家财政拨款，没有自主出版学术著作和刊发学术期刊的特许权利，主持者也多为担任行政职务，或曾担任过行政职务的学术官员，在各供职单位享有不同等级的行政待遇和薪水补贴，这均与专业学会原本追求的学术自主、独立的

---

① 《教联会将开全体大会》，《全民报》1932 年 9 月 26 日，第 2 版。

核心价值相差甚远。鉴于今天举国上下议论最多的学术话题是大学受到过度行政干预和权力控制，学风浮躁乃至学术腐败似已积重难返，无以复加。如果考虑到短期内无法拨乱反正，那么尽快恢复或激活这种在欧美早已为常态且于一九三〇年代也曾在中国发挥过重要作用的专业学会的学术自主和独立性，恐怕不失为纯净当今学术风气、维护学术尊严最为便捷和有效的一个选项。

原载《读书》2010年第8期。

"共享权力"与"学术自治"

一二〇〇年前后,发端于欧洲那些最早的大学,如博洛尼亚大学(意大利半岛)、巴黎大学(法兰西)和牛津大学(英格兰),学校行政事务的处理端赖于教授之间"共享权力"制(collegiality)。对这些新兴学术机构的称呼,不同于其时学生们用的"大学"(university),教授们用的是"学院"(college)一词。在辞源学意义上,"collegiality"是"college"的衍生词,来自拉丁文"collegium"一词。是用"共同"(together)一词的前缀"col",加上表示法律的词根"leg""lex"而组成。按照字面意思理解,在古罗马指的是根据法律形成的一个团体(a union formed by law),具体说是摒弃了支配性权力而自由组合的"一个俱乐部或社团,一个人们共同生活的群体"(a club or society, a group of persons living together)。[1]

"共享权力"制规定了大学此后的发展走向。此时正值欧洲社会经济发展、工商业复苏和城市出现,各地急需一批具有专业知识的

---

[1] Charles Homer Haskins, *The Rise of Universities* (New York: Henry Holt and Company, 1923), pp. 14 – 16.

律师、法官、顾问、医生等人才。如在经济颇为繁荣的博洛尼亚，先聚集若干通晓神学、法律、医学知识的教授，后追随一批来自各地听课的学生，接着发展成常年开班授徒的"大学"或"学院"，以从事适应当时社会经济发展的知识传播和创造。作为比较，其时也被视为学术机构的修道院，修士们谦卑恭敬地祈祷，反省和抄录古代拉丁著作，专心致志地献身上帝，对院长和教会俯首帖耳、唯命是从。这些新兴学术机构奉行"在真理面前人人平等"，权力运作就必须是教授之间的"共享权力"，目的在于充分保证学术共同体内的学术自由和人格独立，防止可能出现的排斥异己、打压对手的垄断和专制性权力。概言之，前者是强调服从的垂直威权体制，为的是宗教信条不被质疑和挑战；后者是注重合作的平行权力协调，为的是能够不受任何限制地探索未知世界和发现真理。

再随着大学的进一步发展，尤其是到了十九世纪兴起的科学革命，欧洲重要大学的规模迅速扩大，学科设置不再像此前只有神学、哲学、医学和法学四个专业，而是增加了诸如历史、语言、地理、经济、物理、化学、生物等被称为人文、社会科学和自然科学的新兴学科，并开始出现实验室和学术研讨班（seminar）的形式。教授人数由此前的几名、十数名，增加至数十名，乃至近百名。此前所有教授参与的"共享权力"，在大学层级上转变为由教授每人一票选举产生的教授会（Faculty Senate, University Senate）。作为一项立法发展，一八五八年苏格兰议会颁布大学法令（Universities Act），针对境内包括爱丁堡大学在内的五所影响最大的大学，以皇家特许名义认可由每位教师投票产生的"教师会"（Academics Senate），并核准其在学校管理过程中拥有参与咨询、监督，乃至决策的权力。

实际上，立法也是针对十七至十八世纪的专制王权及后来民族国家政府的干涉，在于确保大学的"学术自治"（academic autonomy）。毕竟，教授会保证了教授们与校长、董事会和校友会其他权力主体的"分享治理"（shared governance），防止形成呆板的臣属性服从和绝对权威。所以说，确定了凡涉及学校发展的重大事项均须多数同意，这在制度层面上就根本区别于其时欧洲民族国家日益成形的政府机构、军队、警察、市政采用的那种等级森严的官僚制（bureaucracy）。十九世纪欧洲的发展极不平衡，对于有着自由主义深远传统的英国和经过矢志于自由、平等、博爱的大革命洗礼的法国来说，"学术自治"基本上可以不受侵犯；但对于专制的德国来说，则需要坚持不懈地争取和捍卫。一九一九年，马克斯·韦伯在慕尼黑大学向学生联合会所做的关于《以学术为志业》的演讲，又告诫未来学者必须高度警惕随着现代性发展，在兵营、宫廷、政府以及教会中盛行的官僚制，可能会伸展到以相互平等、彼此尊重的"共享权力"为基础而运行的大学，使之蜕变成一个僵化呆板、等级森严，自然也是追逐名利、趋炎附势的科层组织。

毕竟，此时欧洲知识界业已形成了这样的共识：一所大学，不论经费有多充足、学生有多众多、建筑有多宏伟，但如果没有教授间的"共享权力"，就不会有学术自治和学术自由，也不会有很高的学术水准。一九一〇年刊出一份中国教育期刊，载文介绍德国大学时指出，该国"大学虽由政府设立维持，亦由政府监督之，惟旧时团体之性质，尚有存者，故其自治力，亦未尽泯，全校职员之选举，属于其权限之内。故学长及评议员部长等，皆自行选举，于教授之任免，尤有非常之势力"。[①]

---

① 《德意志大学之特色》，《教育杂志》第 2 卷第 11 期，1910 年 11 月，第 90 页。

作为效仿欧洲而后发的大学,美国经历了同样艰难的抗争历程。因为直到一八六〇年代南北战争爆发之前,美国大学都还是由教会掌控,无一例外地没有"学术自治"的传统。其时,校长通常在具有最终决定权的董事会的领导下,行使校园治理权力(有时或与院长、系主任们商议);教师中的低资历者甚至教授,对强势校长往往也不能产生任何制约性影响。南北战争之后,美国的经济实力和国际影响与日俱增,一批从德国留学回来的精英们,遵循欧洲模式,梦想将那些分属不同教会、以往只为农场及小镇培养绅士的学院,办成具有全球领导力(globe leadership)的研究型大学,从而开启了美国教授们一波又一波为获得"共享权力"及"学术自治"的抗争。最早发力的是留学德国、在威斯康星大学任教的约瑟夫·贾斯特罗(Joseph Jastow)于一八九八年刊发的相关文章。他呼吁减少教学时间、有更多的闲暇时间、提高工资,以及教授更多参与学校各项事务的决策。再至一九〇七年,芝加哥大学寻找新校长时,教职员们向董事会请愿,要求在人选问题上有发言权(最好是投票权)。一九一二年,二百九十九名教授参加的全国民间调查中,百分之八十五表示赞成在大学决策过程有更多的民主参与。[①]

这种通过谈判而坚持不懈地"集体讨价还价"(collectivity bargain),是美国的世界高水平大学崛起过程中最值得缅怀的一环。著名社会学家希尔斯(Edward Shils)一九三〇年代得到了教职,其晚年回忆,在他担任低级教职时,各大学的系主任还是由院长或校长任命并有很大的权力。系主任常常会就某项任用问题交由全系

[①] 劳伦斯·维赛:《美国现代大学的崛起》,栾鸾译,孙传钊审校,北京大学出版社,2011,第413页。

讨论，也可自己或少数人决定——这都由他说了算。随着"学术自治"在第二次世界大战之后的逐步落实，系主任不再是系里的统治者，权力分散到系里的所有阶层。"在有些系，要找一位愿意担当此任的资深教师并不总是一件容易的事情。这可有在五年的时间里不能做自己的研究的危险，这意味着要放弃几乎全部的自由，在系里同事和学校管理之间，充当一个没有实权的旁观者和听差的角色。"[1] 再用著名科学史研究者、以色列社会学家约瑟夫·本·戴维（J. Ben David）的话说："美国大学的发展史，就是智力和学术事务的权力从托管人评议会和校长手中转移到各个系和它的各个成员手中的历史，这个运动与有能力的校长的魄力相结合，是美国的大学和科学研究的社会结构中不平衡的适应和革新的源泉。"[2]

当然，但凡有权力的地方，难免存在偏执和狭隘，诸事须经过教授投票的"共享权力"制最受诟病的是有些既得利益的教授或出于偏见，或因为保守，常常会联合起来否决一些本来能够促进学术发展的正确抉择。让人啼笑皆非的一个案例是爱因斯坦申请大学教职被拒绝。一九〇七年，爱因斯坦在物理学界虽已崭露头角、颇有名气，发表了十七篇论文，但在申请伯尔尼大学的授课资格时被拒绝。翌年一月，他又向苏黎世大学预科学校申请数学教师职位，表示可以同时教授物理学，居然在二十一位应聘的竞争者中，连第二轮面试都未能进入。更夸张的是作为精神分析学的创始人弗洛伊德，一八八五年在维也纳大学医学系担任讲师，一九〇二年才得到

---

[1] 爱德华·希尔斯（Edward Shils）：《学术的秩序——当代大学论文集》，李家永译，商务印书馆，2007，第418~419页。
[2] 本·戴维：《科学家在社会中的角色》，沈力译，台北：结构群文化出版社，1989，第233页。

了一个非讲席教授任命。根据一项统计，其时该校一位讲师平均八年时间就能当上教授，而在学术界、思想界早已大名鼎鼎的弗洛伊德则整整用了十七年，超过常人一倍的时间。一九二〇年，当六十四岁的他被授予讲座教授头衔时，却早已不在大学授课了。好在，大学的最终目的在于创造知识和发现真理，要想保持最高水平的研究，就必须获得更大范围内的同行认可（peer review），而非只是学术机构或学术共同体外的行政评价。这也可以解释爱因斯坦、弗洛伊德等人的学术发展为何没有受到这些负面拒斥的太多影响。

鉴于真理总是通过论辩而获得，这一非依附性的权力运行机制最值得称道之处是通过每人一票，在学术共同体内形塑一种相互尊敬、相互信任的合作关系。尤其是遇到学术上的分歧或冲突之时，教授们只能进行讨论和协商，每个人都有与他人同等的尊严，而不是"官大学问大"，由少数人或个别人说了算。这在一定程度上可以防止学术机构沦为少数人或个别人钩心斗角、假公济私的名利场。一九六五年十月初，当斯蒂芬·霍金（Stephen William Hawking）被剑桥冈维尔-基兹学院聘为研究员时，他第一次参加全体教师评议会，会上人们大发脾气，粗暴地相互指责和攻击。让他颇感震惊的是，时任院长的内维尔·莫特（Nevill Francis Mott）爵士被同事们批评利用职务之便，任人唯亲，偏袒自己的门徒。即使如此，对于此时尚处在学术金字塔下最底层的年轻人霍金来说，不必仰人鼻息、看人眼色，根据自己的道德良知就可投出神圣的一票。曾在剑桥国王学院任教的艾伦·麦克法兰（Alan Macfarlane）教授说，学者们通常离群索居、致力于各自学术领域，只是在系科或学院的动议和提案引起异议及争论时，同事之间有了共同话题，平常冷清的院系才显得生机勃勃。所以，"剑桥几乎不存在正式的制度性权力，院长或系主任不但无权实施武力，连聘用权和解雇权也极其有限。这个古老的体系只能靠几分个人魅力和内部成员的尊敬去绵延"。①

就那个时代的世界范围来看，中国大学推进"共享权力"乃至"学术自治"并不落后。一九一七年，蔡元培执长北大之后，当年十二月八日通过《学科教授会组织法》，决定校内重大事务交由教师投票通过后方能执行。这与美国芝加哥大学于一九一一年率先削减系主任的权力，通过全体教授选举而非管理层任命这一职务的时间仅相差七年。至于具体运作，如一九二二年十一月十七日，理科全体教员致函评议会，称理科研究所召开了第二次会议，众意认为，非派教员出洋留学，研究所绝无发达之望。理科教员必须出洋，固不待言，文法科诸教员亦同有出洋之必要。拟有办法数条：十年契约；留学费为原薪之一点五倍；须曾连续任职五年；回国后提交研究报告。②再至一九二五年一月，北京大学评议会致教育部，称重新拟定的大学条例草案，不但无正本清源之改革，且有变本加厉之错谬。即"以校外之官僚财阀组织董事会或理事会，以处理学校之大政，夫大学为研究学术之机关，教授为学术之专门人材，今必以研究学术者听命于非研究学术者，而受其盲目的支配，于理为不可通，于情不堪受"。③再如同欧美知识界，此时舆论也将评议会视为大学精神的最光彩夺目之处。时人写有"北京大学评议会，为特殊的一种合议机关，其对于大学，有绝对的势力，可

---

① 艾伦·麦克法兰：《启蒙之所智识之源——一位剑桥教授看剑桥》，管可秾译，商务印书馆，2011，第84页。
② 《致评议会诸君公函》，《北京大学日刊》1922年11月17日，第2版。
③ 《评议会致教育部函》，《北京大学日刊》1925年1月15日，第1版。

谓北京大学之灵魂"。①

相对于隶属教育部的北京大学，清华最初为外交部所辖，带有更多衙门和官僚特征，该校教授们也为争取和捍卫"共享权力"制进行了一系列的集体抗争。一九二五年清华设立大学部，开始招收四年制大学生，一批留学或游学归国之人，如叶企孙、吴宓、陈寅恪、赵元任等被聘为教授。由于权力被那些"足迹从不履清华"的官僚政客把持，吴宓记载了此时校园政治的意见横生、各植势力。他说校方"对于高士，则妄加阻碍，而不使其前来；对于庸碌之小人，则不厌成其全，俾其人到此为吾私党。于是清华之人才，遂成江河日下之局矣"。② 一九二七年六月，时任校长曹云祥未经评议会讨论，擅自批准一些学生提前出国留学。消息传出，这批留学教授们急忙开会讨论，决定集体抵制。他们宣称："此种办法，实属有违校章，且挪用巨额基金，妨碍全校发展。某等对于此举，极不赞成。"为争取更多响应，《清华周刊》组织了第二次全校征文，主题是"教授治校是否于清华有利"。此次抗争的结果则以教授们获得"学术自治"而告终。十一月八日、十五日举行的评议会经过两个多小时的争辩，曹云祥引咎屈服。会议当场通过决议案，嗣后校长必须遵守《组织大纲》，"重要事件，必经评议会议正式议决后，按照执行云云"。③

陈寅恪、吴宓等人之所以积极参与这些抗争，当然与其在欧美一流大学游学、留学经历有关。他们希望像所尊重的欧美前贤那样，也在中国校园中形塑出欧美顶尖研究型大学习以为常的宁静、平和

---

① 《纪闻》，《教育潮》第1卷第1期，1919年7月，第75页。
② 《吴宓日记（1925~1927）》第3卷，三联书店，1998，第138页。
③ 《吴宓日记（1925~1927）》第3卷，第390页。

的学术氛围。一九二七年六月,国民政府定鼎南京,积极准备兴师北伐。鉴于其有更强烈意识形态的"主义"控制意愿,当月二十九日晚,陈寅恪与吴宓商定,如果他日党化教育弥漫全国,为保全个人思想精神之自由,两人"只有舍弃学校,另谋生活,艰难固穷,安之而已"。[1] 再至国民政府领有北平之后,政治权力确有派罗家伦、乔万选、吴南轩等执长或试图执长清华,以加强对校园控制之举。不过,最后都因这些人的政治倾向太强、独断专行,遭到教授会和学生们的坚决抵制。从一九三一年十二月至一九四八年底,担任校长的是梅贻琦。面对这些不愿苟且的教授们,他自我定位于是一位率领教职工为教授搬椅子、凳子之人,学校的"共享权力"和"学术自治"也就能够得以维系。冯友兰讲述,当时清华"无论教授和学生,凡是开大一点的会,都要照议事规则进行。会场上必须有一个提案,然后对这个提案进行表决。凡是参加会议的人,任何人都能提提案。他的提案,可以是他自己的意见,也可以是他集中别人的意见。在会议中任何人都可以自由发言,无论是什么人,都必须作为提案向会议提出来让大家讨论、表决,经过多数赞成以后,才能作为会议的议决案"。[2] 由此说来,这一制度之所以在那个被认为非常落后的中国也能落地生根、行之有效,关键还在于世界所有高水平大学都是这样一路走来,由此献身精深知识,追求永恒真理,这是其近十个世纪以来赖以生存和发展的学术标准和学术传统。

原载《读书》2015 年第 1 期。

---

[1] 《吴宓日记(1925~1927)》第 3 卷,第 363 页。
[2] 《我的学术之路——冯友兰自传》,江苏文艺出版社,2000,第 315 页。

"罗斯事件"与大学的"言论边界"

一九〇〇年的美国,尽管钢铁产量早超过了英国、德国的总和,人均产值已是英国的五倍,经济总量跃升世界第一,但相对于世界领先的德国大学,"学术自由"在其大学仍然是一个新奇的理念(a novel concept)。作为比较,自一八五〇年普鲁士宪法规定"科学与教学应该享有自由",德国大学教授享有与军人同等的崇高社会地位,薪酬也是欧洲(也是世界上)最丰厚的。虽然大学经费由国家财政拨付,但院长和校长由全体教授选举产生,教育部无法插手干预。待遇优渥的德国大学教授作为真理的探索者、发现者和传播者,不必过于担心学术研究和教学"迥异时俗"而遭到打压。然而,此时美国大学却受到董事会的严格控制,一旦教授的学术观点触怒权力人士,立刻就会遭到严词训诫,乃至无情解聘。一八八六年、一八九四年、一八九五年、一八九七年,康奈尔大学、威斯康星大学(麦迪逊)、芝加哥大学、布朗大学接连发生因为教授的学术观点而受到董事会指控和解聘的事件。再至一九〇〇年,斯坦福大学的社会学教授罗斯(Edward A. Ross, 1866–1951)又因为公开发表批判性言论而遭到校方的解聘。

罗斯虽被认为是美国社会学的开创者之一，但在转向社会学之前，却受的是经济学的训练。他曾在德国柏林大学有过一段访学经历，回国后于一八九一年取得了霍普金斯大学的博士学位。此时还处在美国历史上唯一用贬称而被铭记的"镀金时代"（Gilded Age），在经济快速增长的金光闪闪的表层之下，个人私欲极度膨胀，政治腐败，道德沦丧。具体说来，一方面，那些被称为"强盗贵族"，如钢铁大亨卡内基、铁路大亨范德比尔特、石油大亨洛克菲勒和银行大亨摩根等人，出身寒微，白手起家，凭着敏锐的商业头脑，在混乱无序的市场上为所欲为、肆无忌惮。他们垄断市场、操纵价格、贿赂议员，攫夺了大量"每个毛孔都沾满了血滴"的不义之财。另一方面，在新兴工商业大都市里，到处可见垃圾遍地、疾病丛生的贫民窟。一八八〇年，由于工厂事故率远远超过欧洲，全美有四分之一的男性工人活不到四十四岁。工厂主很少或几乎不为工人的伤亡事故承担法律责任。因为法律把避免事故的责任转嫁到工人身上，工厂主称，如果认为工作有危险的话，工人们完全可以辞职不干。正如卡内基的年收入约是普通工人的两万倍，一八九〇年代的全国总财富的四分之一由百分之一的最上层家庭占有。

出生于爱荷华农场、八岁时就成为孤儿的罗斯，同这一由垄断自由资本主导的快速工业化和城市化格格不入。他最初学的是法律，因不甘心终生埋首于诉讼琐事，转向可能更利于推进济世利民变革的经济学。他在欧洲游学时看到欧陆工人组织了强有力的工会，通过工人运动在制定工资标准、工作环境、利润分配等环节上，积极参与工厂的重大经济决策。他希望资本主义变得人性化、法制化一些，并认为美国工会力量太弱的原因是每年涌入数以万计的亚洲新华移民。罗斯的矛头主要对准参与西部铁路修筑的华人移民，说他们甘愿拿着极低的薪酬，不仅使得劳动价格无法增加，还阻碍了工人运动的发展。的确，雇主们更乐意雇用这些人。因为不同的文化背景、语言和宗教信仰，他们很难被社会主义者们鼓动而参与到争取各种权益的工人运动之中。一九〇〇年五月七日，罗斯发表公开演说，鼓吹限制华人新移民入境。他援引那个时代颇为风行的优生学理论，称华人新移民有着塔糖样的脑袋，满月形的圆脸和鹅嘴般的鼻子，每一张脸都有些不对劲，粗鄙、呆板、猥琐和丑陋，是一个可以通过科学方法证明在遗传特征上"不可能成为美国好公民的低等种族"。

斯坦福大学创办于一八八五年，由其时加州铁路大王并担任过该州州长的斯坦福夫妇为纪念在意大利游历时染病去世的十三岁儿子所捐赠。一八九三年，斯坦福先生不幸病逝，斯坦福夫人成了大学的唯一理事。斯坦福夫人出生于纽约州的首府奥尔巴尼城（Albany）一个木板商的家庭，在七个孩子中排行第三，深受父亲的宠爱。当她还是孩子时，父亲领着她参观了自己捐资创办的孤儿收容院，从小就被植入了坚定的基督教信仰。斯坦福先生去世之后，遗产因涉及一大笔政府贷款而被冻结，再加上一八九三年的经济衰落，大学一度陷入了严重的财政危机。斯坦福夫人大力缩减开支，想方设法筹款，不惜出售维持生活的铁路股票，咬着牙坚持将大学继续办下去。最窘迫之时，校长乔丹（David Starr Jordan, 1851–1931）从她手上拿到颇费周折筹到的五百美元，连夜走遍校园将之分发给那些急需的教授们。一八九七年，斯坦福夫人专程前往伦敦，试图在维多利亚女王六十周年的庆典上出售所藏珠宝，只是因为经济低迷而没有找到合适的买主。一八九八年，被政府冻结的斯坦福先生遗产解冻，大学窘迫的经济状况得到缓解。在度过这段最艰难的日子之后，乔丹校长深怀感激地说："这所大学的生死命运，全系于一位善良夫人的慈爱。"

与那个时代很多富裕家庭的年轻女性一样，斯坦福夫人虽曾短暂就读于女校，但主要是从家庭中受到教育，并不知道一所现代意义上的研究型大学该如何治理。她接手学校管理之后，极力推动开办机械工艺教学，试图将车间和木工商店设为主要课程。此外，她禁止艺术课上的裸体素描，不准任何车辆在校园内行驶。她理想中的大学，就像南北内战前的新英格兰家长式的老板所建立起的模范棉纺厂，由一排排小农舍组成，每间房子住二十余名学生、一名住校教师，营造家一样的氛围，监控每个学生的起居、交游和娱乐。当然，她也不允许被认为是异端观点的存在。一八九八年，她在一个晚间宗教集会上听了某位颇受公众欢迎的政治学教授的演讲，不顾已是晚间十点，径直前往校长乔丹家。此时，乔丹已经就寝。斯坦福夫人坚持要他起床，到楼下听她的陈述及将此教授即行解聘的决定。再至一九〇〇年五月的罗斯演说发表之后，斯坦福夫人义愤填膺。不仅因为她的丈夫斯坦福先生的中央太平洋铁路公司就是依靠雇用大量廉价、勤奋、温顺的华工获取暴利，而且她的一批房产也是在华人仆人的英勇护卫下方幸免于被沙暴摧毁。斯坦福夫人认为罗斯的演讲是对大学的粗鲁冒犯，要求乔丹校长尽快将之解聘。

这让乔丹校长颇感为难。因为不同于从来不是专业学者的斯坦福夫人，乔丹就读于康奈尔、巴特勒和印第安纳大学，毕业后担任了印第安纳大学的动物学教授，清楚地知道现代意义上的研究型大学的核心价值就是学术自由。一八八五年，年仅三十五岁的乔丹被聘为首任印第安纳大学校长，也是全美最年轻的大学校长。他以康奈尔大学为典范，积极推行博雅课程，反对机械式地听课和死记硬背的传统授课方法,强调动手实验和给予学生选课自由权。一八九一年三月,在康奈尔大学校长怀特(Andrew Dickson White, 1832 – 1918)的推荐下,乔丹被斯坦福夫妇聘为斯坦福大学校长。乔丹六月就任,大学预期九月开学,没有人看好这所在西部蛮荒建立起来的大学。纽约的报纸预言:由于招收不到学生,斯坦福大学的"教授们将在大理石教室里面对空板凳讲课"。为了顺利开学,乔丹几乎把自己的学术圈子搬到了斯坦福。最初聘请的二十位教授中,有十五位来自印第安纳和康奈尔。结果是预计招收二百五十名新生,实际招收四百六十五名,其中三分之二来自加州以外。乔丹的治校理念,也作为斯坦福至今的正式校训,是一句德文格言"Die Luft der Freiheit weht",意指"让自由之风劲吹"。正是由于没有任何宗教的教派色彩、免费入学、男女合校、教授博雅课程,致使斯坦福很快跻身于美国最重要的研究型大学之一。

乔丹也信奉优生学,同样认为应当限制亚洲新移民入境,并主张进行带有社会主义性质的改革,对罗斯向来欣赏有加。一八九二年,罗斯接受了康奈尔提供的助理教授职位,年薪二千五百美元。翌年,乔丹以年薪三千五百美元的薪酬,将罗斯"挖"到了斯坦福的经济学系。不料,情绪激昂的罗斯"口无遮拦",一八九四年支持罢工,一八九五年支持银本位制度,主张将旧金山私营的有轨电车等市政设施收归公有,均让拥有大量罢工工厂及有轨电车股份的斯坦福夫人大为不满。为了保护罗斯,平息斯坦福夫人的怒气,乔丹将其从经济学系调到社会学系,并给予训诫意义的试用聘书。一八九七年,乔丹又发派罗斯到欧洲学术休假一年,使之暂时离开这块是非之地。一九〇〇年五月七日的演讲之后,乔丹多次致函斯坦福夫人,恳请宽容大度、网开一面。五月二十一日,固执己见的斯坦福夫人致函乔丹，同意宽限六个月，让罗斯在这段时间里找份工作悄悄地离开。接下来的日子，乔丹为罗斯的新教职煞费苦心地联系哈佛、芝加哥、康奈尔和威斯康星，但都没有得到积极的回应。直到十月一日，乔丹仍致函在欧洲旅行的斯坦福夫人，希望事情能够有回旋的余地。

然而，斯坦福夫人从上帝面前人人平等的基督教理念出发，认为罗斯作为一名斯坦福的教授，不该夸大人种之间的差别，从而给那些最拙劣和最卑鄙的社会主义者以可乘之机。她的回信说："罗斯不值得信赖，他必须离开"（Ross cannot be trusted, and he should go）。那个时代的美国还没有永久教职制度，大学教授岗位一年一聘。颇为绅士的乔丹打心眼里不赞成解聘罗斯，本可用辞职表示抗议，但为了不让斯坦福夫人痛心和难堪，也不愿意自己呕心沥血的大学再次陷入经济困境——他选择了委曲求全来保住这所大学，却没有忠于作为研究型大学核心理念的学术自由。与之不同，在德国大学游学过的罗斯没有放过此次机会，乘势将自己塑造为一个争取学术自由的斗士和殉道者。十一月十二日，在收到解聘通知的第二天，罗斯召开了记者招待会，向报纸公开了自己被迫离职的来龙去脉。罗斯不无夸张地将结怨于斯坦福夫人的原因归结为两个主题：一是反对亚洲新移民，这正迎合了底层工人，尤其是白人工人的种族优越心理；二是将市政设施的公有化，这又正迎合了声称为了美国国家利益，必须限制自由资本无限扩张的政治精英们的主张。翌日（十三日）几乎所有的美国报纸都报道了此事。此前不曾被公众所知的罗斯一夜之间在全美家喻户晓。报纸上压倒性的文字将罗斯塑造成一名遵从学术良知，按照科学方法，与傲慢自大的垄断资本做不懈抗争的十字军教授（crusading professor）。

这在美国大学争取学术自由的历史中被称为"罗斯事件"（Ross Affair, Ross Cases），受到公众舆论铺天盖地批评的是斯坦福夫人。她被描绘成一个拥有太多权力、刚愎自用的富有老太太，在过去的垄断资本扩张中大发横财的既得利益者。报纸刊登了罗斯的声明之后，大学创办之时被乔丹招募也是他最器重的同人之一，曾在德、法留过学的历史教授霍华德（George E. Howard, 1849－1928）第二天在课堂上公开指责校方侵犯学术自由的不当行为。这又传到斯坦福夫人那里。十二月四日，她致函乔丹，要求霍华德做出诚恳的自然也是有伤自尊的道歉，从而遭到霍华德的断然拒绝。乔丹校长再不想追究了，然斯坦福夫人不依不饶、步步紧逼。一九〇一年一月十二日，霍华德得到通知，要么道歉，要么辞职。霍华德选择了后者，这在校内引起了骚动，连带共有七位教授主动辞职。当然，同时还有三十四名教授签署了公开声明，支持校长解聘罗斯的职务。乔丹与罗斯翻脸，愤怒地指责其背信弃义，缺乏绅士风度，并强调解聘事件只是由于罗斯不适宜在斯坦福教学，与作为研究型大学核心理念的学术自由无关。不过，在其后举行的美国大学协会会议上，斯坦福大学副校长布兰（John C. Branner, 1850－1922）试图再做辩护，得到的却是听众不信任的讥笑。哈佛校长评论，尽管布兰的辩护"有些部分很聪明，通篇都很勇敢，但是不够体面，也没有足够的说服力"。①

斯坦福的声誉受到严重诋毁，同人之间出现了相互对立，是此次事件的最大受害方，然被解聘的罗斯、霍华德等人倒没有多少损失。他们离开斯坦福之后，随即得到内布拉斯加大学的教职，校长

---

① 劳伦斯·维赛：《美国现代大学的崛起》，第438页。

安德鲁（E. Benjamin Andrews, 1844 – 1917）几年前也曾因学术观点而被解聘。一九〇〇年十二月，美国经济学联合会第十三届年会在底特律举行，与会的三四十名经济学家决议就"罗斯事件"成立调查委员会。作为一个象征性的姿态，委员会后来公布的调查报告并不具有任何实质性的约束意义。用密歇根大学政治经济学教授亚当斯（Henry Carter Adams, 1851 – 1921）的话说："仅仅是为了向美国劳动人民声明，这个国家的经济学家没有全部都被收买。"①再至一九〇二年，被视为"进步时代"（Progressive Era）最有影响力的哲学家杜威就美国的学术自由发表专题文章。杜威指出其时美国大学的人文和社会科学，如政治学、经济学、社会学、心理学的快速发展，持进步主义理念（progressivism）的教授们追随欧洲，试图通过实地调查、收集数据、建立模型和撰写报告等一系列科学方法，批评社会和推进各项改革。杜威说，相对属于自然科学的数学、天文学、物理学或化学等，人文和社会科学更易受到权力的打压，争取学术自由的意义更为重大。杜威呼吁成立一个捍卫学术自由的团体："这是科学团体意识的增长，是真理团结感的增长。对于真理肌体任何一个部分的任何一种损伤，都是对于整个有机体的攻击。"②

一个标志性事件是，一九一五年十二月三十一日在纽约成立了美国大学教授联合会（American Association of University Professors, AAUP）。在这一过程中起重要穿针引线作用的是在当年斯坦福大学的"罗斯事件"中主动辞职的七教授之一的洛夫乔伊（Arthur

---

① 劳伦斯·维赛：《美国现代大学的崛起》，第437页。
② 《学术自由》，《杜威全集》第2卷，张留华译，周水涛校，华东师范大学出版社，2010，第49页。

O. Lovejoy, 1873 – 1962）。他在离开斯坦福之后，本想回母校哈佛，校方却不愿意聘用这位公认的惹是生非之人（a known troublemaker）。洛夫乔伊不得已先后在华盛顿大学、哥伦比亚大学和密苏苏里大学担任临时教职，一九一三年才得到霍普金斯大学的正式教职。到了这所按照德国模式创办也是其时美国最著名的研究型大学之后，洛夫乔伊成功说服了该校的十七位全职教授，联名邀请另外一些顶尖研究型大学的同人，讨论成立一个争取学术自由的联合体并很快得到了积极回应。在 AAUP 成立的那天，来自全美六十个大学、学院和学术机构的八百六十七位教授与学者参加了会议。与会者投票选举杜威成为首任主席，并同意以 AAUP 的名义发表一份关于学术自由的声明。撰写这份声明的十三位教授中十二位来自人文和社会科学，八位曾在德国大学留过学。

尽管德国大学的学术自由受到高度推崇，但 AAUP 发表的这份关于学术自由的声明有着与之不同的美国特色。其时德国是一个专制国家，没有多少公民意义上的政治自由，受到保护和尊重的学术自由，只是体现于大学校园之内的专业研究和教学。况且德国教授沉迷于研究对象的纯粹形式，如法则、规律、原理，不太屑于关注研究对象的功能、效用和收益。就像后来韦伯在《学术作为一种志业》的演讲中，强调学术不是派发神圣价值或先知送来的神赐之物，而是通过高度专业化的科学研究，服务于有关自我和事实间关系的知识思考。韦伯坚定地认为，教授在课堂教学中应秉持价值中立的立场，不应把带有自己价值立场的政治观念灌输给"被迫保持缄默"的学生。然而，AAUP 期望在美国实现的学术自由有两点不同：一是不涉及学生选择课程、课堂的学术自由；二是除确保教授在大学校园内拥有教学和研究的自由之外,还增加了教授通过专业知识,在校园之外进行社会批判和推动社会变革的学术自由。这与德国大学在校园之内的学术自由多少有点"离经叛道"(deviation)之意。原因在于其时美国教授的学术自由受到的打压和摧残,都是在校园之外对公众发表了让当权者不快的言论,而非在校园之内的教学和研究。AAUP 的主旨是想让大学尽可能成为一个知识"不可侵犯的避难所"(an inviolable refuge)。

重要的是,这一走出校园之外的学术自由,绝非针对某个教授个人,而是面向不受限制地探索真理、发现真理和传播真理的教授职业群体。AAUP 的声明郑重指出:作为学者个人虽不拥有绝对的学术自由;但思想自由、探索自由、讨论自由和表达自由是"这些作为学术职业的绝对自由,是本原则的声明所要坚持的"。再就教授个人而言,AAUP 的声明强调:享有的学术自由是有条件的,其前提是必须遵循科学研究的方法和精神。面对公众,他不应信口开河,不随个人感情好恶,尽可能尊重他人,自律、自重和自尊,并实事求是地发表研究结论。他必须尽可能避免草率的或未经核实的夸大其词、过度的或耸人听闻的表达方式,恪守科学、实事求是的原则。一位教授滥用这一特权将是罪过,应当牢记公众会以他的研究来评论其职业和所任职的大学,故应该自我约束和自我克制。学术自由受到的唯一限制是在科学规范和学科纪律方面,能否被相同研究领域里的同人(colleagues in the discipline)检验和确认。[1]

AAUP 期望为新的探索、新的发现、新的思想不受打压提供

---

[1] American Association of University Professors (1915/1990), "General Report of the Committee on Academic Freedom and Academic Tenure," *Law and Contemporary Problems*, 53, 3, pp. 393–406.

可靠的制度保障,自成立以来矢志确立不会被当政者随意解聘的永久教职制度(tenure system)。鉴于教授是绅士(其时教授没有女性),AAUP 避免将自己定位于学界的警察、法官、陪审团,其推崇的行动方式是有节制的协商、对话、沟通和共享,而不是情绪化的谴责、批评和组织群情激奋的公众抗争。从实际效果来看,尽管在 AAUP 成立初期,教授因学术观点而被训诫和解聘的事件不断发生,但随着 AAUP 作为一个由教授组成的共同职业、共同目标和共同命运的压力集团,不断发布事件的追踪调查报告,多次与涉事校方进行正式/非正式、公开/私下的协商,结果是教授们的学术自由受到愈来愈多的尊重和保护。以一向愤世嫉俗的罗斯为例,一九〇六年被威斯康星大学聘为社会学的讲座教授。一九一〇年,著名的无政府主义者高曼(Emma Goldman, 1869–1940)访问该校和做系列公开演讲,罗斯虽没有出席演讲,但在课堂上鼓励学生们前往聆听并散播无政府主义观念。愤怒的董事会同样想立即将他解聘,此时已投鼠忌器,在校长的坚决抵制之下,罗斯最终保住了教职。一九一七年罗斯访问俄国,回国后大力赞颂布尔什维克的血腥革命,敦促美国政府承认新兴的苏维埃俄国。再至一九三五年,他在课堂上鼓吹应容忍讲授共产主义,虽然收到了教授会任命的调查委员会的一纸批评,却没有了学校官方的正式干预和制裁。就 AAUP 矢志确立的永久教职制度来看,经过近半个世纪的努力,至一九四五年的二战后业已被几乎所有美国大学和研究机构接受。不过,只要存在着权力,自由总是会受到侵犯而不完整。这里且不论美国大学每年发生若干因触忤"政治正确"而遭受权力打压的案例,就以 AAUP 于二〇〇五年公布的数字而言,全美学术机构还有百分之四十八的教师是兼职,没有永久教职的教师占教师总数的百分之六十八,从而致使学术自由在今天的美国大学还是一个需要不断提及、不断讨论和不断争取的美好愿景。

写于 2015 年 2 月。

"反共歇斯底里"与教授的"职业尊严"

进入二十世纪以来,美国为打造世界一流大学,追随十九世纪德国著名研究型大学如柏林大学、哥廷根大学开创的"学术自由"精神,逐渐发展出自己的一整套关于"学术自治"的制度和伦理。其中被认为关系到教授的"职业尊严"(professional dignity),必须恪守不渝的原则是将大学视为无畏知识探索的庇护所(shelter),旨在保护那些异端思想者避开反对保守势力的迫害和打击。作为一项落在实处的制度,教师的聘任、解聘、升等,由学术共同体的教授会(faculty senate)协商、讨论和投票决定,而不能由任何外在权力哪怕是大学行政机构说了算。一九四七年,美国大学教授联合会(American Association of University Professors,AAUP)发表关于学术自由的声明,对此原则进行了重申。然而,此时美苏"冷战"已经开启,全美各地陷入由麦卡锡鼓噪起来的"反共歇斯底里"的红色恐慌之中,大学作为左翼和共产党员集中之地,教授们将如何捍卫和坚持自己的"职业尊严"呢?

迄今为止,美国高等教育史上侵犯教授"职业尊严"的最严峻事件为一九四九年三月二十五日,加州大学董事会(board of

regents) 通过了关于教师聘任必须进行忠诚宣誓的决议。具体说来，这是校方规定申请教职之人，除了州的忠诚宣誓之外，还要求再签署一份表明自己不是共产党员，或不是共产主义同情者的文件。不同于美国私立大学，州立大学的经费主要来自州政府拨款，教授属于政府雇员。虽然，理论上董事会应当代表本州的人民对学校进行管理，但大多数成员是由州长任命的。此时董事会的二十四名成员中，有十六名由州长任命。这包括州长本人、副州长、加州大学校长，以及身为美国银行、旧金山银行的代理人的六名律师，还有农业综合加工企业的代理人。另外，此时董事会成员的数量认定还是按照该州一八六八年人口统计数字的比例。用时任伯克利大学英语教授斯图尔特（George Stewart，1895–1980）的话说："这个董事会就是有钱绅士们的俱乐部，没有一个人拥有知识分子的胸怀。"[1]

的确，关于忠诚宣誓的决议，在那天董事会上居然十分随意，漫不经心地被通过。当然，社会大背景是"麦卡锡主义"在全美各地疯狂兴起，反共狂人坦尼（Jack Tenney，1898–1970）向加州议会提出相关法令草案，声称为清除共产党员和颠覆分子，要求包括州立大学教授在内的所有州政府雇员必须进行忠诚宣誓，进而鼓动州议会剥夺教授委员会的聘任权。不过，那天二十四名董事会成员中只有十一人到会。原定议程并不涉及忠诚宣誓，而是讨论年初英国著名左派、社会主义者、工党党员、伦敦大学教授拉斯基

---

[1] Bob Blauner, *Resisting McCarthyism: To Sign or Not to Sign California's Loyalty Oath* (Stanford, C. A.: Stanford University Press, 2009), p. 9, 如果有兴趣，还可进一步查阅伯克利大学档案馆为纪念此次抵制运动五十周年而设立的网页：http://www.lib.berkeley.edu/uchistory/archives_exhibits/loyaltyoath。

(Harold Laski,1893 – 1950)和盛顿大学被解聘的共产党员教授本森(Merritt Benson)被邀请至校园演讲之事。董事会成员对于校园里的左派激进思潮忧心忡忡。午餐期间,校长斯普罗(Robert Gordon Sproul,1891 – 1975)与朋友和顾问谈起了忠诚宣誓之事,遂草拟了一份决议稿。在会议中间休息之时,他交给与会者们进行了非正式讨论,并在会议即将结束时提交投票而被顺利通过。[1]

加州大学分为两个部分:一是包括伯克利、戴维斯、旧金山的北区;另一则是包括洛杉矶、圣巴巴拉的南区。虽则一九三〇年代这两个校区是左派学生的重镇,但到了一九四〇年代末,亲共产主义的学生已是极少数,教授中几乎没有共产党员。二战之前,美国社会充斥着反犹主义,加州则例外。在十九世纪西部开拓和淘金热之时,尽管该地强烈排斥过墨西哥人、亚裔,但对同样是外国移民的犹太人相对宽容。因为这些犹太人多来自操德语的西欧地区,不同于二十世纪初涌入的其东欧犹太同胞,他们的教育程度和经济状况要好得多。进入二十世纪之后,他们中的佼佼者掌控着城市的经济和慈善活动并是交响演奏会、戏剧和市政事务的重要赞助人。至第二次世界大战前后,加州大学——尤其是伯克利大学,接受了来自德国、意大利的犹太教授,数量居全美各大学之首。这些难民教授们在希特勒和墨索里尼统治之下,曾亲身经历法西斯极权统治的残酷迫害,特别珍爱自由、民主的人类共同价值,致使右派人士以为他们蓄意将学生引向共产主义。

这份没有与教授会进行协商过的忠诚宣誓,最初只在私下流

---

[1] Bob Blauner, *Resisting McCarthyism: To Sign or Not to Sign California's Loyalty Oath*, p. 66.

传，并没有引起教授们的注意。一天，年轻的助理教授塔思曼（Joseph Tussman, 1914–2005）读了相关条款，认定这将侵犯教授们的学术自由和学术自治而感到有所不安。塔思曼出生于一个政治世家——父亲是一位社会主义者。曾让他一度深感自责的是未能与同龄人那样在西班牙为社会主义理想而战斗。二战期间，他曾在中国西南地区从事美军谍报工作，退伍之后返回伯克利，一九四七年获得博士学位。此时，他正撰写自己的第一部学术著作，以便能够获得终身教职。当他读过忠诚宣誓的文件之后，最初还有点拿不定主意。他将之交给了自己的朋友，盲人政治学者坦布鲁克（Jacobus Ten Broek, 1916–1968）。经过一番讨论，两人一致认为这是"一件骇人听闻之事"（a terrible thing）。当天午餐时间，他们讨论了进一步的对策，决定向杜尔曼（Edward Tolman, 1886–1959）教授寻求建议和指导。

杜尔曼时年六十二岁，不仅是伯克利最有声望的教授之一，且是全美心理学科的领袖人物。作为一位终生的和平主义者，他曾反对美国卷入第一次世界大战，公开撰文表达社会主义立场，以致西北大学不敢与其签订续聘合同。一九一八年，杜尔曼来到伯克利任教。二战期间，他尝试在伯克利成立一个对抗种族隔离制度的团体。虽然，他向来疾恶如仇，但为人谦虚、低调，有时甚至很腼腆、羞涩。在听完两人关于忠诚宣誓的意见之后，杜尔曼觉得义不容辞，必须站出来捍卫教授的"职业尊严"。一九四九年六月七日，北校区的伯克利召开了本学期最后一次教授会，来的人不太多。由于校方的忠诚宣誓此前已在《旧金山纪事报》(San Francisco Chronicle)刊出，杜尔曼三人在会议上做了特别发言，提请同人注意校方的这一举措。一周后的六月十四日，北校区为忠诚宣誓而专门召开了教授会,近一千二百名雇员中有四百人参加了会议,事件开始发酵。

这次会议召开之时,恰逢奥威尔的《1984》出版,以及 FBI 公布了一些疑为共产党员的黑名单。这些都被舆论认为是准备利用暴力推翻美国政府,会场由此而充满了紧张和不安的气氛。塔思曼首先做了发言,强调大学必须为教授提供职业上的安全保证,不能被非学术权力或道德考量而解聘。最为重磅的发言是历史学家坎托罗维奇(Ernst Kantorowicz, 1895 - 1963)的讲话。作为来自德国的犹太难民,坎托罗维奇此前并不参与美国政治。他说自己之所以厌恶忠诚宣誓,是因为他在第一次世界大战中曾为德皇作战,战后参加了右派军团,帮助镇压了一九一九年在柏林爆发的左派工人起义,随后前往巴伐利亚扫平了当地的苏维埃政权。一九三四年,他由于拒绝签署希特勒纳粹政府的忠诚宣誓而不得不流亡美国。他的演讲主旨是这份忠诚宣誓可以与一九三一年墨索里尼、一九三四年希特勒的所作所为相提并论,其立足于政治威胁而非法律正义,如果不予以阻止,自由、民主的美国有可能滑向法西斯极权统治。

坎托罗维奇的发言将原本可能只是一个地方事件或加州大学的个案,提升到了捍卫学术自由、防止专制集权迫害的属人尊严之高度,尽管如此,教授会上的整体气氛却未因之而趋于愤激。最后通过了一份相当温和的决议,称教授们愿意与董事会共同修改忠诚宣誓的字句,以便能够被双方协商接受。那时美国大学还没有普遍确立"永久教职"(continuous tenure)制度,教授岗需要每年签订续聘合同。教授会决定进行抵制的原因也在于一批自由派人士相信这是校方或董事会蓄意清除他们的伎俩。重要的是,教授会以为董事会只是说说,并没有信心将之坚决付诸实施。因为在他们看来,这份决议早就通过,行政当局拖了这么长时间才决定付诸实施;还有就是这份文件正式颁布的时间正值暑假即将来临之际,大多数人都准备离开伯克利——这表明校方没有太多底气,只是期望削弱教授会的影响力而已。

教授们的温和态度使得斯普罗校长没有意识到问题的严重性。他误以为大部分教授会顺从地签署这份文件,给出的最后期限是当年的十月一日。的确,大部分人没有异议地签署了文件,到了七月底只有这些人得到了续聘合同。看到校方动了真格,抵制人士不得不谋求更多支持,力求走向共同抗争之路。八月底,校方开始意识到不满情绪在蔓延,那些拒绝签署之人的抵制勇气增强,以及一些已经签署之人也加入抵制者的行列。再加上一向讲究原则、充满同情心,且从来敢于挺身而出的考伊(John Walton Caughey, 1902–1995)暑假后归来,担当了南区抗争的灵魂人物。作为洛杉矶分校的资深历史学家,考伊被人称道的德行是他在一九三〇年代为加州农民辩护,一九四二年又公开反对将日裔美国人拘禁在集中营。此时对于校方提出的忠诚宣誓,他警告说:"除非废止忠诚宣誓,否则大学追求真理的勇气会被消失殆尽而导致犬儒盛行。"[1]

九月十日,有六百五十人参加的南区教授会以六票反对而通过了中止忠诚宣誓的决议。十月十日,北区的四百多位教授参加了又一次要求取消忠诚宣誓的会议。坦布鲁克在会上发言,强调学术自由和学术自治的原则,即董事会只负责学校日常运转,教师的聘用、升等、解聘,以及其研究和教学,都应当根据同行评审来决

---

[1] Bob Blauner, *Resisting McCarthyism: To Sign or Not to Sign California's Loyalty Oath*, p. 83.

定。即使教师是共产党党员，只要研究和教学能够胜任，就不能因为政治信仰而被任意解聘。不过，尽管教授方面的意见已经高度一致，却不意味着想要采取统一行动。因为学者们向来是分散或个人性的抗争，不太可能像产业工人那样组织工会和进行罢工。校方于是也就没有太多在意，只是将签署期限延到十一月三十日。接着，校方停止签发那些抵制者的九月份的薪水支票，致使这些人没有分文收入。至十一月十八日，斯普罗校长向董事会报告说，已经有百分之八十四点五的教师签署了文件。

双方僵持着进入了一九五〇年。二月二十四日，董事会以十二票对六票，通过《签署或者走人》(Sign or Get Out) 的决议。这也被称为"最后通牒"，在当年四月三十日之前，不愿签署忠诚誓言之人，将在六月二十六日学期结束时被视为自动解聘。由于清楚教授们会做出何种反应，此次会议投下反对票的六人之中，有最先提出此案的斯普罗校长。果然，此前教授会中年轻/年长者之间还存在分歧，这时则同仇敌忾地抗议董事会的蛮横和霸道。三月七日，约七百五十人参加了在伯克利召开的北区教授会，一致决议继续进行抵制，反对校方武断解聘那些不签署忠诚誓言的教授。接着，一份通过邮局投票的统计显示：不赞成签署忠诚宣誓的是八百四十一比九十三；赞成共产党员不宜担当教职的，是七百二十四比二百零三。由此看来，大多数教授对于忠诚宣誓的内容并无太多异议，抵制的只是这种方式和做法。焦点就在于教授聘任是取决于意识形态的观念、政治立场，抑或研究能力、教学效果和课堂评价。当然，这里还有一个到底应当由谁说了算的问题。

此时正值"麦卡锡主义"的甚嚣尘上，全美沉浸在一片"反共歇斯底里"的神经错乱之中，加州报纸一边倒地支持忠诚宣誓。最初敢为抵制运动发声的只有旧金山湾区（San Francisco Bay Area）一份发行量很少、十分小众的报纸——《旧金山新闻》（San Francisco News），该报植根于具有强烈反叛意识的伯克利、斯坦福大学——自二十世纪以来两校就是美国嬉皮士文化、自由主义和进步主义的重要发源地。七月，东南部亚拉巴马州的伯明翰成为全美第一个宣布共产党员为非法的城市，亚拉巴马州的钢铁中心（Alabama steel center）接着宣布共产党员必须在四十八小时离境，否则将被关进监狱。八月，朝鲜战争爆发，几乎所有美国人都认为这是光明/黑暗、文明/野蛮的对抗。加州唯一支持这场抵制运动的大报——《旧金山纪事报》（San Francisco Chronicle）几天内收到四百份退订投诉、两千多封抗议信，随即改变了态度。因为那些声称代表着在前线与共产主义浴血奋战的士兵的父母亲友们，愤怒地指责抵制忠诚宣誓者在大学生中传播共产主义思想。

一九五〇年八月二十五日，董事会召开了会议，就是否必须解聘那些抵制之人进行了争论。由于意见不统一，董事会以投票方式决定再给予十天的延长期。一位与会董事写道：之所以坚持要解聘这些人，不在于这些人是否为共产党员，或怀疑这些人是否为共产党的支持者，而是他们对抗董事会的决定。过了这次宽限期，如果仍拒绝签署，董事会愿意为这些人支付一年的薪水。这让时任伯克利法学院院长、生性保守的普罗塞（William Prosser, 1898 – 1972）教授颇为愤怒。因为他参加了教授会的独立仲裁机构——学术声望和永久教职委员会（Academic Senate Committee on Privilege and Tenure），花了大量时间与抵制者们面谈，考察他们的学术资质及政治立场。委员会提出了一些并非共产党员且学术资质完全胜任而不应予以解聘的名单，被董事会断然否决。由此，他质问董事会：

你们之所以执意解聘这些抵制者,"是否仅仅因为他们的独立意识"。①

最终被解聘的三十一位拒绝签署忠诚宣誓的教授,没有几位是共产党员。除了上面所说的那些来自欧洲原法西斯国家的移民之外,相当一部分是不满强权专制压迫的自由派人士。如哲学系的娄温伯(Jacob Loewenberg, 1882-1969)教授,强烈反对共产党员担任教职,坚定不移地拒绝签署忠诚宣誓。他说,这在程序上太荒谬,既需要证实自己清白无过,可在此前又假定了自己有罪。再如,当时只是二十九岁的英语教授马斯卡廷(Charles Muscatine, 1920-2010)曾在西西里登陆战役中因作战英勇而受到过嘉奖。他没有政治立场,只是读了一位德国教授当年为大屠杀辩护的文字,感到此时不能屈从。在他看来,教师的最高责任是坚持原则,最坏的是投机取巧、见风使舵。他责问校方,如果签署了这份忠诚宣誓,他进入课堂之后,将怎样回答那些敢于质疑一切的学生们的提问——"民主难道是在我们失去工作的恐怖之中拥有?"②

尽管大多数人签署了这份文件,但这并不表明都是出自他们的内心选择。面对解聘、失业,以及各种政治压力,很多人只是明哲保身而不得已为之。几乎是在签署最后期限到来之际,抵制运动发起人之一的塔思曼经过反复权衡而决定放弃抗争。他在回忆中说,自己那天是含着眼泪走进校长秘书室的。这是一个非常艰难的时

---

① Bob Blauner, *Resisting McCarthyism: To Sign or Not to Sign California's Loyalty Oath*, p. 176.

② Bob Blauner, *Resisting McCarthyism: To Sign or Not to Sign California's Loyalty Oath*, p. 136.

刻，他知道这对于仍然坚持反抗之人意味着背叛。这就像他此前藐视那些签署之人一样，是他的人生最受羞辱的时刻。九月十九日，经济学家戈登（Robert Aaron Gordon，1908－1978）做了一次专业演讲。他先不同寻常地用了十分钟时间解释自己为何签署了这份文件。他说多年来自己以在加州大学任教为荣，今天却感到了羞耻。他需要向学生道歉的是自己之所以未被解聘，在于撇清了与共产党员的关系，而非因为其教学能力和研究水准。仿佛是共产党员给了这份工作，他出自恐惧而签署忠诚宣誓，否则会被认为是不忠于这个国家之人。在场学生对于这一解释的回应，是一片热烈的喝彩和掌声。①

此前的七月初，一个协调此次抵制运动的组织——学术自由小组（The Group for Academic Freedom）成立，杜尔曼被全票当选为小组的主席。该机构在伯克利校园附近的沙特克酒店（Shattuck Hotel）租用了一间办公室，首要任务是向各方募集资金，以接济那些被解聘而失去经济收入之人。实际上早在四月中旬，二百四十五名斯坦福教授捐款设立了后援基金。芝加哥大学的哈钦斯（Robert M. Hitchins，1899－1977）校长吁请教授将每月百分之二的薪水支持那些拒绝签署忠诚宣誓之人。九月二十六日，伯克利教授会号召每位教授捐献税前月薪的百分之二，以帮助这些同人渡过失业难关，结果是七百名教授中绝大多数慷慨解囊。在洛杉矶分校，一百七十五名教授捐献了一万三千美元。由于南区拒绝签署之人较少，这笔钱大多转到了伯克利。芝加哥大学捐赠了一千五百美

---

① Bob Blauner, *Resisting McCarthyism*: *To Sign or Not to Sign California's Loyalty Oath*, p. 186.

元,布朗、明尼苏达和威斯康星大学各捐赠一千美元。就连最"矜持"的哈佛大学,声援人士也募集到了三百八十八美元。①

争取学术自由小组的另一工作是要将校方的忠诚宣誓以违背宪法精神之名而诉诸法庭。在聘请律师的过程中,城市和地区规划系的教授肯特(Jack Kent, 1917 – 1998)起了很大的作用。他出生在一个保守的家庭,虽然在一九三〇年代转向激进左派,却从来没有成为共产党的同情者。一九四八年,他在伯克利接手了城市和地区规划系。在此次忠诚宣誓危机爆发之初,他是抵制运动的积极分子,做了大量日常工作。只是在最后期限到来之前,考虑到如果他被解聘,这个由他一手发展起来的城市和地区规划系可能就会夭折,不得不违心签署了忠诚宣誓。为了减轻内疚和自责,肯特想方设法地帮助同人走出困境。此时,在洛杉矶和旧金山湾区有不少左派律师,可如果让一位共产党员律师接手,这场诉讼必败无疑。肯特想聘请一位虽不是左派却同情此次抵制运动的主流律师。然而,在当时的政治气候下,这并非易事。让他感到惊讶的是,十五家公司中只有两家愿意商谈这场诉讼的可能性。

长话短说,一九五〇年八月三十一日,起诉书提交到了法庭,最终判决有利于抵制者。不过,对于获胜者来说,这却是一场付出沉痛代价的惨胜。毕竟这场抗争打破了校园的平静和安宁,致使失望、不满到处滋生和蔓延。由于焦虑、紧张的加剧,很多人不得不抽更多的烟,饮更多的酒,严重地影响到睡眠而精神抑郁。一些人被送到了学校医院,这在当时被称为"宣誓病例"(oath cases)。这里

---

① Bob Blauner, *Resisting McCarthyism: To Sign or Not to Sign California's Loyalty Oath*, p. 196.

且不论被解聘之人因经受生活困窘而有四位死于心脏病，一位中风，几位神经严重衰弱者；然对于被迫签署忠诚宣誓之人因尽管生活不至于中断，经济没有太多困窘，却如精神病理学家里德（Norman Reider, 1907–1989）指出的那样：他们对自己的怯懦，丧失男子气概及做人的尊严而一直深深地自责。尤为严重的是，争论引发了人们之间的相互猜疑，很多系科的同事关系紧张，甚至冲突结束多年之后，当年积累的怨恨仍未消除。尽管人们不公开说，却会记得当年正是这个家伙最先签署了忠诚宣誓——谁能轻易原谅这种背信弃义的行为呢？

最为悲剧性的人物应当是斯普罗校长。他之所以向董事会提出忠诚宣誓的动议，除作为共和党人向来厌恶共产主义和左派激进主义者之外，更重要的是担心学校的预算会因当时的"反共歇斯底里"而被大幅削减。然而，相比于其时的芝加哥大学校长哈钦斯，面对同样的"反共歇斯底里"，就尽显坚持信念、原则的雍容和高贵。一九四九年春，哈钦斯也被伊利诺伊州议会召去汇报"红色教授"的活动，他的态度相当强硬，坚持自己的教授中没有共产党员，不需要进行任何政治清理或忠诚宣誓。虽说加州大学是公立的，芝加哥大学是私立的，斯普罗可能顾虑到经费来源而不敢像哈钦斯那样刚直不阿，但可认为两人由于出身背景不同而导致了信念和行为的差异。斯普罗不是学者出身，作为行政管理者，在忠诚宣誓时已经担任了二十多年的校长。尽管他对学校发展抱有强烈责任感，但从来都是通过妥协，与董事会搞好关系而谋求更多资金投入。他不了解学术自由、学术自治对于一所高水平研究大学的重要意义，相反，教授出身的哈钦斯清楚地知道什么是大学之魂，相信面对"反共歇斯底里"的强硬态度，将会赢得全美教授同人的尊敬，并让自己和学校声名远扬，乃至不朽。

这场抗争最终没有完胜赢家，相对而言，还是加州大学失去的太多。由于一些最优秀的教授被解聘和一些最优秀教授被迫离开，致使很多课程不得不停止开设，科学研究受到了重大影响。好在正是有极少数人坚持了大学精神，才让该校"那里要有光"（Let There Be Light）的校训不至于沦落为一句空话。重要的是，这种理念被永远铭记，在美国大学发展史，乃至美国自由民权史上仍熠熠生辉而光照后人。一九五六年，那些拒绝签署忠诚宣誓之人得到了校方的经济补偿，还清了当年收取的他人的捐赠款项，并将之设置为一个至今还为抗争者提供救济的基金。一九六三年三月十六日，为纪念此次抵制运动的领导人杜尔曼，伯克利心理学系大楼竣工后被命名为"Tolman Hall"。再至一九九九年，伯克利召开了纪念这场运动五十周年为期两天的专题会议。时任伯克利行政主管的伯达尔（Robert M. Berdahl, 1937 - ）一反以往有人将之视为大学历史上一段"微不足道的插曲"（futile interlude）的说法，称这次危机具有重要意义，多少年后都将告诉人们："必不可少的自由是大学一个最基本的价值。"这就像当年法庭就此案进行辩论时那些支持抵制运动之人所说的那段话：大学只有远离那些只在特定时代流行的政治、宗教和社会、经济哲学时，"才能不受任何阻碍地探索和把握真理"（learning and the search for truth occur unimpeded）。[1]

写于 2016 年 9 月。

---

[1] Bob Blauner, *Resisting McCarthyism: To Sign or Not to Sign California's Loyalty Oath*, p. 395.

"极端的年代"与学者的政治情怀

广义的"知识分子"(intellectual)一词,常常将"学者"(scholar, learner)纳入其中,然二者介入现实政治的程度和方法却不尽相同。在现代学术发展史上,"学者"出自中世纪拉丁文的"学校"(school),再早还可追溯到古希腊人所说的"悠闲生活"(lives at ease)之人;"知识分子"则先指十九世纪中叶沙俄那些受过留学教育,对社会现状持批判态度和反抗精神之人;后被挪用到法国的德雷弗斯(Dreyfus affair, 1894–1906)事件之中,专指那些愤世嫉俗、口无遮拦、对当下威权政治持激进批判立场的作家、记者、艺人及教师等知识人。这意味着知识分子自诞生之日起,肩负着鞭挞不公、臧否时政的社会担当,且还是义不容辞和责无旁贷。

相对来说,学者不必完全如此。这群人多从事专门领域里的知识整理、传承和创造,所谓淡泊以明志,宁静而致远,理应尽可能地避免现实政治纷争的诸多烦扰。尤其随着现代学术的职业化、专门化和体制化的快速发展,至少在一八一〇年洪堡创立的柏林大学创办之后,学者崇尚寂寞和孤独,多潜心治学而全身心地投入精深的专业研究之中。这后来由马克斯·韦伯一脉相承，提倡即使在从事与现实政治关系极为密切的社会学、经济学、政治学的专业研究，学者也应最大限度地超越政治党派、教派的意识形态，坚定不移地恪守"价值无涉"或"价值中立"的学术纪律。然而，韦伯从来都认为自己天生就是一名斗士和领导者，对参与政治活动有着烈焰般的热血激情，自然使之陷入一种终生难以纾解的内心紧张之中。与之相关的问题就有：学者该如何面对现实政治？是否该有政治情怀？如果答案是肯定的，那么这种政治情怀之意义何在？

二〇〇三年，英国著名历史学家艾瑞克·霍布斯鲍姆（Eric Hobsbawm, 1917-2012）在其八十六岁高龄时，出版了题为《趣味横生的二十世纪》（Interesting Times: A Twentieth - century Life, New York: Pantheon, 2003）的自传。霍布斯鲍姆于一九三二年，即还是一位十五岁的少年之时，就立志成为一名共产主义者。一九三六年秋他进入剑桥后正式加入英国共产党，经历了第二次世界大战、"冷战"，以及一九五六年苏联入侵匈牙利，直到一九九〇年代东欧剧变、苏联解体、"冷战"结束都还没有退党。他自诩为一名"顽固不化的共产党人"（unrepentant communist），这部五百多页的著作几乎都是围绕学者介入现实政治这一主题而展开。霍布斯鲍姆认为："共产主义何以吸引了他那个时代许许多多最优秀的男女，身为共产党员对我们产生了何种意义？这些问题都是二十世纪历史的中心课题。"[①]

作为享誉全球的马克思主义史学家，霍布斯鲍姆颇受推崇的著

[①] 艾瑞克·霍布斯鲍姆：《趣味横生的时光：我的20世纪人生》，周全译，中信出版社，2010，第168页。

作是被称为"年代四部曲"的《革命的年代：1789～1848》《资本的年代：1848～1875》《帝国的年代：1875～1914》《极端的年代：1914～2000》。如果以此来看，韦伯所处的是"帝国的年代"。其时欧美主要发达国家的城市化、工业化快速发展，财富不断增长，科学技术日新月异，西方文明通过殖民征服而向全球大幅扩张，整个社会充满了乐观和自信，学者或可较为容易地秉持专业研究的"价值无涉"或"价值中立"。然而，二十世纪则是霍布斯鲍姆所说的"极端的年代"。此时社会主义蓬勃兴起、两次世界大战、东西方的"冷战"、民权运动、女性运动、同性恋运动等，给这个世纪带来"最巨大的恶魔之一，就是政治狂热"。① 尤其是在一九三〇年代的柏林，面对纳粹崛起的狂躁不安、喧嚣骚动，只有共产主义才是抵御法西斯最有力的思想武器。此时的霍布斯鲍姆虽有英国国籍，却是犹太人，别人可以选择希特勒的国家社会主义，他说自己"只能选择参加共产党"。②

早在一九五〇年代初就对极权主义进行批判，并撰写《知识分子的鸦片》一书的雷蒙·阿隆，对那个时代风起云涌的左翼政治反抗运动深恶痛绝。他认为多数参加者是抱着嬉戏和玩乐的心态参与其中。这大概不是阿隆的蓄意诋毁，列宁自己也说过："革命是被压迫者和被剥削者的盛大节日。"③ 的确，霍布斯鲍姆回忆那时的共产党人集纪律严明、办事效率于一身，强调绝对情感认同和

---

① 艾瑞克·霍布斯鲍姆：《趣味横生的时光：我的20世纪人生》，第168页。
② 艾瑞克·霍布斯鲍姆：《趣味横生的时光：我的20世纪人生》，第99页。
③ 《社会民主党在民主革命中的两种策略（1905年6～7月）》，《列宁选集》第1卷，中共中央马克思恩格斯列宁斯大林著作编译局译，人民出版社，2012，第616页。

完全献身精神。尤其是性态度往往相当解放，总能吸收一大批青春叛逆期的少男少女们热情参与。最为生动的一段描绘是，他说除了性行为之外，群众高度亢奋之际参加的大规模的游行示威，将肉体经验与强烈情绪结合得淋漓尽致。他的现场切身感受是：性行为仅属于个人层面，示威游行本质上却是集体行动——红旗、传单、标语、口号、歌声——个人全部融入集体之中，高潮可达数小时。他就此还一本正经地解释说："这是有异于性高潮之处（至少对男性而言如此）。"①

如果说自奥斯维辛之后，人类不再有诗，那么在古拉格之后，人类何尝还有无所畏惧的自由思想和自由表达？这里需要说明的是阿隆、霍布斯鲍姆笔下那种嬉戏和玩乐式的革命，或者说以高调浪漫主义性爱方式去反抗现实政治一定只发生在二十世纪的西方世界。就如著名英国历史家托尼·朱特（Tony Judt）论及一九六八年的西欧学生反抗运动，说那些少数几个最勇敢的领导者，受到的惩罚不过是蹲一晚上监狱，第二天就被统统赶回家吃午饭；而在华沙的大学生只是为了争取那点在西方社会早已习以为常的东西，则需要多少勇气才能挨过监狱里长达数周的审讯，以及被判处数年的监禁和劳教。② 关于自己受到的惩罚，霍布斯鲍姆只是说他被视为潜在的叛徒或真正的卖国贼。这体现在二战期间，他原本是为了报效国家，可自始至终都被安排就任无关紧要的闲职，并时时受到监控。直到一九五九年之前，他都一直无法升职为高级讲师。尽管他已经是剑桥的经济学位考试委员，却屡次被拒绝前往该校担任经济

---

① 艾瑞克·霍布斯鲍姆：《趣味横生的时光：我的 20 世纪人生》，第 97 页。
② 托尼·朱特：《记忆小屋》，何静芝译，商务印书馆，2013，第 92 页。

史教席。他认为正是他共产党员的政治背景,使自己教职生涯的进展颇感艰辛。①

多年后回首这段前尘往事,霍布斯鲍姆倒显得十分洒脱和大度,认为这是自己人生学术生涯中最难得的运气。他说事业上最糟糕的情况是过早登上巅峰,正是由于自己起步比较晚,且被阻挠了多年,才得以在别人只能期待不会江河日下的年龄,"继续向前瞻望许多更美好的事物"。② 就如他长期任教的伦敦大学的伯贝克学院,成立于一八二五年,最早是伦敦技工讲习所,其时仍然是一所夜间部学院,供必须白天打工赚钱谋生之人就读。该学院的上课时间是晚上八点到九点,学生则是那些刚结束白天的工作、在自助餐厅匆匆咽下晚饭后就来到这里学习之人。他们其中不少人还有移民背景,有波兰人、苏联人、保加利亚人、中国人、南亚人,最多时可达二十个不同国家。这些学生通常年长于那些中学毕业后直接进入大学学习之人,学习热情格外强烈。为了让学生对课程内容感兴趣,霍布斯鲍姆必须更多地讲述历史通论性的课程,由此尝试了以一种宏观通畅的写作风格,将叙述史学的魅力扩及一般普罗大众的教学方式。③

虽然年纪轻轻就感染了典型的二十世纪激情,霍布斯鲍姆最终却并未成为叱咤风云的政治斗士。这就有点像生活在十九世纪德国激烈动荡的现实社会之中的兰克,尽管内心深处赞赏普鲁士

---

① 艾瑞克·霍布斯鲍姆:《趣味横生的时光:我的20世纪人生》,第230~239页。
② 艾瑞克·霍布斯鲍姆:《趣味横生的时光:我的20世纪人生》,第299页。
③ 艾瑞克·霍布斯鲍姆:《趣味横生的时光:我的20世纪人生》,第386~387页。

王室对德国的统一,且有强烈基督教的终极关怀,然研究历史时则尽可能将个人情感搁置在外。如一个被学者诉说的典型事例是,有位狂热的新教徒、宗教改革史的研究者,在一次会议上听完兰克的报告之后,带着高傲的神情贸然对兰克说:"亲爱的同事,你我在有一点上是一致的:我们都是历史学家和基督徒。"兰克则回答道:"然而我们之间还有一点分歧:我首先是一个历史学家,然后才是基督徒。"① 同样地,霍布斯鲍姆也首先是一位历史学家,然后才是一位共产党人。一九四六年底包括他在内的一批历史学者及其朋友,在伦敦的"马克思屋"(Marx's House)聚会,决议成立"英国共产党历史学家小组"(the British Communist Party Historians' Group)。直到一九五六年,霍布斯鲍姆都是该机构最重要和最活跃的成员。

在其时的苏联、东欧,霍布斯鲍姆所熟悉的一批身为共产党员的历史学家中,最善于见风使舵(或投机取巧)者往往为了效忠,将马克思主义扭曲为论证其统治合理性、合法性的笨拙标榜。与之不同,马克思主义对于霍布斯鲍姆这些人来说,不仅是某个政权的现实,且更重要的是一种自由理想。用托尼·朱特的话说,这种信念的道德严肃性,"使我们整个世界的命运同最贫苦、社会最下层之人的善紧密地联系在一起"。② 在一九四六至一九五六年长达十年的历史学家小组的活动中,霍布斯鲍姆与同为著名马克思主义历史学家的希尔(Christopher Hill)、萨缪尔(Raphael Samuel)和汤

---

① 安托万·基扬(Antoine Guilland):《近代德国及其历史学家》,黄艳红译,北京大学出版社,2010,第51页。
② 托尼·朱特:《重估价值:反思被遗忘的20世纪》,林骧华译,商务印书馆,2013,第135页。

普森（E. P. Thompson）等人，大力推动了向"自下而上的历史"（history from below）、"人民的历史"（people's history）、"社会史"（social history）等的研究转向。他于一九五九年出版的《原始的叛乱：十九至二十世纪社会运动的古朴形式》（*Primitive Rebels: Studies in Archaic Forms of Social Movement in the 19th and 20th Centuries*）一书，通过细腻讲述挣扎在社会底层之人的优美哀怨的抗争故事，不仅在英国，且在世界历史学家中赢得了广泛赞誉。①

一九六〇年代至一九七〇年代，西方知识界，尤其是年轻一代学生全面左倾，形形色色的劳工运动、反战游行、民权集会、反核示威及女性解放运动风起云涌、声势浩大。霍布斯鲍姆在一九五二年参与创办并长期担任主要编辑委员的《过去和现在》（*Past and Present*）杂志，恰逢其时地一跃成为英语世界中最富活力和最激励人心的历史期刊。在该刊创办之初，占据英国史坛主流的是创办于一八八六年的《英国历史评论》（*The English Historical Review*）。《英国历史评论》由牛津大学出版社出版，每年发行五期，多年来主要刊发传统的政治史、外交史，以及少许经济史的专题学院派研究，多是君主、大臣和重要思想家的考证和评述，从不涉及社会底层之人的历史境遇和感受。与之截然相反，《过去和现在》刊发论文的重点是经济史、社会史，旨在揭示社会革命的动因，与时俱进地讲述人民作为创造者的历史。此外，该刊还刊发了很多外国史，尤其是第三世界的历史研究，自然与那个热血沸腾的时代精神高度契合。对于该刊的迅速崛起，作为对手的《英国历史评论》评论

---

① Harvey J. Kaye, *The British Marxist Historians: An Introductory Analysis* (Cambridge: Polity Press, 1984), pp. 11–15.

其是"忠于英国传统公平竞争的典范"(true to the British tradition of fair play)。①

笔者在这里无意只唱赞歌,片面打造一个关于学者政治情怀的"高大上"的梦幻迷思(myth)。学者并非圣徒,更不是上帝,有着属人的所有缺陷。尤其是在"极端的年代"的二十世纪,西方最著名的马克思主义或左派学者的政治情怀,虽说总体上可称为一种值得浓墨重彩的道德勇气和社会担当,然在今天的烟息潮沉之后,还可看到其中也有不少天真幼稚或自恋自傲的一面。霍布斯鲍姆在自传中委婉批评汤普森在一九七〇年代末,将全部精力投入反核运动,虽成为全国性的明星人物,可"等到他重返历史研究领域时,已经病得再也无法完成自己的研究计划了"。② 同样地,马萨诸塞大学安姆斯特分校(University of Massachusetts Amherst)的政治学荣誉退休教授 Paul Hollander 也不太客气地批评霍布斯鲍姆的自传只是讨论了那个美妙动人的乌托邦理想被长期滥用,却很少反思其理论所存在的重大缺憾,更回避了实际运作过程中所带来的更多新的不公正、新的奴役和新的压迫。③

Hollander 教授不无尖刻的批评性解读,或是由于其一九三二年出生在匈牙利,一九五六年当苏军坦克强行进入布达佩斯时,二十四岁的他仓皇逃到了西方。后来他在普林斯顿大学拿到社会学的博士学位,数十年来专门研究苏联、东欧的政治演化,论及此议题

---

① Margaret F. Stieg, *The Origin and Development of Scholarly Historical Periodicals* (University of Alabama Press, 1986), p. 69.
② 艾瑞克·霍布斯鲍姆:《趣味横生的时光:我的20世纪人生》,第279页。
③ Paul Hollander, "A Man of Faith," *The National Interest*, No. 72, Summer 2003, pp. 132 – 137.

时难免有一种梦魇般的痛苦回忆。不过，作为一家之言，Hollander 的评论虽说不一定十分公允，但从警惕迷信盲从的层面上，提醒读者对即使像霍布斯鲍姆这样著作等身、声名显赫的学术大家，也要保持一份头脑相对冷静的审视态度。就像"极端的年代"的二十世纪历史清楚地表明：过分理想化的救世情怀虽能极大地推动"庶民的胜利"，但由于并非所有人都愿意，或拥有批判、反思的能力和兴趣，很难说在冷酷现实中没有最终沦为"庶民的牺牲"或"庶民的灾难"。所以，学者的政治情怀，应力戒自命不凡地误以为能够像救世主那样去拯救芸芸众生。

由此说来，我们或可稍微心安理得地反观霍布斯鲍姆在自传中提及的那个著名比喻——学者如果放弃探索未来政治发展的合理方向和途径，就犹如不再去寻找那个在其熟悉的基督教文明，或西方文化中象征理想和希望的"圣杯"。倘若我们再设身处地揣度晚年霍布斯鲍姆的复杂心境，不难发现他面对的是那个激情似火的年代戛然谢幕，新一代人没有谁愿意再拾起关于"圣杯"的梦想。其中的隐喻自然让人黯然神伤，即那些孜孜以求"圣杯"的圆桌武士们，在民众眼里只是一帮笨蛋、白痴和罪犯，以致温文尔雅、慷慨虔诚、彬彬有礼的第一武士兰斯洛特（Lanselot）都游移不定，嚅嗫地说自己也不能确定是否真有"圣杯"的存在。只是他们的领袖——伟大的亚瑟王（King Arthur）虽有些沮丧，仍称重要的不是"圣杯"，而是坚持寻觅"圣杯"的态度。他强调说："如果我们放弃了寻找圣杯，就等于放弃了我们自己。"然而，作为学者的霍布斯鲍姆则反问道："这只是放弃了自己吗？难道人类可以不为自由与正义的理想而活，或者生活在无人为自由与正义奉献生命的环境里？还是说，在人类的生活记忆当中，甚至可以不存在那些曾于二十世纪为此理想而奉献了生命的人们?"① 所以，在这本自传的最后，霍布斯鲍姆给出了一个让后来学者不敢稍有苟且和懈怠的回答："社会的不公正仍然需要谴责和抗争。这个世界可不会自发地变得更好。"（Social injustice still needs to be denounced and fought. The world will not get better on its own.）

写于 2017 年 1 月 16 日。

---

① 艾瑞克·霍布斯鲍姆：《趣味横生的时光：我的20世纪人生》，第159页。

附　录

关于匿名评审的两点浅见
某历史学专业学术期刊的四份匿名外审意见书
《中央研究院历史语言研究所集刊》的两份匿名外审意见

关于匿名评审的两点浅见

作者曾于二〇一五年初将一篇讨论近代在华基督教教会医院的收费及慈善理念之文稿投寄给某专业历史学术期刊，经过近一年的匿名评审后而由作者主动请求撤稿，再改投台湾《中央研究院历史语言研究所集刊》，来来回回共收到六篇匿名评审意见。作者之所以将之列为本书的附录，是因为这些匿名评审意见犹如一面镜子，从学者的本分出发，当然期盼匿名评审意见能够相对合情合理，故有两点议论不得不发。

首先，匿名评审应避免天马行空、随性任意。匿名评审本来是为了保证学术质量，杜绝平庸之作和印刷垃圾的不得已之举。因为唯有如此，评审人方能直言不讳，认真负责地进行审核和评论。这也带来一个问题，就是真理从来在争论乃至激烈辩论之中确立。由于匿名评审没有设置能够让作者、评审者在"真理面前人人平等"的讨论机制，故较易造成少数不负责任的评审者滥用权力，故作高深而随意信口开河。这就特别需要匿名评审人严格自律，从专业标准出发，按照学术规范，知之为知之，不知为不知。这具体说来是吾人应尽可能做到评审意见有根有据，提供可供实际操作的修改建议。

其次，编辑部不应就刊用与否自作主张。至少在十八世纪中叶，英国、法国等学术共同体出版的专业期刊，就已经是由各学科专家学者组成的编辑委员会，通过协商、讨论乃至投票决定文稿的取舍，而非像早期那样假手专业"编辑"（editor）全权裁定。因为编辑不在学术一线，隔行如隔山，不太可能有效判断何谓最新学术动态，以及何谓学术界普遍关心的大问题。现今国内专业学术期刊一般设有编辑部，体制尚停留在十六世纪学术专业期刊创办问世的最初阶段。用一位相当成功的国内历史学家的话说："刊物的负责人和编辑人员掌握着决定权。一些刊物自设学术以外的各种内部标准，或者采用'一票否决'，把同行专家的评议置于次要，甚至是无关紧要的位置。"[1] 这也难怪作者收到这份专业历史学术期刊发来的四篇匿名评审意见后，虽然诚惶诚恐地进行了认真修改和撰写了修改说明，并将之发送给编辑部，不久却接到编辑的一个电话，说："编辑部认为叙述太细，分析不够，还需要进一步修改。"毋庸赘言，只要写过专题论文的作者都清楚，这样一个泛泛而谈的修改意见是没有办法落在实处而具体操作的。作者只得主动请求做退稿处理而转寄他刊。幸运的是，拙稿终被台湾《中央研究院历史语言研究所集刊》接受，于二〇一六年十二月刊发在该刊的第八十七本第四分第 853~883 页。

需要说明的是，尽管以下文字可能有些并不通顺，且存在错字、语病，但在此原封不动地收录，以让读者更好地进行自主的判断。

---

[1] 李剑鸣：《自律的学术共同体与合理的学术评价》，《清华大学学报》（哲学社会科学版）2014 年第 4 期。

某历史学专业学术期刊的四份匿名外审意见书

匿名外审意见书之一

（2015 年 3 月 26 日）

文稿具体审查意见

请就文稿的学术创见及存在的问题给出具体说明，并提出修改建议（注：本部分内容将反馈给作者参考，字数最好不要少于 500 字，若不敷使用，可加页）。

1. 文稿的学术价值

《近代在华教会医院的宗教慈善与收费》一文的选题是很有意义的，确实是中国近代史、基督教在华史及医疗史领域中值得研究的问题，因为教会医院的收费问题一直没有得到应有的重视。实际上，肯定教会医院慈善性或者批评其伪善性曾经是一个有争议的问题，但却没有就收费这个核心问题进行过有质量的研究。本文的选题是有一定眼光的。

该文把中国教会医疗事业与英美国内的医疗事业的发展联系起来看，某种程度上有"全球史"的视野，这也是值得肯定的。因为，传教士母国的医疗事业的现代化进程是会影响到传教士海外医疗事业的业态发展的。

该文把在华医院发展分为三个与时段有相关性的问题来分析，对在华教会医院收费政策的变迁及其原因的分析均有一定的合理性。

2. 文稿存在的问题

一、在全球视野下建立的、在共时性视域中的英美国家医疗制度发展对在华教会医院宗教慈善与收费制度变迁的影响，两者联系过于间接，证明力是不够的。

二、文章的核心问题"教会医院的收费"问题存在史料数量和质量的问题。如以《粤东西医院施医清单》这么一个医院的例子来说明一个时期整个教会医院的营收状况，所用史料与所获结论是不对称的。最不应该忽略的是，教会医院是有自己档案的，一些教会大学的医学院档案中保存了比较完整的年度报告及收支表格，但作者全文基本没有利用这些资料，没有选择某个、某些医院，一以贯之的分析到底，这就严重影响了本文的史料基础。

三、文章多处涉及晚清民国的重量单位和货币单位，这里涉及经济史的专门知识，最好能利用已有的前辈经济史学家的成果来说明。

四、文章论述有点跳跃性和随意性。在时间点、在医院选择上均有这个现象。如第 15 页倒数第二段。在最后的结语发挥中，而有溢出论文主题范围的问题了。

五、文章强调传教史须有全球史的视野，文中常将中国医学传教史与美、英、日本之历史联系，但处理的不是很妥当。

如"其次是当时中国还没有任何一个地方，设立类似英美那样的城市贫民救济院。"（第 4 页）（若说没有和欧美一样的城市贫民救济院，几乎是句实话；若说功能类似，则善堂则早已存在。即使是自明末来华的天主教会，还有善会组织。参梁其姿《施善与教化：明清的慈善组织》以及梁元生《慈惠与市政：清末上海的"堂"》。

如"中国不是当时世界科学医学创新的中心，相关西医诊治技艺较欧美至少滞后八年、十年或更多。"（第5页）出处？

如"教会中也曾就此引起若干争议，一些人甚至怀疑医疗传教是否可作为传播福音的一种便捷和有效形式。1873年，在日本神户传教士格林（Greene）就不以为然地说，在中国常被认为可以替代教堂的最佳布道场所，是医疗诊所的候诊室；但在日本他们从来就不采取这种强制行为。让他感到颇为自得的是：'吾人总能拥有一批非常彬彬有礼的听众，在安静的教堂里，没有什么比基督教义的布道再能吸引他们了。'"（第6页）

这就需要更多从那些侧见旁出，不经意的记载中钩沉发隐，方能实事求是、恰如其分地使过去习常之"不必记"成为今天研究之"不可缺"。

如"随着汽车、收音机、电影等大众通俗文化的兴起，以及自然和社会科学对传统神学的巨大冲击，十九世纪末只在少数知识分子中流行的怀疑主义，此时逐渐成为主流思潮。"（第13页）和主题相去较远。

六、几点错误：1. 原文"如内地会创始人，也是在华医疗传教的重要鼓吹者戴德生（John A Hudson）James Hudson Taylor"，实际上，中国内地会的创造人是戴德生（James Hudson Taylor, 1832–1905）。2. 原文"普遍远见（common Prudence）"，可能应该译成："通常的审慎"。

3. 具体修改建议

一、建议围绕论文的核心问题，即教会医院的收费，去查找教会大学及教会医院的档案，建构数量质量与论文相符的证据基础。

二、论述时，建议更加紧密地严扣主题，具体充分地论述慈善收费的基本状况、来龙去脉及变化的原因。

修改说明之一

（2015 年 3 月）

编辑部及评审专家：

首先非常感谢评审专家对拙稿提出的宝贵修改意见，让作者获益非浅。根据评审意见，作者这些天来进一步查找和核对资料，并对研究主题进行了再思考和认真修改，现将修改说明胪陈如下：（楷体字部分是修改说明）

一、评审意见认为"在全球视野下建立的、在共时性视域中的英美国家医疗制度发展对在华教会医院宗教慈善与收费制度变迁的影响，两者联系过于间接，证明力是不够的。"

台湾学者蒋竹山以《全球转向：全球视野下的医疗史研究初探》为题的一篇学术综述（刊发在《人文杂志》2013 年第 10 期，本文作者将之放在附件中，敬请查收），曾提及"两岸中国医疗史研究发展至今，虽已大多转向新社会史和新文化史及日常生活史取向，却较少见到全球史视野。"不过，蒋竹山接下来指出本文作者和台湾"中央研究院"院士、香港大学亚洲研究中心讲座教授梁其姿，是"开始采取类似路径，将医疗史放在更大的跨国脉络下"的先行者（第 92 页）。

鉴于此，本文作者冒昧猜测，评审意见大概不很熟悉"全球视野"的研究方法和策略，误以为是像以往只停留在中国史研究领域，单向地关注"在共时性视域中的英美国家医疗制度发展对在华教会医院宗教慈善与收费制度变迁的影响。"实际上，"全球视野"的研究，如一九八〇年代提出来的一个英文概念"glocality"，是由"全球"（globe）和"地方"（locality）两词合成而来，更在于强调方法论上将"全球""在地"视为一个整体。用著名研究者Natalie Davis教授的话说：这一研究"既要讲一个精彩的在地故事，也要能凸显出其背后的全球意义。"

再因为关于"影响"的研究，在当下学术出版物中已是汗牛充栋。仅以近代医疗卫生为例，检索人大报刊复印资料，可以找到不下数十篇讨论西方医学如何引入近代中国，以及产生了哪些影响的文章。作为常识，没有人再会对"影响"的话题提出疑义，故无须花费更多笔墨。所以，拙稿的研究重心是中国在地的相关历史演化，"英美国家医疗制度发展"只是作为一个"全球视野"的大背景。

二、评审意见认为：文章的核心问题"教会医院的收费"问题存在史料数量和质量的问题。如以《粤东西医院施医清单》这么一个医院的例子来说明一个时期整个教会医院的营收状况，所用史料与所获结论是不对称的。最不应该忽略的是，教会医院是有自己档案的，一些教会大学的医学院档案中保存了比较完整的年度报告及收支表格，但作者全文基本没有利用这些资料，没有选择某个、某些医院，一以贯之的分析到底，这就严重影响了本文的史料基础。

原稿第6页最后一段的主旨是论证"这一时期教会医院的治疗条件、治疗水平和医疗花费，不会给医疗传教士们广泛施予的慈善医疗造成多少财政压力"，徵引1874年《粤东西医院施医清单》作为证据。作者从压缩篇幅的考虑出发，有点"偷懒"，没有再用一、两句话说明这个"粤东西医院"在当时教会医院中的典型性和代表性。修改后的文字特意指出这是"创办最早、规模最大、收治病人最多，也是直至十九世纪末都是独居在华教会医院影响榜首的广州博济医院及其附属的五处分院。"就医疗费用来看，如果这所最重要的医院尚且花费不多，那么更遑论其它那些创办时间较短、规模较小、收治病人没有那么多的教会医院。所以，这个医院的案例是能支持上述论证的。

作为国内对在华教会医院、医疗传教士的最早研究者之一，如果就刊发在有匿名评审制度的海内外专业学术期刊来看，本文作者刊发的专题论文数量怕是最多的。从一九九〇年代中期以来，二十余年来作者几乎跑遍国内外一些重要的档案馆，还不知道哪个地方存有这一时间段（一九〇〇年前）的"某个、某些医院"比较完整的年度报告及收支表格。教会大学的设立，多在一九〇五年废除科举之后，如果有所谓"教会大学的医学院档案"中原始的年度报告及收支表格，一定是二十世纪之后的。目前保存和开放最好的是北京协和医学院的档案，作者曾得到过美国洛克菲勒基金会的财政支持，于2008年前往在纽约附近的Sleepyhollow的Rockefeller Archives,

并还到过北京协和医学院的档案馆查过相关档案资料。这两处地方保存最早的档案资料都是一九一〇年以后的。北京协和医学院开办于一九〇六年,是最早的教会医学院之一,在洛克菲勒慈善基金会的罗氏医社,一九一四年接手之前的档案基本没有保存下来。

正是由于不存在(或者说没有对外开放)这一时期"某个、某些医院,一以贯之"的系统档案,目前刊发的所有相关研究论著,几乎都是立足于若干典型性、代表性史料的总体论述。可作为经典的是《麻风隔离与近代中国》(载《历史研究》2003年第5期,第3~14页)一文,讲述近代那些由医疗传教士创办的麻风隔离病院时,就没有"选择某个、某些医院,一以贯之的(地)分析到底",而是遍及华南、华东的相关麻风隔离机构。同样,拙稿试与之讨论的 Renshaw 的 Accommodating the Chinese: the American Hospital in China 一书,也是用若干的典型案例,讨论整个在华的美国教会医院。

总之,对于拙稿的"史料基础",评审的关键还在于是否曲解、隐匿、误读了史料。如果只是泛泛而谈地称"没有选择某个、某些医院,一以贯之的分析到底",作者就很难进行针对性的修改和补充。毕竟,用这样的逻辑推论下去,即使拙稿"选择某个、某些医院,一以贯之的(地)分析到底",评审可能也还会说,"某个、某些医院,一以贯之的分析到底",如何能说明在华教会医院的整体情况呢?

三、评审意见认为:文章多处涉及晚清民国的重量单位和货币单位,这里涉及经济史的专门知识,最好能利用已有的前辈经济史学家的成果来说明。

　　拙稿第10~11页，谈及上海、北京与教会医院的诊费时，曾用两地当年的米价进行比较，以说明每次诊费相对于苦力日收入的百分比。就本文作者的阅读来看，拙稿提及的这些特定年份——1880年代末和一九〇一年，怕是没有哪位"前辈经济史学家的成果"。如果有，敬请评审意见具体列出：是谁，那篇文章，刊发在哪里。需要说明的是，研究的基本原则应该是"尽量不吃别人嚼剩的馍"，"现场"肯定胜于"追述"。也就是说如果有第一手的时人资料，就尽量不用第二手、第三手的今人研究文献。所以，对那个特定的地点和年代的重量单位和货币单位，即使有"前辈经济史学家的成果"，本文作者也会倾向于首先查寻当时人的在场、在地陈述，而不是用后人的研究作为佐证。

　　四、评审意见认为：文章论述有点跳跃性和随意性。在时间点、在医院选择上均有这个现象。如第15页倒数第二段。

　　哪些论述是"有点跳跃性和随意性"，体现在那些"时间点"和什么"医院选择"上，评审意见并没有一一具体指出和标明，本文作者也就无从进行全篇文字的修改和补充。以评审意见标明的原稿第15页倒数第二段的"时间点"和"医院选择"为例，在作者看来，似乎不存在"有点跳跃性和随意性"。先就"时间点"来看，是一九〇六年、1918年；再就"医院选择"来说，是民政部在京师开设的内城官医院、城南医院，以及北洋政府投资三十万元的北京中央医院（Central Hospital）。如孟子所言："观水有术，必观其澜"，讨论历史的变化，就是要找到能够清楚呈现历史发展转捩的标志性事件。所谓标志性，就不可能天天都发生，习以为常，必然是有些间歇、断裂的"跳跃性"。这个"时间点"，这些"医院选择"，均是此前中国所没有的新生事物，完全可作为标志来证明"进入二十世纪之后，中国人开始热情接受西方医学和创办医院，大有在推进科学医学方面后来居上的赶超之势"。

五、评审意见认为：文章强调传教史须有全球史的视野，文中常将中国医学传教史与美、英、日本之历史联系，但处理的不是很妥当。

如"其次是当时中国还没有任何一个地方，设立类似英美那样的城市贫民救济院。"（第4页）（若说没有和欧美一样的城市贫民救济院，几乎是句实话；若说功能类似，则善堂则早已存在。即使是自明末来华的天主教会，还有善会组织。参梁其姿《施善与教化：明清的慈善组织》以及梁元生《慈惠与市政：清末上海的"堂"》。

拙稿谈及当时"中国还没有任何一个地方，设立类似英美那样的城市贫民救济院，"评审意见认为"若说功能类似，则善堂则早已存在。"看来，评审意见不熟悉"英美那样的城市贫民救济院"，误以为都是同类的慈善机构，其功能类似。实际上，两者是有很大的区别。欧洲最早纪录在案的almshouse是由阿特尔斯坦王（King Athelstan），于1132年在约克建立。目前还存有旧址的是在英格兰南部的温彻斯特的圣十字医院（Hospital of St. Cross）。它的特征是具有早期医院收养病患的功能，长年设置病房、病床、被褥，以及雇佣专门看护人员和提供粗劣的饮食。与之不同，中国传统善会多建立在血缘、地域联结上，设立在家族祠堂、地方庙宇和同乡会馆，临时性或季节性地施医、施药、施粥，乃至施棺，绝无收养病人的病房和提供看护的功能。相关 almshouse 的研究，请参阅 Walter H. Godfrey, *The English Almshouse: with some account of its predecessor, the medieval hospital*, London, Faber and Faber, 1955。

再如"中国不是当时世界科学医学创新的中心，相关西医诊治技艺较欧美至少滞后八年、十年或更多。"（第5页）出处？

修改稿已将这句话改为："中国不是当时世界科学医学创新的中心，相对于英、美在西医的诊治技艺和设备改善方面有一段滞后期。"鉴于这是一个常识性的认识，本文作者也从压缩篇幅的角度，不认为有必要提供出处。因为谁都知道，十九世纪至二十世纪的重要医学治疗技艺革命，如细菌理念、检疫手段、及具体诊疗方法和器械——麻醉、防腐、听诊器、血压计、X光透视机，等都是在欧洲或北美发明和发现的。一份卓越的相关研究，是台湾学者张宁对那个时代治疗发热、头痛特效药的阿司匹林的研究。张宁指出该药在1880年代末由德国拜耳公司（Bayer）合成，很快风行欧洲和北美；全面进入中国，则要等到第一次世界大战结束之后。即德国失去欧美市场之后，其商人才决心朝亚洲、中南美等地发展(《阿司匹林在中国——民国时期中国新药业与德国拜耳药厂间的商标争讼》,《中央研究院近代史所研究集刊》2008年三月第59期,第97~155页)

还如"教会中也曾就此引起若干争议,一些人甚至怀疑医疗传教是否可作为传播福音的一种便捷和有效形式。1873年,在日本神户传教士格林(Greene)就不以为然地说,在中国常被认为可以替代教堂的最佳布道场所,是医疗诊所的候诊室;但在日本他们从来就不采取这种强制行为。让他感到颇为自得的是:'吾人总能拥有一批非常彬彬有礼的听众,在安静的教堂里,没有什么比基督教义的布道再能吸引他们了。'"(第6页)如"随着汽车、收音机、电影等大众通俗文化的兴起,以及自然和社会科学对传统神学的巨大冲击,十九世纪末只在少数知识分子中流行的怀疑主义,此时逐渐成为主流思潮。"(第13页)和主题相去较远。

本文作者不太理解评审意见何以说这两个陈述"与主题相去较远。"因为就这两句话的前后文来看:第一个陈述,即在日本神户的传教士格林(Greene)所说的那段话,证明了其不认可在华医疗传教士们在闹哄哄的候诊室传教,强调不可能收到良好的聆听效果。第二个陈述,是要由此证明"美国社会的宗教热情锐减,直接影响到教会募集善款的数额。"只要参加过教堂礼拜的人,都知道教会募集善款,大部分来自于周六的礼拜仪式。年轻人不去教堂,捐款从何而来?

六、评审意见指出的几点错误:1.原文"如内地会创始人,也是在华医疗传教的重要鼓吹者戴德生（John A Hudson）"，实际上，中国内地会的创造人是戴德生（James Hudson Taylor, 1832 – 1905）。2. 原文"普遍远见（common Prudence）"，可能应该译成："通常的审慎"。

　　1. 原稿戴德生的英文名字输入错误，修改稿进行了改正；
　　2. "Prudence"，译成中文有三种涵意，（1）审慎、小心；（2）精明、深谋远虑；（3）节俭、善于经营（参见陆谷孙主编《英汉大词典》（第二版），上海译文出版社，2007年版，第1577页）

　　原稿第8页，谈及"对947年在约克设立的英国第一所医院，当时的坎特伯雷大主教（Archbishop of Canterbury）说：这体现出教会对贫困病人（the sick poor）的宗教（Religion）、人道（Humanity）和普遍远见（common Prudence）"。就上下文来看，似应译成"深谋远虑"的"远见"，而非"通常的审慎"。

　　为了节省篇幅，修改稿中将这句话删除；

七、评审意见提出的具体修改建议：
（一）建议围绕论文的核心问题，即教会医院的收费，去查找教会大学及教会医院的档案，建构数量质量与论文相符的证据基础。
（二）论述时，建议更加紧密地严扣主题，具体充分地论述慈善收费的基本状况、来龙去脉及变化的原因。

　　根据这两条具体建议，修改稿注重了如何"紧密地严扣主题",更多关注"收费的基本状况、来龙去脉及变化的原因,"对原稿的慈善部分进行了较多删节。即从两万二千余字的原稿,压缩到两万字的修改稿,论述更集中于收费部分。至于评审意见建议查找"查找教会大学及教会医院的档案",以上修改说明对此已有一些陈述。如果就进一步修改来看,作者殷切希望评审意见不只是这样笼统几个字的印象之谈,而是能够真正"具体"地标明这些档案的类型、年代,所藏的处所或地点,以及向研究者的开放程度。否则,如何进一步去查询和核实?

拙稿利用了部分英国伦敦大学档案馆(School of Oriental and African Studies Library, University of London.)收藏的伦敦会所属天津马根济纪念医院的若干档案资料(修改稿第16~17页)。不过,积二十余年来跑档案馆之经验,窃以为如果确实有完整的"教会大学及教会医院的档案"(前提是要对研究者充分开放),当然更好;如果没有,也不必畏手畏脚、止步不前。因为近代资料太多,有各种各样可作为第一手资料的相关印刷物。只要认真地进行整辑排比,参求搜讨,完全可不必过于迷信档案,更不能以此作为评价一份研究水准的唯一尺度。如上面提及梁其姿先生刊发在《历史研究》上那篇论及麻风隔离与近代中国的大作,利用的资料就是地方志,《麻风季刊》、《广济医刊》之类的报刊出版物,而没利用一份档案资料。吾人能质疑她的研究证据基础与之论述"不相符"吗?

评审意见未超过一千一百字,然此修改说明近六千字,表明作者对之是很认真,绝无一点敷衍了事的态度。当然,这其中肯定有不少错误之处,敬请编辑部和评审专家再次批评指正。谢谢!

匿名外审意见书之二

(2015年3月26日)

文稿具体审查意见

请就文稿的学术创见及存在的问题给出具体说明,并提出修改建议(注:本部分内容将反馈给作者参考,字数最好不要少于500字,若不敷使用,可加页)。

1. 文稿的学术价值

文章论述了近代在华教会医院在发展过程中所遇到的慈善与收费问题,重点探讨它们遇到的困难和做出的调整。文章的学术价值体现在两个方面:一是将近代中国教会医院与母国医院发展历史放在一起进行考察,试图采用一种全球化或跨国史的视野拓展对教会医院的研究;一是从收费或经费的角度拓展已有研究,从而更全面地理解教会医院的历史。

2. 文稿存在的问题

不过,文章所引用的资料和整体论述未能解决它所提出的问题,存在诸多问题不足之处,未能实现应有的学术价值。下面就其存在的主要问题陈述如下:

首先,主题模糊。文章标题是"近代在华教会医院的宗教慈善与收费",试图要讨论的是教会医院在慈善与收费之间的两难,但文章未能解决此问题。虽然文章以收费作为关键词,但文中却常常讨论的是经费问题。作者在导言部分提出"聚焦与这一慈善活动密切关联的教会医院收费境况",第三部分题目是"科学医学及慈善面临的严重经费拮据",实际上讨论的是两个不同的问题。收费和经费是两个有着不同内涵的概念,收费是因某种行为获取的报偿，经费指的是某种机构运作所需的费用。经费不足也许是收费的原因，但不是收费问题本身。更关键的是，文章并未围绕两者关系展开论述。

其次，论证存在问题。"宗教慈善与收费"是一个有着非常宽泛内涵的主题，作者对此问题的论证未见其独到之处，既未形成整体性认识，从宏观的角度阐释出两者之间的内在张力和关联，以及两者关系发展的阶段性，也未以个案的研究呈现出两者关系发展的地域性特征。吾人看到的是，时而广东，时而北京，时而上海，时而十九世纪，时而二十世纪，这样的时空错杂影响了问题论证的严密。可能是希望表达的内容太多，使得文章各部分之间的逻辑关系松散。如第一部分将一九〇二年视作一个变化节点，但文章并未据此展开论述，似可不讲。此外，文章的开头和结尾过长，且有论证内容，应加以精炼，讲出自己的观念即可。

再次，未能很好地贯彻新的研究视角。虽然注意到了教会医院与"母国"医院的关系问题，但是对于两者之间的互动缺乏具体论证，也就是说教会医院如何接收来自母国影响的方式和内容并未被揭示出来。文中介绍了同时期西方各国医院的情况，但是并未解释清楚其与中国教会医院到底存在什么样的关系。这样的研究方法很难说是真正的跨国史或全球史视角。

最后，文章虽然引用了大量中英文资料，但对于论证的问题而言，仍缺乏核心史料，尤其是教会医院和主要人物的档案材料。研究收费或经费问题需依赖于财务报告或预、结算报表，若无这些资料，是无法解释一个机构的经济运作的，也就无法阐释清楚收费与宗教慈善之间的关系。若没有主要人物的资料，也就不清楚当事人到底是如何考量和处理宗教慈善和收费之间关系的。

3. 具体修改建议

修改说明之二
（2015年4月）

编辑部及评审专家：

感谢发来的第二篇评审意见。作者拜读，感觉这篇评审意见也与前篇评审意见的篇幅相等，不足一千一百字，有点"惜字如金"。再同样相似的是，有些意见与上次的那篇评审意见重合——如关于拙稿未能使用系统档案资料、详细讨论在华教会医院与西方各国医院的情况、以及未通过以个案的研究呈现出两者关系发展的地域性特征等问题。

对于这些问题，我上次的修改说明稿，用了近六千字，即拙稿三分之一多的比例进行了回复，并做出一些相应的修改，恕不赘述。需要针对性说明的是，此篇评审意见与上篇评审意见有一点不同，是批评拙稿虽以收费作为关键词，文中讨论的却常常是经费问题。我的回复是"收费"和"经费"，对于教会医院的慈善医疗，是两个有着极为密切关联的概念。拙稿前言部分指出："本文聚焦与这一慈善活动密切关联的教会医院收费，考虑到不同于阶段性的赈灾、扶贫或一次性的修桥、铺路，医疗慈善是一项需要大量经费，且持续和不间断投入的事业。"这里的逻辑关系非常明确：拙稿试图讨论的是随着十九世纪末科学医学的快速发展，大量新设备、新技艺和新药物的投入使用，医疗成本大幅度增加，致使所有在华教会医院者都面临着经费支绌的问题，从而不得不通过压缩慈善医疗的比重和增加收费来维持医院的运营。拙稿谈及"经费"，势必关联到"收费"。就如人们常说法不孤起，仗境方生；道不虚行，遇缘则应。用蒙文通先生的话说："事不孤起，必有其邻。"拙稿关注的是"收费"之所以成为"经费"基本来源的前因后果。

就此评审意见认为拙稿"缺乏核心史料，尤其是教会医院和主要人物的档案材料"来看，作者冒昧地估计他／她大概没有做过相关教会医院的专题论文研究（这可通过查询"人大报刊复印资料检索系统"、"台湾学术文献数据库"而得知），不清楚目前这些档案的收藏和开放状态。作者刊发了相关五篇论文，其中有两篇刊发在能够被国际学术检索列入的 History and Life, Arts and Humanities Citation Index 目录上的专业历史学期刊，多年来奔波于国内外相关档案馆、图书馆，大致知道目前相关档案的收藏和开放状况。可以说当下最开放的就是北京协和医学院的档案。这多亏了 2004 年前后，洛克菲勒基金会资助了五十万美元，请该校档案馆负责整理和开放当年留存下来的档案。这一过程历时六年，2011 年该院档案开始对预约的研究者开放。尽管双方合同规定，研究者如果遇到查询相关档案的障碍，可向美方洛克菲勒基金会投诉；但如果去王府井该院老大楼地下室的档案馆，除医学教学档案之外，医院档案因涉及病历，还是统统不对外开放。

北京协和不是教会医院，得到的是石油大亨洛克菲勒基金会的资助；当年在北京、杭州、苏州、南京、上海、广州那些曾经的教会医院，如伦敦会、长老会、圣公会等母国差会早已停止了传教活动，在英、美业已踪迹难觅，不可能再资助当年的教会医院，即现在的国有医院整理和开放档案。有查询档案经历的人应该知道，当年教会医院多在气候潮湿、闷热的珠江三角洲、长江三角洲，即使安然度过了百年来的各种社会和政治动荡，那些劫后余生的纸质文件，如果不经过扫描到电脑上的数字化处理，是无法对研究者开放阅读的。然而，如果要数字化这些档案，势必需要大量的经费投入，现在的哪一家国有医院有这个资金，并愿意这样做呢？当然，前提还要假定那些含有病历的档案，医院愿意对研究者开放。

这些年来，作者曾到英国、美国（耶鲁、哈佛、纽约、波士顿）查阅过一些差会的档案，知道那种能够作为核心史料的"教会医院和主要人物的档案材料"，在差会也不存在。原因在于当时很多差会的领袖，认为医疗传教士过多沉溺于"治疗病体"而忽略了"拯救灵魂"，教会医院不是差会关注的重点。医疗事务只是在华教务中事务次一级的考量。与之相应，差会档案中收藏的就多是医疗传教士讲述传教活动、以及私人通信中在异国的生活，几乎没有评审意见想像中关于医院的"财务报告或预、结算报表"。当然，编辑部可以对作者的陈述进行查验。最简单的方法是查询包括评审意见者（如果他/她撰写过此专题论文的）在内的相关专题论文，看看页下注释中到底有谁用过"教会医院和主要人物的档案材料"作为核心史料，以及作为"核心史料"在整篇论文所占的比重应当是多少。结论会很简单：如果此前刊发的相关研究论文中，哪怕有一篇是以"教会医院和主要人物的档案材料"作为核心史料，那么就可证明拙稿在查找资料方面有"投机取巧"之嫌，没有做到"上穷碧落下黄泉"；反之，如果查证不到，再以此要求拙稿，怕就有点既不合情，也不合理。

进而言之，评审意见之所以谈及此问题总是原则性的泛泛而谈，而无法"具体"地标明这些档案的类型、年代，所藏的处所或地点，以及向研究者的开放程度，因为他/她自己也心中无数，只是想当然地随口提及而并非言之有据。作者好事，稍微做了点实证查验，清点了上次修改说明列举那篇刊发在《历史研究》上关于近代中国麻风病隔离的大作，发现核心史料是占全文七十四个注释中的十五个（占 21%，即最大份额）的《麻疯季刊》，且没有一份档案资料。同样，《历史研究》刊发的另一篇关于传教士之中医观的重要研究，也没有使用一份"教会医院和主要人物的档案"，更遑论"核心史料"之说。还可以再进行查验的，是美国学者琼斯撰写的《博济医院百年史》（沈正邦译，广东人民出版社，二〇〇九年）。此书专门讲述一个特定的教会医院，居然也没有利用该医院的任何一份档案，而是通过其时出版的各种各样印刷物所撰写的。这就充分说明"尽信书，不如无书"。毕竟，近代史与古史不同，史料太多而不是太少，即使缺少"教会医院和主要人物的档案材料"，但如果真正做到旁证博搜，整辑排比，各种语文出版的系统相关报刊杂志同样能够作为学术专题论文的核心史料。

根据这份评审意见，拙稿在文字上稍稍做了点修改。其中不当之处，敬请编辑部和评审专家再次教正。

匿名外审意见书之三
（2015 年 6 月 10 日）

文稿具体审查意见

请就文稿的学术创见及存在的问题给出具体说明，并提出修改建议（注：本部分内容将回馈给作者参考，字数最好不要少于 500 字，若不敷使用，可加页）。

1. 文稿的学术价值

如作者在文中指出的，对于清末民初在华传教士的医疗活动，虽然已有相当深入的研究，但其切入角度尚显单一。特别是对于宗教热情驱动下的慈善医疗之性质，或一味褒扬，或一味将医疗视为殖民扩张活动之一部分而加以批判。事实上，丰富多彩的在华传教士史料，仍有极大潜力可以挖掘。本稿作者就抓住"医院收费"这一线索，梳理并分析了一大批此前少为人注意的史料，对传教士医疗活动的具体实践进行了生动而翔实的描摹。

前人论著，多以教会医院如何"适应"（以及潜在意义上的征服）中国实地情形为线索。本稿的一大贡献，在于指出教会医院本身在十九至二十世纪处于一全球性的近代化进程之中，作为社会机构的医院之职责、使命及运营模式，同时在殖民母国各大城市亦发生巨变。尤其可贵的是，作者注意到，这一跨国性的互动，在传教士与母国教会交流的刊物、通信及讨论中多有体现。因此，教会医院是否应对病人收费这一问题，便自然成为一个上佳的研究入手点。

那么，聚焦收费问题，究竟能够让吾人对教会医院获得哪些新的认识？就本稿的讨论范围而言，作者似乎意在通过收费行为的从无到有、标准从低到高，来探讨所谓"慈善医疗"精神在中国的具体实践及其局限。无论传教士本人如何强调以传播福音为根本的治病救人，不应以盈利为目的，最终都由于执业标准在全球范围内的提升和医院运营成本的现实考虑，而变得不再可行。本稿的发现，因此可视为连结十九与二十世纪中国医院发展史的一段重要篇章，它解释了不同医疗组织形式之间的演替，背后有其经济与社会逻辑。

2. 文稿存在的问题

1) chronology：本文所引证的一手文献涵盖自十九世纪初到二十世纪上半叶，超过一个世纪范围内的在华传教士医疗活动，且希望说明，在这一百年间，医疗活动的"慈善"与"盈利"性质发生了深刻的转变。但行文中对于具体历史时期的论述往往含糊带过，或同时引证时间、空间、教会组织跨度甚大的原始文献，希望在修改稿中予以注意。

2）重要概念缺乏清晰界定：-页3：一八九五年数据中"医院"和"诊所"的区分为何？本文的考察对象，是否也包括"诊所"？考虑到"医院"这一机构组织在十九－二十世纪的巨变，似应将"诊所"的涵盖范围也作具体的描述，以凸显"医院"对历史行动者的意义。

3）关于全球性影响的问题。作者在本稿前半部分（如页4）指出，与殖民母国相比，在华传教士出于传教需要和实际考虑，更倾向于开设诊所或医院，这似乎暗示了在华教会医院的机构化与制度化，要早于殖民母国。而在本稿后半部分，其跨国性影响的方向性则主要由殖民母国流向在华教会医院，如消毒设施的设置和医院的转型。那么，作者所勾画的医院之全球性历史变迁，与中国各地的特殊情形（如天津，较早获得中国官绅的支持；或北京，收费病人中官僚及贵族家庭的比例较其余地方要高），究竟孰轻孰重？希望作者就此给出更清晰的论断，并更多地照顾到中国内部的特殊性。

4）"结语"一节内容，几乎全属引用一手文献的新论述，且涉及若干个不同性质的问题：华人在经济层面贡献、贫民所受歧视、及教会医院地产在二十世纪的扩张等。希望作者能重新调整内容组织，于主题并非直接相关的内容略去，而对部分关键性的材料进行更深入的探讨。尤其是二十世纪初到三十年代之间，作者似乎试图说明，正当教会"慈善医疗"的理念消亡之际，教会医院实际上在中国的资产和实力得到了前所未有的扩展。那么，对病人收费的收入，在此扩张过程中所扮演的角色如何呢？希望作者能就此问题扩写一节，然后再重新撰写全文结论。

3. 具体修改建议

—页1，行1～2，"相对于那个时代……的所作所为，在华基督教的医疗传教士们无疑最具……"。"所作所为"指什么？所谓"最具"，如果是在全球范围内的比较结果，为何在华传教士要比在其他殖民地的同类活动更具"慷慨慈爱……的耀眼光环"？"基督教"仅指新教，还是包括天主教？

—页1，行4～5，charity 和 philanthropy 的区分，是否在母国教会和在华传教士之间如此绝对，令人怀疑。所引文献中并没有支持上述论证的具体证据，如果作者有对一手文献进行详细考察得出此结论，请引证。

—页2，行5，"不同于其时在华的其他西方之人"，"其时"指何时？是谁、什么时候开始提出"改造中国"？请引证具体文献。

—页5，注18：引用一九二〇年的文献，来对比在华教会医院与西方在"十八世纪乃至十九世纪中期"的情况，似欠妥当。为何不用伯驾在1830－四十年代广州开设医院的材料？

—页6，注23：本段论述"早期教会医院"的医疗条件，按照作者自己在第3页的论述，应指一九〇二年以前，但本注引用的一手文献分别为1918年及一九二二年。如果作者认为上述文献表明很多教会医院的物质条件在二十世纪初与十九世纪相比并没有明显改善，请具体说明。

—页7～8，论述"传教效果"的两段，似与本节主题"收费额度、差别待遇与慈善比重的缩减"，并不对题。

—页14，倒数第二行，"这一变化"所指为何？

—页18，注84：资助数字的剧降，似与中日开战的国际时局有密切关系,作者是否同意,请说明。

——页19,行7:"教会医院相对于华人医院已不那么先进","华人医院"指哪些?

——雒魏林、伯驾等重要人物原名及生卒年,文中没有交代。

——页5,行7,"Christin"应为"Christian"

——页23,正文最后一行,"坟莹"应为"坟茔"

匿名外审意见书之四

(2015年6月10日)

文稿具体审查意见

请就文稿的学术创见及存在的问题给出具体说明,并提出修改建议(注:本部分内容将反馈给作者参考,字数最好不要少于500字,若不敷使用,可加页)。

1. 文稿的学术价值

本文所提出之近代在华教会医院收费问题,尚无专门研究成果,故选题具有学术价值。作者收集运用比较丰富的史料,对晚清至民国时期在华教会医院从免费医疗服务到收费服务的经过,进行了比较细致的考察,从而展现了基督教近代在华医疗传教的动态变迁过程。文章的一个较突出的特色,就是将在华教会医院的发展历程,与西方医学史相结合进行论述。作者在论述过程中,能够将对问题的宏观驾驭与重要细节的呈现相结合。在近代教会医院的评价问题上,作者也进行了具有启发性的思考。

2. 文稿存在的问题

(1) 作者未对几个关键性概念做明确界定。

首先,关于"慈善"的概念问题。从文章标题和内容来看,作者似乎认为"慈善"等同于"免费"的医疗服务，而"收费"则意味着"慈善比重的减退"；结语部分说："当教会医院更多转向'收费'时，意味着试图通过行医而进行传教理想的黯然破碎和'慈善医疗'时代的式微凋零。"按此说法，教会医院转向收费后，即不再是慈善机构。作者是否持这样的观点？应予明确。

与此相联系，作者对近代教会医院的历史时期未予明确区分。按作者的观点，近代中国的教会医院向非慈善机构转化的大致时代为何时？对此应明确说明。文章第3页说，大致可以一九〇二年为"变化节点"，此前为近代教会医院的"早期阶段"。那么，这个时间是否是教会医院转向非慈善机构的大致时代？多大的收费比重，或者有什么其他的指标，标志着教会医院进入了"后期阶段"？

（2）文章在论述方法方面存在值得完善之处。

首先，缺乏相对完整的量化分析。本文引证了不少具体的史料，包括一些实际数据，如介绍了不少教会医院在特定时间的收费情况，但未对具有代表性的医院在不同历史时期的经费来源、收费情况、使用情况及其演变经过进行重点整理、持续性统计和集中论述，故读者无法从文中得到教会医院的在收费方面清晰的具体演变线索。

其次，未对教会医院之间的差别进行考虑。不同差会对医疗传教（或称医学传教、医务传教）方面有不同的政策，不同地区的教会医院的具体情况也不相同。中心城市的教会医院与小城镇乃至偏远乡村的教会医疗机构的情况差别更大。本文对这些差别似未加注意，基本上以中心城市的情况为主。

与此相联系，文章经常用很具体的特定史料来说明全局性的趋势，但未证明那些典型的情况是否可以真正代表全局性的趋势。

（3）本文的史料来源尚可拓宽。

本文的主要史料来源于《博医会报》以及《教务杂志》，这些材料当然很有价值，值得发掘。但现在一些差会的档案、著名医院的档案可以查阅，作者如果能从这些机构的年报、通信及其他出版物中的整理出有系统的具体资料和数据，则可使本文的论述建立于更为坚实的基础之上。

（4）其他值得注意之处。

文中一些背景介绍稍嫌冗长，可以简化。有些细节的描叙亦可再加概括提炼，不必照录史料。有些地方的论述在时间上过于跳跃。

3. 具体修改建议

（1）对"慈善医疗"的内涵及范围进行清晰的界定；相应地，对近代中国教会医院，对问题（1）提出的几个问题做出说明。

（2）若有条件，建议查阅典型医院或具体差会的档案资料，对其经费来源、收费情况、使用情况进行尽可能详细的统计；若能将这些资料整理出来，以代表性医院，或某个差会的医院为单位，制作成能够直观反应情况的表格，进行相对完整或系统的量化分析，相信会增加本文论点的说服力。

（3）建议考虑问题（2）中提出的几个问题。

（4）在论述二十世纪前期的各教会医院经费拮据的状况时，建议作者考虑第一次世界大战、一九二九年前后的世界经济危机所造成的影响。

（5）第6页注23显示，作者在这段话中引用了多种史料，建议分开作注。

（6）对文中的背景介绍以及一些细节描写进行精简。

修改说明之三

（2015 年 8 月）

编辑部及评审专家：

  作者非常感谢编辑部发来的这两份匿名评审意见。作为一位资深研究者，清楚地知道通常的审稿程序，是一篇文稿由两位专家匿名评审。然而，此次对于拙稿的评审，加上前一次的两位，以及这次的两位，编辑部共聘请了四位专家。当然，这主要是由于拙稿水平有限，论述上存在着不少问题，但另一方面也体现着编辑部对学术的认真负责的殷殷之情、款款之心。根据此次的两份匿名评审意见，拙稿进行以下几点修改：

  一、评审意见（3）、（4）对于"医院"和"诊所"提出了不少了疑问，如"医院"和"诊所"区分为何；教会医院转向收费后，是否还再是慈善机构；教会医院向非慈善机构转化的大致时代为何时；以及还有上次的那两位匿名评审意见都提出关于拙稿未能全面使用某一代表性的医学档案资料，以及缺乏相对完整的量化分析等。鉴于此，修改稿将叙述主轴转向"医疗传教"，而非"教会医院"。拙稿的考虑是：

  1. 虽然目前尚无任何一家当年的教会诊所或教会医院的档案资料对外开放，但关于医疗传教活动中的慈善与收费，在当事人、当时人的书信、回忆录、日记、传记、工作报告、财政年报和评论中则有大量讲述，可较为方便地在他们当年刊发的专业期刊、出版物，以及现今国外差会的档案馆中进行查询。这样一来在资料方面，即使是来自现场的第一手资料，也不是太少而是太多。

  2. 近代中国各地社会经济发展极不平衡，当年分布在通商口岸以及内陆的三百多所教会医院，就一个个具体机构而言，面对的是与其它教会医院不同的慈善和收费问题，很难说哪些医院最具代表性，很容易以偏概全，出现匿名评审意见指出在叙述过程中的某些问题点上之时空跳跃。然而，倘若把焦点转到"医疗传教"，可能就会更多探讨相关历史演化的整体态势，具体来说，也就是吾人应将这一慈善、收费视为某种情感、想象和意念的施展过程，而非只是若干具体运营的平台、场所和设置。这样做的目的是想让整个研究具有一种社会文化史、或思想史的高度，尽可能地避免事无巨细、面面俱到地犁首于那些诊所或医院的一笔笔开支流水账，说到最后也只是讲述了一个关于财政状况"如何"的经济史或社会经济史的问题。

  二、评审意见（3）认为拙稿"结语"一节内容，几乎全属引用一手文献的新论述，且涉及若干个不同性质的问题，建议重新调整内容组织。由于修改稿的主轴已经是"医疗传教"，以及与之相关的慈善和收费，故将"结语"进行了些删改，在那些史事梳理和细节描述的基础之上，期望在这样两个相关问题稍做回答：一、在中国语境中的医疗传教，为何如此执着于这种慈善；其到底是出自于"私己的"（selfish）、"利他的"（altruistic），抑或还有更为复杂的动机；二、在全球视野之下的医疗收费，何以成为不可阻挡的趋势；这与其时欧美诸国的医学知识、技艺、设备的创新，以及与之相随的医疗迅速商业化、市场化有哪些关联，并对在华医疗慈善产生了何种影响。

三、根据评审意见的一些具体修改建议,拙稿做了内容补充和文字上的调整:

1. 评审意见(3)提出拙稿的页1,行1~2,"相对于那个时代……的所作所为,在华基督教的医疗传教士们无疑最具……",问及的"所作所为"指什么;修改稿的文字是"相对于那个时代英、美之人在'异教土地'(heathens land)——即便是那些被认为颇具正面意义的所作所为——兴学、放足、禁烟及灾荒之年的赈济,医疗传教长年累月地矢志于免费、或减半收费的'治病救人'('heal the sick'),无疑最具慷慨慈爱、虔诚奉献的耀眼光环。"

2. 评审意见(3)提出拙稿页7~8,论述"传教效果"的两段,似与本节主题"收费额度、差别待遇与慈善比重的缩减"并不对题。修改稿的文字是:"如果实行的是免费或减半收费的慈善医疗,接收管吃管住的住院病人,就要较门诊病人投入更多的经费及进行更多募捐。"

3. 评审意见(3)提出拙稿页14,倒数第二行,"这一变化"所指为何?修改稿的文字是:"这样的歧异和对立发生在当时中国,代表着守旧和主张坚持'慈善医疗'的,多是那些各地教会医院创办者的老一代医疗传教士;赞成革新和主张增加'收费医疗'比重的,则多是受过更严格科学医学训练,即1880年代中期以后抵达中国的新一代医疗传教士。"

4. 评审意见(3)提出拙稿页18,注84:资助数字的剧降,似与中日开战的国际时局有密切关系,修改稿的文字是:

"至 19 三十年代前后，除了战争、经济危机等因素之外，美国社会的世俗化转型日益加剧和加深。"

  5. 评审意见（3）提出拙稿页 19，行 7："教会医院相对于华人医院已不那么先进"，"华人医院"指哪些？修改稿的文字是："教会医院的设备和器械相对于上述那些由官府支持的华人医院已不那么先进。"

  此外，修改稿还对评审意见提出的错字、讹字进行了改正。为了便于编辑部和评审专家查核，修改稿的 A 稿将此次修改部分用黄笔标出。当然，此次修改肯定还有很多不当之处，敬请编辑部和专家给予批评教正。再一次表示深切的感谢！

《中央研究院历史语言研究所集刊》的两份匿名外审意见

（2016年3月）

中央研究院历史语言研究所出版品审阅意见书（一）

一、基本资料

文稿名称：《近代在华医疗传教的慈善与收费》

文稿性质：《中央研究院历史语言研究所集刊》论文

二、

（一）具体评述：（请包括：原创性与学术贡献、组织结构、分析论证、资料运用、文字）

This article provides a valuable original approach to the analysis of medical missionaries in China by inquiring into the changing cost of medical care. The author has discovered an intriguing debate among missionaries around the turn of the century. Medical missionaries in the first half of the 19th century were dedicated to providing medical care for free as part of their goal of spreading the gospel and demonstrating Christian charity. As medical technology advanced and medicine in the

West became more and more commercialized, missionaries had to adapt their approach, modernize their medicine (at a cost), and thus pursue "paying patients" – placing their activities directly at odds with their Christian values. The author conclusions include: 1) Chinese were not passive recipients of charity, but through the market were active agents in the adoption of Western medicine; and 2) for medical missionaries, the idea of charity served as a form of "culture capital" – an ideal that formed their identity, but not their economic reality.

The article uses an abundance of primary sources from missonary publications, including medical missionary memoirs and histories, *The Chinese Medical Missionary Journal*, etc., as well as archival material that includes hospital reports. The author supplements these English-language sources with insights from Chinese publications such as *Shen bao* and *Dongfang zazhi*. Overall the use of primary sources is excellent.

I find 【the】 the writing style to be lively, clear, and engaging, including strong analysis with rich narrative. I particularly enjoyed the author's "thick description" of clinical settings, as detailed as considering the material used to make hospital beds.

I recommend publication, upon some revision. My suggestion for revision are below.

(二) 修改建议：

My main suggestions center on the relationship betwwen evidence and conclusion. The majority of the evidence in the article is from the perspective of the Anglo-American missionaries and their instittion. In this regard, the author has strongly supported his contention that missionaries had to shift from charity to charging fees, and has wonderfully demonstrated the debates among missonaries regarding this shift. This is the strongest set of conclusions. However, the article begins and ends with the suggestion that this shift demonstrates that Chinese were active agents in the market and not passive recipients of charity. While one can intuit this conclusion from the "numerical" evidence, the Chenese perpective could be more abundantly represented – in this draft, we don't get much insight into Chinese as consumers of Western medicine beyond the income figures from hospitals, and the occasional mention of a Chinese patron such as Li Hongzhang. To strengthen this conclusion about Chinese agency, I would recommend the addition of more directevidence from the Chinese side – more episodes showing Chinese contributors to hospitals, and/or more evidence on the shift to embrace of Western medicine by wealthier Chinese, so that Chinese genuinely appear as agents. In lieu of this additional evidence, the author might wish to add more discussion of how numbers (money spent, numbers of patients) can be used to demonstrate historical agency. The agency contained in numbers may seem obvious, but is worthy of more commentary.

Similarly, the conclusion that charity becomes a form of "culture capital" (I believe the phrase 文化资本 might be best translated in this way) is certainly intriguing and makes sense, but needs a bit more evidence – how might this culture capital have functioned in the marketplace? What was the impact of this idea of charity on Chinese (as philanthropists and as medical consumers?) How did the idea of charity function in the minds of missonaries? The author brings the reader "up to the edge" of these conclusions, but I found myself wishing that the author would lead us firmly to "tread" directly on them.

Finally, the article might benefit from consideration of other English-language scholarship that supports the overallarc of the article – especially regarding the shift in Anglo-American hospitals from charity to profit. While this is a subtheme in Rosenberg's *The Care of Strangers*, cited by the author, it is more directly analyzed in Rosemary Steven's *In Sickness and in Wealth*: *American Hospitals in the Twentieth Century* (Bssic Books, 1989). Guenter Risse's *Mending Bodies*, *Saving Souls* might also be useful. The author might also wish to highliight the uneven transition to biomedicine in 19th century Anglo-American medicine with reference to works such as John Harley Warner's *The Therapeutic Perspective* and Rosenberg's "The Therapeutic Revolution." – this would help put early missionary medicine in China into a more comprehensive perspective.

中央研究院历史语言研究所出版品审阅意见书（二）

一、具体评述

过去对于传道医学在华活动的研究，泰半集中于两个范式：一是传道医疗人物之侧写，其二则是偏向文化史讨论的手法。如此的写作特征的确反映了当下近代中国医学史写作之取径，但在过度强调微观史与"大哉问"的思考中，具体且贴近当时历史样貌的诸多面向，却仍然隐晦不彰。据此，这篇《近代在华医疗传教的慈善与收费》遂得在此潮流中另辟蹊径，让读者可以把过去个别地、形而上式的讨论，于焉安定于在华传道医疗的生活面上。是以，这篇论文当有对华文学界医疗史研究风潮棒喝的意义。这里仅言及华文学界，是因为外文学界对于医疗史的社会经济史研究早于 19 六十年代以来，已有相当之成果。检视历年 *Bulletin of the History of Medicine* 都不难发现这些论文，从纽约慈善医院的经营成本，到十九世纪英国乡村医师的收费均不难发现。

再从组织结构与分析论证来看，全文除绪言及结论外，论述主体依序分为一、开办医院与最初免费的慈善策略；二、住院病人的传教功效及采行差别收费待遇；三、推进科学医学及慈善医疗面临的经费拮据等节。大致来说，这般组织结构符合以时叙事的历史写作方式，因此在逻辑上完全可以接受。比较特别的是，作者为解释各个阶段在华教会医疗收费之变化，配比了同期西方医学发展之阶段，作为这些教会医疗单位必须改变收费方式的动因。但若就经费运用的角度言之，比较的对象，或许可以针对西方慈善医院（Charity hospitals）为之，当比从医学发展阶段来比较或诠释，会更有说服力些。本人作此建议的理由，在于于英、美教会医院在一九二〇年代后就少有全然的慈善医院性质，而是由教会设立医院兼及慈善医疗服务，或在一般医院中提供教会支持的慈善援助项目。因此医院医学与科学医学在成本上的关系当然是一个重点，但慈善医院的结构与经营观念转型，应该可以被单独提出讨论才是。

作者主要的资料来自于各式在华发行之中、英文期刊，且资料爬疏严谨精确，确属佳作且能支持其论据。如要挑剔小瑕疵，则是在文字笔调上可以再严谨些，并在错别字上再校对几次。

二、修改建议

1. 有关针对西方慈善医院（Charity hospitals）做比较的部分，

建议参考: Joan Lane, *A Social History of Medicine: Health, Healing and Disease in England*, 1750–1950, 以及 Paul Starr, *The Social Transformation of American Medicine*。可从其中找到相关的入手处。作者在页 21 处已有相当之开展,或可再深入些。

2. 标题中将慈善与收费并列但文中对收费着墨较多,是否应把慈善从标题中去除?

3. 部分笔调可再严谨些。如页 3 "满打满算" 之类的语气。

4. 错别字请修正,如页 9 "二十、三十裡"→里?哩?

5. 作者谈到收费的差别待遇时,特别举性病为例。这例子举的非常成功,足以显示作为教会医院的强烈道德倾向。但不知能否有举非教会医疗的例子,看看是否唯有教会医院如此反应?

6. 页 15 谈科学医学与医院收费之关系。本人可以看出作者意指发展科学医学相对成本较高,故有收费之必要。但仅以外科消毒为例略显薄弱。是否也考虑专业医师聘用的经费,以及新式医院所需之营建成本呢?

修改说明

编辑部及评审专家:

首先非常感谢两篇评审意见对拙稿提出的宝贵修改建议,让作者获益匪浅。根据评审意见,作者这些天来进一步查找和核对数据,并对研究主题进行了再思考和认真修改,现按照拙稿的论述顺序,就这两篇评审意见提出问题的回答及作者所进行的修改,一一胪陈如下:(楷体字部分是修改说明)

一、关于中文评审意见认为 "标题将慈善与收费并列,但文中对收费着墨较多,是否应把慈善从标题中去除?"

1. 修改稿将题目改成"近代在华医疗传教的收费及慈善",将"收费"放在"慈善"之前;

2. 此次修改之所以保留了"慈善",是考虑到在其时中国特定语境里,各地教会诊所、医院以此为标榜,方才受到华人当地社会热情欢迎和支持,故与"收费"之间存在着诸多值得深入讨论的紧张、焦虑。修改稿的"绪言"部分就此增加了这样一段"破题":

> (第3页) 本文的核心问题,是在此(医疗传教)意义上探讨"慈善"与"收费"之间的关联。毕竟,不同于阶段性的赈灾、扶贫或一次性的修桥、铺路,维持诊所、医院的慈善医疗是一项需要大量经费,且持续和不间断投入的事业。十九世纪中叶以降,尤其是至二十世纪初,随着"床边医学"(Bedside Medicine)向"医院医学"(Hospital Medicine)转捩,以及"实验室医学"(Laboratory Medicine)的兴起,由于众多资源投入而导致了医疗费用大幅攀升,致使英、美等国那些专司慈善医疗救助的收容所(Asylums)、志愿医院(Voluntary Hospitals)深受冲击和影响。与之相应,如果在华医疗"慈善"不只是如何"说",且还有如何"做"的问题,那么将"收费"作为一个探究"行事"的切入点,可能更容易进行观察、度量和实证。所谓"法不孤起,仗境方生;道不虚行,遇缘则应",在华教会诊所、医院推进的慈善医疗,高度依赖于母国的知识、技艺、器械和药品,相关演化在"慈善"与"收费"之间自然会催生或引发出不少紧张和焦虑。鉴于此,吾人着眼于社会经济史层面上的"收费",或可在社会文

化史意义上深入讨论"慈善"的实际运作，并尝试回答若干涉及思想史的价值评断问题——西人在华推进"慈善医疗"，究竟出自"私己的"（selfish）、"利他的"（altruistic），抑或还有更为复杂的动机；以及华人是否对此感恩，或是否仅为被动受惠者？

二、关于英文评审意见认为"To strengthen this conclusion about Chinese agency, I would recommend the addition of more direct evidence form the Chinese side-more episodes showing Chinese contributions to hospitals and / or more evidence on the shift to embrace of Western medicine by wealthier Chinese, so that Chinese genuinely appear as agents."

修改文稿增加了两段来自华人社会关于华人捐赠的直接证据，而表明他们不只是作为西方医学市场的消费者：

1.（第9~10页）此时正值英、美等国慈善事业盛行，尤其是英格兰在进入十九世纪之后，增开了数十所由地方士绅、富商集资，对贫苦之人实行免费诊治和食宿的志愿医院。在华早期教会诊所、医院，同样援引这样一种在地募集，而非完全依赖于母国差会的筹款模式。在风气先开的口岸城市——广州、上海，除身为侨民的海关官员、外交官、洋行商人之外，教会医院得到了相当数量来自华人的慈善捐赠款项。一八六○年、一八六九年，广州博济医院的华人捐赠，分别占到当年捐款总数的百分之二十一点六、百分之二十六点二。英国伦敦会（London Missionary Society）属下的上海仁济医馆，一八七〇年代得到颇有声望的买办商人唐廷枢一次捐款四百三十镑。1873年后创办的女医院也受惠于大买办徐润夫人巨资捐赠。同城的美国圣公会属下的虹口同仁医馆（St, Luke's Hospital），一八八七年得到的华人捐赠，是当年捐款总数的百分之三十一。作为一个代表性案例，该院在1866年初还是一个小诊所，至1888年的规模已经能够收治五百四十一名住院病人，门诊二万一千余人。教会档承认：「所最奇者，是院之开办费，多系自上海当地之中国人"。

2.（第31页的注释）还有一个可作为华人对教会诊所、医院捐赠的直接证据，是一九四九年中共建国之后，下令没收在华美国教会医院资产，苏州教会则辩称当地的博习医院乃华人捐资所办而当归华人拥有，即「譬如说一位村长发起向当地捐募款子，创办学校为大众造福。村长兼任校长，事实上理论上当然非村长私人所有。」《苏州市博习医院建院情况及产权问题（1949）》，苏州市人民委员会卫生局档案，索卷号C30－1－1949－2。

三、中文及英文评审意见都期望修改稿参考一些西人关于欧美现代医学发展的研究著述，如 Joan Lane, *A Social History of Medicine*：*Health*, *Healing and Disease in England*, *1750－1950*, Paul Starr, *The Social Transformation of American Medicine*。

修改稿做了以下两处补充：

1.（第9页，注释25）根据 Roy Porter 在 "the Gift Relation：Philanthropy and Provincial Hospitals in Eighteenth-Century England"（Lindsay Granshaw and Roy Porter, *The Hospital in History*, Routledge,

1989, pp. 149 – 150) 一文，修改稿提及十八世纪以来的英、美等国的收容所 (asylums)，志愿医院 (voluntary hospitals) 在地集资的情况；

2. （第 30 页，注释 107）根据 Morris J. Vogle , "Managing medicine: creating a profession of hospital administration in the United States, 1895 – 1915, " (Lindsay Granshaw and Roy Porter, The Hospital in History, Routledge, 1989, pp. 243 – 244) 所称, "the American general hospital began to assure its modern form and significance at the turn of the twentieth century. The hundred or so institutions of the early 1870s grew to around 4,000 by 1910. By that date, towns of 10,000 residents might reasonably expect to have hospitals within t their limits or nearby, and hospitals were regularly admitting middle – class patients who, a generation earlier, would have spurned their services." 修改稿对英、美医院从慈善转向赢利的大致转轨做了这样的概述：

> 综上所述，这一与「慈善」密切相关的「收费」，在医疗传教意义上经历了一个费用从无到有、标准从低到高的具体实践及其演化过程。此时英、美等国以往实施慈善医疗的医院，已先行一步地被卷入进医疗商业化和市场化大潮之中。以伦敦的慈善医院为例，到了 1883 年已有三十四所医院对病人收费。始作俑者的圣托马斯医院 (St Thomas Hospital)，1881 年三月 1 日开始收费，接下来九个月里诊治了三百三十七名病人，获利四百镑。至于美国，1875 年就已没有一所医院能够仅凭捐款支撑慈善医疗。1867 年，有着百年历史、财力雄厚的宾夕

法尼亚医院（Pennsylvania Hospital）虽收入三万美元，但支出则是这个数目的两倍。十年前，该医院得到的捐赠就足以覆盖所有花费。作为一个不可逆的历史演化，这些当初看护穷人的慈善医院遂转换成满足中产阶级的需要，迅速蜕变为不得不考虑经济收益的「盈利中心。」（"a profit center"）

四、中文评审意见提到「关于教会医院治疗性病的收费，是否可能举非教会医疗的例子，看看是否唯有教会医院如此反应？」

拙稿作者曾经撰写过一篇关于上海禁娼的文稿，题目是〈上海禁娼与在华西人的道德焦虑：以上海进德会为中心的观察（1918～1924）〉[《新史学》第 22 卷，2011 年三月（台湾中央研究院历史语言研究所），第 1 期，第 61～105 页]。这条意见对作者提了醒，即还可以对此线索做些追溯。就性病治疗费用而言，其时官方机构对于性病患者只需要提供注册费用，治疗则免费。当然，入住私人病房需要支付一笔小小的费用。（请参见 "Health Officer's Report," Annual report of the Shanghai Council, 1910, 上海档案馆馆藏工部局卫生处数据，索卷号 U1-16-4740）官方这样做的目的，是为了防止性病蔓延。不过，在私人那里的治疗费用则不菲。伍连德的观察是在妓女占总人口比例 1/82 的哈尔滨，声称可以治疗性病的医院二百余所，为性病患者注射每次撒尔佛散（Salvarsan）的费用是 20～40 元左右（Wu Lien-Teh, "The Problem of Venereal Diseases in China," Wu Lien-Teh ed., *Manchurian Plague Prevention Service Memorial Volume, 1912-1932*, National Quarantine Service, 1934, pp. 148-350）。只是为了避免枝蔓太多，修改稿没有就此展开，而是顺着教会诊所、医院的「慈善」与「收费」之

论述主轴,做了以下补充:

（第 16 页）性病患者之所以被收取了高额费用,首先肯定这是出自道德考虑。因为在十九世纪的大多数时间里,英、美等国免费慈善医疗仅限于那些确实贫困之人,对性病、酗酒成性之人则收取高额的诊断、治疗费用。然而,倘若回到其时中国的「收费」语境之中,就不能不看到这将会给诊所、医院带来一笔可观的经济收益。毕竟,十九世纪下半叶至二十世纪上半叶,随着中国城市化、商业化的发展,各地人口从农村大量涌入性交易繁盛的城市。尤其是在中、青年男性流动人口汇聚的口岸、商业城市,如苏州、北京和上海等地,公共卫生防疫官员估计性病患者大约占到总人口的百分之十九。至于相关的治疗费用,一九二〇年代的一位在华外籍医生写道:尽管谁也不知道有多少华人罹患了性病,但如果翻翻华文报纸,刊登最多的是关于性病治疗广告,故可以确定地说:「治疗性病比治疗其他病症获利更多」。

五、中文评审意见认为「讲到科学医学与医院收费之间的关系,如仅以外科消毒为例略嫌薄弱,是否也考虑专业医师聘用的经费,以及新式医院的需之营建成本呢?」

1. 就拙稿作者掌握的资料来看,十九世纪末至二十世纪初,即在教会诊所、医院更多转向「收费」之时,面对的经费压力似乎并不主要是「专业医师聘用的经费」。因为其时还是医疗传教士担当医院专业医师,他们为了传播福音而不远万里来到中国,故不太在意收入多少。二十世纪之后,这些诊所、医院虽然大量聘用华人「专业医师」，但这些人多为教会人士。他/她们可能自幼由教会收养，少年、青年之时受到教会的新式教育，再被聘为专业医生，自然也是一心奉献基督，而非一心谋求现实利益。一九一四年八月，洛克菲勒基金会的调查是，如果在铁路医院当医生或翻译等，每月薪水是＄150～200（Mex）；如果在教会诊所、医院担任医师，汕头是＄12～15（Mex），保定是＄28～34（Mex），上海是＄40（Mex）（China Medical Commission of the Rockefeller Foundation, Medicine in China, New Yourk, 1914, p. 69）。

2. 根据「新式医院的需之营建成本」的重要提示，修改稿做了以下调整：

（第 21～22 页）实行这些新的消毒、灭菌措施，需要投入更多经费，自然加大了医疗成本。1883 年，上海同仁医院率先为病人提供了铁床，铺上了进口的帆布床垫，并提供统一的单被、绒毯。此外，医院规定每位病人入住之前，须沐浴薙发，换去旧衣而穿上医院统一配发的短衫裤，每周换洗一次，俟病愈后退还。总体来看，这样的投入对于本不宽裕的教会医院不是一笔小的数目。一九〇二年，在厦门的杜克斯（Edmund S. Dukes）医生撰文指出：可以确定很多医院都存在着经费短缺的问题。虽然，外国生产的床（foreign-made beds）有很多优越之处，但华人的床也可以保持相当的清洁，刷上足够的上好油漆能提供相同水平服务而又降低成本。「对于付费病人（为了赚取可能多的钱，我们必须留神尽快发现他们），我们可以提供很好的足够宽的钢丝床或藤条床，收费不超过四元。」再至二十世纪以后，像 X 光机等新型医疗器械开始应用到临床诊疗,若想购买则需要投入更多数目的经费。

　　早期教会医院的建筑多系租赁民房,或借用废置庙宇,如果要进行无菌化的卫生改造,需要投入更多资金将原有低矮、阴暗的中式土木房屋,改建或重建成宽大通风的砖瓦、乃至混凝土结构的西式楼房。上引在厦门的杜克斯医生写道:不能像许多外国人那样,总把当地房舍视为一个猪圈(a pig sty)。为了能够接纳更多富人,他建议更换足够透光和通风的大窗户,用玻璃替代窗纸,并将之改造为富裕华人愿意居住那种带有楼层和走廊的房屋。在他看来:「当地人对居住在外国人修建的'阁楼'("loft")上的偏见,就像让他们住在自己很好房屋上的阁楼里一样强烈。」再看对于西式病区的扩建,如上海仁济医院1874年就已经改建成西式建筑,一楼除有间一百多平方米的诊室之外,还有一间大诊脉房和三间各可放置床十二张病床的病房。时人称:新医院建筑的「房屋高广,墙壁坚厚,且方向朝南,故冬时之暖,夏候之凉,其胜于中国房屋必相倍蓰。」再至一九二八年十一月,该院又着手一次大规模翻修。三年后竣工的新大楼则可接受二百名病人,「将来护士增多,可望收容病人至二百七十名。」

　　六、英文评审意见认为关于「结语」部分提及的「文化资本」与慈善形象之间的关系,需要"bit more evidence",以及"What was the impact of this idea of charity on Chinese (as philanthropist and as medical consumers? How did the idea of charity function in the minds of missionaries?"

　　修改稿根据这一重要建议,增加了相关数据,并尝试性地使用了较前稿相对客观、冷静的语气，就事论事而避免「标签」化，以求在这样一个复杂的价值判断问题上更具开放性、讨论性。这段文字如下：

（第32页）一个颇为暧昧、灰暗，且难以简单定性的意象，是在这种「医疗慈善」的耀眼光环之下，教会医院在半个多世纪以来或通过直接购买，或通过地方官及华人富商捐赠，在通商口岸和内地拥有了大量地产。典型的例子如伦敦会天津医院于1880年之所以能够顺利开办，就是在土地和经费方面得到直隶总督李鸿章的全力支持。1888年，当医院创办者马根济医生不幸逝世后，地方官府曾试图收回这块捐赠土地而遭到伦敦会拒绝。再至一九一五年该会将由慈禧太后、王公、大臣等捐款四千英镑开办的北京协和医学堂，以二十万美元出售给洛克菲勒慈善基金会。按照当时一英镑兑换美元4.03的比值计算，一九〇六年差会无偿获得的土地及修筑的房屋，十年间增值约十二倍。这也难怪一九二八年当国民政府定鼎南京之后，受日益高涨的民族主义情绪之激励，颁布政令严加取缔外人再藉教会医院的「慈善」名义在内地购置产业。一九三三年的统计数据显示，自民国以来新建教会医院的数量占到共总数的百分之七十五；医疗预算达到每年一千五百万美元；土地、房产总值在一九一九年之后的十四年中增加了百分之六百，达到了六千五百万美元；二百一十四所教会医院的医疗设备总值增加了百分之七百七十，达到了五百三十三余万美元——其中百分之七十一点五来自病人收费和华人捐赠。如果再加上一些教会医院以「施医不施药」（free treatment not free medicine）的慈善原则所推销、发售的西药（多产自于欧美和日本），直接、间接经济收益大概也是一个天文数字。在这个意义上，医疗传教由「慈善」大幅度地转向「收费」，二者之间似又添加了一层「文化资本」意义上更为复杂的缠绕和关联。

七、中文评审意见提出用词可再严肃，如页 3「满打满算」之类的语气，以及错别字的修正「里」等。

十分抱歉，这正反映出的是作者的疏忽和治学不严谨。修改稿尽可能做了校对，以及修改了错别字。

以上就是本次修改的要点，如有不当之处，还敬请批评指正。再一次表示感谢！

此致

敬礼！

作者
2016 年三月 28 日

参考文献

未刊档案

南京第二历史档案馆,中央研究院档案,全宗号393,案卷号83。
台北中研院历史语言研究所档案馆,《傅斯年档案》,李15-3-4。
台北中研院近代史研究所郭廷以档案馆,索卷号01-27-015-01。
Records of The Department of State Relation to Internal Affairs of China, 1910-29, Roll 123, 893.40, Social Matters; 983.401.

古籍

《汉书》《后汉书》《旧五代史》《资治通鉴》《元史》《明史》《清史稿》《世祖实录》《世宗皇帝实录》《高宗实录》

陈文和主编《嘉定钱大昕全集》,江苏古籍出版社,1997。
陈子龙等:《明经世文编》,中华书局,1962。

程颢、程颐：《二程遗书》，上海古籍出版社，2000。

冯梦龙：《智囊》，巴蜀书社，1986。

《顾亭林诗文集》，中华书局，1983。

顾炎武：《日知录集释》，岳麓书社，2011。

黄卬等：《锡金识小录·备参上》，光绪丙中年刊本。

黄煜：《碧血录》，北京古籍出版社，2002。

《黄宗羲全集》，浙江古籍出版社，2012。

计六奇：《明季北略》，中华书局，1984。

李贽：《藏书》，中华书局，1974。

李贽：《史纲评要》，中华书局，2008。

南沙三余氏：《南明野史》，台湾文献丛刊第85种，台北：大通书局，1960。

谈迁：《国榷》，中华书局，1958。

王夫之：《读通鉴论》，中华书局，1975。

徐珂：《清稗类钞》第7册，中华书局，1986。

姚廷遴：《历年记》，上海市文物保管委员会，1962。

易宗夔：《新世说》，上海古籍出版社，1982。

章学诚：《文史通义新编》，上海古籍出版社，1993。

赵翼：《廿二史札记》，凤凰出版社，2008。

赵翼：《檐曝杂记》，中华书局，1982。

朱熹：《论语集注》，北京图书馆出版社，2007。

方志

金惟鳌纂《盘龙镇志》，光绪元年修。

李铭皖、谭均培、冯桂芬修《苏州府志》,光绪八年修。

报刊

《北京大学日刊》《大中华杂志》《东方杂志》《独立评论》《国学季刊》《教育潮》《教育杂志》《京报》《历史科学》《民报》《清华招生向导特刊》《全民报》《人民日报》《申报》《时报》《时事新报》《现代史学月刊》《新民丛报》《新青年》《禹贡》

史料集、文集、日记等

北京大学历史系中国近现代史教研室编《义和团运动史料丛编》第1辑,中华书局,1964。

故宫博物院明清档案部编《义和团档案史料》(上、下),中华书局,1959。

翦伯赞等编《戊戌变法》(一),神州国光社,1953。

荣孟源、章伯锋主编《近代稗海》第1辑,四川人民出版社,1985。

沈云龙编《近代中国资料选辑》第23册,台北:文海出版社,1980。

《辛亥革命史丛刊》编辑组编《辛亥革命史丛刊》第2辑,中华书局,1961。

《徐文定公逝世三百年纪念汇编》,圣教杂志社,1934。

张枬、王忍之编《辛亥革命前十年间政论选集》第3卷,三联书店,1963。

中国社会科学院近代史研究所《近代史资料》编辑室编《庚子记事》，中华书局，1978。

中国社会科学院近代史研究所《近代史资料》编辑组编《义和团史料》（上、下），中国社会科学出版社，1982。

中国史学会主编《洋务运动》（五），上海人民出版社，1961。

中国史学会主编《义和团》（一）、（四），上海人民出版社，1957。

《蔡元培先生全集》，商务印书馆，1977。

《蔡元培选集》，中华书局，1959。

《蔡元培自述》，台北：传记文学出版社，1978。

《陈云文选》，人民出版社，1983。

《邓小平文选》，人民出版社，1983。

丁文江、赵丰田编《梁任公先生年谱长编初稿》，上海人民出版社，1983。

《龚自珍全集》，上海人民出版社，1975。

顾颉刚：《古史辨》第2册，上海古籍出版社，1982。

顾颉刚编订《崔东壁遗书》，上海古籍出版社，1983。

《顾颉刚日记》，台北：联经出版事业公司，2007。

《郭沫若全集》第1卷，人民出版社，1982。

华学澜：《辛丑日记》，商务印书馆，1939。

《翦伯赞纪念文集》，人民教育出版社，1997。

李华兴、吴嘉勋编《梁启超选集》，上海人民出版社，1984。

《梁启超全集》第1册，北京出版社，1999。

《梁启超史学论著四种》，岳麓书社，1985。

《毛泽东选集》第5卷，人民出版社，1977。

《毛泽东著作选读》，人民出版社，1986。

任建树、张统模：《陈独秀著作选》，上海人民出版社，1993。

孙宝瑄：《忘山庐日记》，上海古籍出版社，1983。

孙德中编《蔡元培先生遗文类钞》，台北：复兴书局，1961。

《孙中山全集》第1卷，人民出版社，1981。

陶希圣：《夏虫语冰录》，台北：法令月刊社，1980。

王汎森、潘光哲、吴政上主编《傅斯年遗札》第1卷，台北：中研院历史语言研究所，2011。

王树棣等编《陈独秀评论选编》，河南人民出版社，1982。

《魏源集》，中华书局，1983。

《我的学术之路——冯友兰自传》，江苏文艺出版社，2000。

《吴宓日记（1925～1927）》第3卷，三联书店，1998。

夏东元编《郑观应集》上册，上海人民出版社，1982。

《严复诗文选注》，江苏人民出版社，1975。

张孝若编《张季子九录》，中华书局，1931。

张永通、刘传学编《后期的陈独秀及其文章选编》，四川人民出版社，1980。

朱维铮点校《章太炎全集》第3册，上海人民出版社，1984。

朱文通等编《李大钊全集》第2卷，河北教育出版社，1999。

《朱执信集》上册，中华书局，1979。

专著

阿克顿：《自由史论》，胡传胜等译，译林出版社，2001。

艾伦·麦克法兰：《启蒙之所　智识之源——一位剑桥教授看

剑桥》，管可秾译，商务印书馆，2011。

爱德华·希尔斯（Edward Shils）：《学术的秩序——当代大学论文集》，李家永译，商务印书馆，2007。

《爱因斯坦文集》第3卷，许良英等编译，商务印书馆，1979。

安托万·基扬（Antoine Guilland）：《近代德国及其历史学家》，黄艳红译，北京大学出版社，2010。

本·戴维（Ben-David, J.）：《科学家在社会中的角色》，沈力译，台北：结构群文化出版社，1989。

本尼迪克特·安德森：《想象的共同体：民族主义的起源与散布》，吴叡人译，上海人民出版社，2003。

彼得·诺维克：《那高尚的梦想》，杨豫译，三联书店，2009。

陈翰笙：《四个时代的我》，中国文史出版社，1988。

陈平原、夏晓虹编《北大旧事》，三联书店，1998。

陈寅恪：《陈寅恪史学论文选集》，上海古籍出版社，1992。

陈寅恪：《寒柳堂集》，三联书店，2015。

陈寅恪：《金明馆丛稿初编》，上海古籍出版社，1980。

陈寅恪：《金明馆丛稿二编》，三联书店，2015。

池田大作、阿·汤因比：《展望21世纪——汤因比与池田大作对话录》，荀春生等译，国际文化出版公司，1985。

邓尔麟：《钱穆与七房桥世界》，蓝桦译，社会科学文献出版社，1989。

狄德罗：《狄德罗哲学选集》，江天骥等译，商务印书馆，1983。

《杜威全集》第2卷，张留华译，周水涛校，华东师范大学出版社，2010。

　　E. P. 汤普森：《英国工人阶级的形成》，钱乘旦等译，译林出版社，2001。

　　费孝通等：《中华民族的多元一体格局》，中央民族学院出版社，1989。

　　格奥尔格·G. 伊格尔斯：《德国的历史观》，彭刚、顾杭译，译林出版社，2006。

　　黑格尔：《历史哲学》，王造时译，商务印书馆，1963。

　　胡大年：《爱因斯坦在中国》，上海科技教育出版社，2006。

　　黄贤强：《跨域史学：近代中国与南洋华人研究的新视野》，厦门大学出版社，2008。

　　黄贤强主编《汉学名家论集：吴德耀文化讲座演讲录》，新加坡：八方文化创作室，2011。

　　蒋天枢：《陈寅恪先生编年事辑》，上海古籍出版社，1981。

　　J. D. 贝尔纳：《科学的社会功能》，陈体芳译，商务印书馆，1982。

　　卡尔·杰拉西：《避孕药的是是非非》，姚宁译，上海科学技术出版社，2005。

　　孔飞力：《他者中的华人：中国近现代移民史》，李明欢译，江苏人民出版社，2016。

　　劳伦斯·维赛：《美国现代大学的崛起》，栾鸾译，孙传钊审校，北京大学出版社，2011。

　　李剑农：《最近三十年中国政治史》，太平洋书店，1931。

　　李孝悌：《昨日到城市：近世中国的逸乐与宗教》，台北：联经出版事业公司，2008。

林满红:《晚近史学与两岸思维》,台北:麦田出版有限公司,2002。

路遥、程獻:《义和团运动史研究》,齐鲁书社,1988。

罗尔纲:《师门五年记》,三联书店,1998。

马克斯·韦伯:《韦伯论大学》,孙传钊译,江苏人民出版社,2006。

马克斯·韦伯:《学术与政治》,钱永祥等译,广西师范大学出版社,2004。

《美国历史协会主席演说集(1949~1960)》,何新等译,商务印书馆,1963。

孟森:《明清史讲义》,中华书局,1981。

内藤湖南、青木正儿:《两个日本汉学家的中国纪行》,王青译,光明日报出版社,1999。

尼科洛·马基雅维里:《君主论》,潘汉典译,商务印书馆,1985。

皮埃·诺哈(Pierre Nora)编《历史所系之处Ⅲ》,戴丽娟译,台北:行人出版社,2012。

R. K. 默顿:《十七世纪英国的科学、技术与社会》,范岱年等译,四川人民出版社,1986。

乔治·皮博迪·古奇:《十九世纪历史学与历史学家》上册,耿淡如译,商务印书馆,1998。

任东来等:《美国宪政历程:影响美国的25个司法大案》,中国法制出版社,2004。

塞西尔:《保守主义》,杜汝辑译,商务印书馆,1986。

汤因比:《历史研究》下册,上海人民出版社,1997。

托尼·朱特：《战后欧洲史》，林骧华、唐敏译，新星出版社，2010。

王德昭：《清代科举制度研究》，中华书局，1984。

王赓武：《王赓武自选集》，上海教育出版社，2002。

王森然：《近代二十家评传》，书目文献出版社，1987。

王希、姚平编《在美国发现历史：留美历史学人反思录》，北京大学出版社，2010。

王亚南：《中国官僚政治》，中国社会科学出版社，1987。

《现代史学的挑战——美国历史协会主席演说集（1961～1988）》，王建华等译，上海人民出版社，1990。

亨利·托马斯、达纳·李·托马斯：《伟大科学家的生活传记》，陈仁炳译，江苏科技出版社，1980。

谢国桢：《明清之际党社运动考》，中华书局，1982。

许冠三：《新史学九十年》，香港：香港中文大学出版社，1986。

严耕望：《治史三书》，辽宁教育出版社，1998。

约翰·雷：《亚当·斯密传》，胡企林等译，商务印书馆，1983。

张光直：《考古人类学随笔》，三联书店，1999。

张济顺：《远去的都市：1950年代的上海》，社会科学文献出版社，2015。

张仲礼：《中国绅士——关于其在十九世纪中国社会中作用的研究》，李荣昌译，上海社会科学出版社，1991。

中国科学院图书馆情报室编《英国皇家学会简史：1660～1960年》，中国科学院计划局，1979。

参考文献 341

周天度:《蔡元培传》,人民出版社,1984。

周一良:《毕竟是书生》,十月文艺出版社,1998。

五井直弘:《近代日本与东洋史学》,东京:青木书店,1976。

Alf Ludtke, ed. , *The History of Everyday Life: Reconstructing Historical Experiences and Ways of Life* (Princeton University Press, 1995).

Aron, Raymond, *The Imperial Republic: The United States and the World, 1945 - 1973* (Cambridge, Mass. : Winthrop Publishers, 1974).

Bob Blauner, *Resisting McCarthyism: To Sign or Not to Sign California's Loyalty Oath* (Stanford, C. A. : Stanford University Press, 2009).

Carole Fink, *Marc Bloch, A Life in History* (Cambridge University Press, 1989).

Charles Homer Haskins, *The Rise of Universities* (New York: Henry Holt and Company, 1923).

Creator Higonnet & Patrice L. R. , *Paris: Capital of the World*, Translated by Arthur Goldhammer (Harvard University Press, 2002).

E. P. Thompson, *The Making of the English Working Class* (New York: Vintage, 1966).

Elizabeth Sinn, *Power and Charity: The Early History of the Tung Wah Hospital* (Oxford University Press, 1989).

G. B. Endlott, *A History of Hong Kong* (Oxford University Press, 1977).

Margaret E. Stieg, *Origin and Development of Scholarly Historical Periodicals* (The University of Alabama Press, 1986).

Michael C. W. Hunter, *Establishing the New Science: The Experience of the Early Royal Society* (The Boydell Press, 1989).

Richard Hofstadter and Walter P. Metzger, *The Development of Academic Freedom in the United States* (Columbia University Press, 1955).

Ruth Rogaski, *Hygienic Modernity: Meaning of Health and Disease in Treaty-port China* (University of California Press, 2004).

Dorothy Stimson, *Scientists and Amateurs: A History of the Royal Society* (London: Sigma Books, 1948).

论文

陈方正:《毁灭与新生——土耳其的威权体制与民主历程》,《二十一世纪》1992年2月号,总第9期,香港中文大学中国文化研究所。

陈熙远:《中国夜未眠:明清时期的元宵、夜禁与狂欢》,《中央研究院历史语言研究所集刊》第75本第2分,2004年,第283~327页。

冯启宏:《战争与文化:近十年抗战时期文化史的研究回顾》,《中央研究院近代史研究所集刊》第53期,2006年9月。

郭廷以:《台湾的近代中国史研究的机会》,《近代中国史研究通讯》第36期,2003年12月。

黄绍湘:《加强马克思主义学习,重视美国史学史研究》,《世界历史》1983年第4期。

李剑鸣:《自律的学术共同体与合理的学术评价》,《清华大学学报》(哲学社会科学版) 2014 年第 4 期。

罗志田:《"新史学"与民初考据史学》,《近代史研究》1998 年第 1 期。

青石:《对两岸研究抗战期间国共关系史现状的省思》,《近代中国史研究通讯》第 21 期,1996 年 3 月。

任东来:《抗战期间美援与中美外交研究》,《抗日战争研究》1996 年第 2 期。

王辑思:《对美国研究的几点浅见》,《现代国际关系》2010 年第 7 期。

王致中:《封建蒙昧主义与义和团运动》,《历史研究》1980 年第 1 期。

许纪霖:《没有过去的史学危机》,《读书》1999 年第 7 期。

《学术世界中的无限乐趣:青年学者任东来教授访谈录》,《历史教学》2006 年第 12 期。

杨兴梅:《南京政府禁止妇女缠足的努力及其成效》,《历史研究》1998 年第 3 期。

虞云国:《世间已无陈寅恪》,〔日〕《中国研究》总第 18 期,1996 年 9 月号,第 40~49 页。

张济顺:《社会文化史的检视:1950 年代上海研究的再思考》,《华东师范大学学报》2012 年第 2 期。

张玉法:《我对中国近代史研究的一些回忆》,《近代中国史研究通讯》第 33 期,2002 年 3 月。

American Association of University Professors (1915/1990), "General Report of the Committee on Academic Freedom and Academic Tenure," *Law and Contemporary Problems*, 53, 3, 393 –

406.

E. P. Thompson, "Patrician Society, Plebeian Culture," *Journal of Social History*, Vol. 7, No. 4, Summer, 1974, pp. 390 - 394.

Goodman B., "Chinese Among Others: Emigration in Modern Times (review)," *Harvard Journal of Asiatic Studies*, Volume 71, Number 2, December 2011, pp. 422 - 432.

"Journals under Threat: A joint Response form History of Science, Technology and Medicine Editors," *International Journal of the History of Science Society of Japan*, Vol. 19, No. 1, July 2009, pp. 78 - 80.

P. Nyiri, "Chinese among Others: Emigration in Modern Times (review), " *The China Journal*, No. 62, July 2009.

Paul Betts, "The Twilight of the Idols: East German Memory and Material Culture," *The Journal of Modern History*, Vol. 72, No. 3, September 2000, pp. 731 - 765.

Paul Johnson, "The Answer to Terrorism? Colonialism," *The Wall Street Journal*, 9, 10, 2001.

索 引

A

阿克顿 43，176

B

八国联军 58，106
班克罗夫特 161
暴力 43，45，65，66，68，69，71，73，74，83，90~95，98，100~104，176，263

C

蔡元培 111~118，121，198，210，224，244
陈独秀 45，89，92，106，108，109，116，119~127，131

陈寅恪 12，43，111，116，119，120，122~125，127，155，157，159，168，169，174，177，194，195，198，245，246

D

档案馆 55，133，162，175，198，199，232，260，292，293，299，303，312，326
党争 15，19，20，22，41，170
德国 59，68~70，72，114，117，138~140，159，184，196，197，208，209，224，226，229，240，241，247，248，252，255，256，259，261，263，267，276，277，296，297
狄德罗 21，80，174

东华医院 48~55

东林党人 14, 16, 17, 20

F

冯道 3~12, 102, 124

傅斯年 126, 152, 185~187, 198~200, 208, 210, 211, 213, 224

G

公共卫生 100~102, 105, 231, 327

顾颉刚 152, 153, 185, 186, 193, 207, 210, 211, 214, 215

国族叙事 143, 180, 183~187, 189, 190

H

黑格尔 33, 216

胡适 13, 124, 152, 153, 161, 174, 193, 200, 201, 208, 209, 213

华人 33, 45, 47~56, 59, 66, 70, 72, 74, 100, 104, 105, 143, 180~182, 187~190, 202, 231, 232, 248~250, 307, 309, 315, 322~324, 327~330

黄宗羲 14, 15, 19~21, 147

J

激进主义 45, 83, 84, 89, 92~95, 270

加州大学 259~261, 263, 268, 270, 271

近代学术 119, 194, 208, 224, 230

K

坎托罗维奇 263

科举制 1, 18, 24, 25, 27, 29, 30

科学 24, 27, 28, 43, 45, 60, 61, 94, 102, 114, 121, 123, 127~132, 134, 141, 142, 145~147, 155, 160, 161, 174, 177, 178, 185, 192, 200, 203~209, 212, 213, 215, 217, 218, 221, 223, 224, 226~231, 233, 234, 236, 239, 242, 247, 249, 252, 254~256, 271, 274, 286, 289, 295~297, 300, 302, 314, 320, 321, 327

孔飞力 180~182, 187~190

L

《历史研究》 48, 62, 149, 150,

索 引

158，174，182，293，299，304，
305

李孝悌　33，34，36，39~43

李贽　4，11，150

梁启超　24，28，47，55，57，73，
84，85，87，89，91，93~95，
124，129，192，230

林满红　170~176

留学大潮　143，191，200，202，
203

"罗斯事件"　143，253，254

罗斯（Edward A. Ross）　143，234，
247~254，257

M

马克斯·韦伯　240，273

麦卡锡主义　260，265

美国　54，59，66，72，83，105，
137，155，159，161~168，170，
172，173，175，178，180，182，
184，185，190~192，196，197，
199，201~203，210，218，220，
229，233~235，241，242，244，
247~249，251~264，266，271，
287，288，290~293，297，304，
305，315，324，325

民主　48，86，91，94~96，99，

101，114，116，123，126，127，
138~140，151，161，165，166，
174，176，184，222，223，236，
241，261，263，267，274

民族主义　47，48，54，55，64，
66，85，86，161，164，170，
172，185，189，190，208，234，
236，330

R

人文学科　159，174，175，204，
205，215，217~223

任东来　159，165，166

日常生活　35，36，39，49，51，
66，100，103，121，134~142，
290

S

上海　4，26，27，33，36，37，43，
61，66，68，73，86，90，91，93，
98，102，105~107，109，111，121，
126，134~138，140，141，150，
153，155，157，160，162，185，
188，192，193，196，207，211，
215，230~232，289，294，295，
298，301，303，323，324，326~329

绅商阶层　76~79，81

师道　143，152，154～158

史语所　198～200，208，210，211，213

士大夫　5，7，11，16，17，21，23，33～36，39，40，42，43，78，102，117，125，129

士风　28，110，112，253

世界史　58，163，178，181，212，214

斯坦福大学　199，234，247，249，251，253，254，266

T

汤普森　34，42，43，140，141，277，279

W

王夫之　8，30

温体仁　5，20

X

谢国桢　13～18，20，23

学术独立　174，235

学术期刊　48，143，174，204～206，213～215，217，220～222，236，283，285～287，292

学术社群　143，182，224～227，231，236

Y

严耕望　159，200

阎若璩　5，230

扬州　27，33，35，37，39，42

叶企孙　233，245

义和团　58～64，66～68，71，72，90，100～105

袁枚　39，41，43

恽毓鼎　60，67

Z

知识分子　13，14，22，93，106，107，129，140，143，145～150，162，207，208，212，221，236，260，272，274，289，297

殖民　45，47，48，50～52，54，55，65，66，68，71，73，74，88，99，101，105，109，172，187～189，212，274，305～308

专业化　173，194，231，255

专业学会　203，227～229，231，233，236，237

图书在版编目(CIP)数据

学者的本分：传统士人、近代变革及学术制度 / 胡成著 . -- 北京：社会科学文献出版社，2017.7
 ISBN 978-7-5201-0793-8

Ⅰ.①学… Ⅱ.①胡… Ⅲ.①学术思想-思想史-研究-中国-近代 Ⅳ.①B250.5

中国版本图书馆 CIP 数据核字（2017）第 102971 号

学者的本分
——传统士人、近代变革及学术制度

著　　者 / 胡　成
出 版 人 / 谢寿光
项目统筹 / 宋荣欣
责任编辑 / 邵璐璐　智　烁

出　　版 / 社会科学文献出版社・近代史编辑室（010）59367256
地址：北京市北三环中路甲29号院华龙大厦　邮编：100029
网址：www.ssap.com.cn
发　　行 / 市场营销中心（010）59367081　59367018
印　　装 / 三河市尚艺印装有限公司
规　　格 / 开　本：787mm×1092mm　1/16
印　张：22.75　字　数：268千字
版　　次 / 2017年7月第1版　2017年7月第1次印刷
书　　号 / ISBN 978-7-5201-0793-8
定　　价 / 79.00元

本书如有印装质量问题，请与读者服务中心（010-59367028）联系

▲ 版权所有 翻印必究